Christoph Kloft

Moses und der Schatten des 11. September

Unter Mitarbeit von Mauritius Kloft

Der 13-jährige Moses sucht seinen Vater. Er weiß nur, dass der die Familie früh verlassen hat. Er ahnt, dass sein Vater von einem Geheimnis umgeben ist, zumal seine Mutter stets abweisend und verärgert reagiert, wenn er sie auf ihn anspricht. Auf dem Dachboden fallen ihm Fotos in die Hände, die ihm verraten, dass sein Vater ein Araber sein muss. Jetzt ist Moses nicht mehr zu halten: Gemeinsam mit seinem neuen Freund Michel macht er sich auf die Suche. Sie lernen dabei neue Freunde kennen, die auch Freunde von Moses' verschollenem Vater waren. Gemeinsam mit ihnen decken die Jungen Missverständnisse in der Vergangenheit auf, die bis zu den Anschlägen vom 11. September 2001 zurückreichen.
Moses weiß nun, dass sein Vater in größter Gefahr ist, doch er kann ihm nicht helfen. Dann kommt den beiden Freunden die rettende Idee: Sie müssen den amerikanischen Präsidenten treffen ...

Der Autor nimmt die Leser mit auf eine spannende (Zeit-)Reise, an deren Ende nicht nur die Beharrlichkeit zweier Jungen belohnt, sondern auch ein Märchen Wirklichkeit wird.

Christoph Kloft, 1962 in Limburg/Lahn geboren. Ab 1992 Redakteur bei der Thüringer Allgemeinen Zeitung. Seit 1998 freiberufliche Tätigkeit als Schriftsteller und Journalist. Veröffentlichung von Romanen, Kinderbüchern und Sachliteratur.

1. Auflage
Alle Rechte vorbehalten
Umschlagfoto: Derek Jensen/Wikimedia Commons
Umschlaggestaltung: Fayçal Hamouda
Druck: PBtisk s. r. o., Příbram
© Edition Hamouda, Leipzig, August 2011
ISBN 978-3-940075-52-9
www.hamouda.de

Besonders schlimm war es immer, wenn er einschlafen wollte: Dann drängten sich die Gedanken förmlich auf, denen er am Tag noch aus dem Weg gehen konnte. Es waren die Gedanken an seinen Papa.

Manchmal dachte Moses, er müsste in eine Fernsehsendung gehen, in der sie nach vermissten Leuten suchten. Dann schob er dies wieder weit von sich. Mum würde gewiss einen Herzinfarkt kriegen, wenn er dort auftauchte.

Sie mochte Papa nicht. Warum, das wusste er selbst nicht. Aber wenn Leute geschieden waren, dann war das nun mal oft so. Wenn er nur schon von ihm redete, rastete sie aus. Also ließ Moses es besser sein, und er kramte in seiner Erinnerung. Da war ein Bild von einem großen Mann mit dunklen Haaren, der mit ihm auf der Schaukel saß. Er hatte diese Schaukel schon oft gesucht, sie aber nicht gefunden. Ob es sie gar nicht gab? Ihr Garten jedenfalls war so klein, dass keine Schaukel hineingepasst hätte. Moses hatte einfach noch nicht herausfinden können, ob die einzige Szene, in der sein Vater auftauchte, vielleicht nur aus einem Traum stammte.

Auch jetzt wieder, als er im Bett lag, schloss er die Augen und versuchte sich seinen Vater vorzustellen. Es kam wieder nur dieses ungenaue Bild von der Schaukel.

Er war dann ganz nah bei seinem Vater und versank in einen Traum, den er im Gegensatz zu anderen immer wieder abrufen konnte: Mama und er waren auf einem großen Dampfer mit riesigen Schornsteinen, der aussah wie die Titanic. Sie fuhren auch über das Eismeer, nur dann sahen sie eine winzige Scholle treiben. Darauf kauerte ein Mann. Als sie näher kamen, entfuhr seiner Mutter ein leiser Schrei, und Moses sah, dass der Mann auf der kalten Eisscholle sein Vater war.

Das Schiff fuhr langsamer, und die Eisscholle kam immer näher. Dann stand der Mann auf, doch der Boden unter seinen Füßen schien zu wanken. Jetzt ging alles ganz schnell: Die Eisscholle bewegte sich immer stärker, der Mann warf die Arme nach oben und stürzte ins Wasser. Moses schreckte in seinem Bett auf. Das war nicht der Traum, den er träumen wollte. Meistens schaffte es sein Vater, auf das Schiff zu kommen, und die ganze Geschichte nahm ein gutes Ende. Warum das heute nicht so war, verstand er nicht. Er versuchte sich zu beruhigen und nahm einen neuen Anlauf. Diesmal funktionierte es. Sein Vater gelangte fast trockenen Fußes auf das Schiff und schlang seine Arme um Mama und ihn. Jetzt konnte Moses beruhigt einschlafen.

„Aufstehen, oder willst du die Schule schwänzen?"

Nicht gerade sanft wurde der Junge an der Schulter gepackt und geschüttelt.

„Nun mach' schon die Augen auf", rief seine Mama wieder, und Moses blinzelte vorsichtig. Es dauerte ein paar Sekunden, bis er begriff: Er hatte etwas Schönes geträumt, doch es wurde ihm keine Zeit gelassen, sich darauf zu besinnen.

Gleich fing die Schule an, und er fügte sich in den üblichen morgendlichen Ablauf.

In der Küche warteten bereits die Cornflakes auf ihn. Peter, Mamas Freund, schlief noch, und das war auch gut so. Moses kam mit ihm nicht besonders gut aus.

Auf dem Schulweg malte er sich die schönsten Bilder aus, und immer kam sein Vater darin vor. Eines Tages würde er ihn treffen, das wusste er ganz bestimmt.

Manchmal stellte sich Moses vor, wie es wäre, wenn er sich einfach auf die Suche nach seinem Papa machen würde. An einem Morgen wie diesem würde er heimlich sein Geld in den Rucksack packen, er würde sich verabschieden, vielleicht etwas inniger als sonst, aber ohne dass jemand etwas davon merkte, und er würde dann gehen und einfach nicht wiederkommen.

Aber noch war es nicht so weit. Moses musste erst noch weitere Spuren finden. Noch wusste er zu wenig über seinen Vater. Aber er war voller Hoffnung, dass er bald mehr erfahren würde. In den letzten Tagen war er nämlich auf etwas gestoßen, und dies war im Moment sein größtes Geheimnis.

Hundertmal fühlte er in seiner Hosentasche, ob der Zettel noch da war. Eine Katastrophe, wenn er ihn verlieren würde. Aber da war der kleine Fetzen Papier, der ihn vielleicht eines Tages zu seinem Vater führen würde. Moses wusste, dass er am Nachmittag weitersuchen würde. Mum war zur Arbeit und Peter würde wohl auch einmal nicht im Haus sein. Außerdem merkte der sowieso nichts. Moses stellte sich schon vor, wie er sich hoch auf den Speicher schleichen und weiterwühlen würde. Vielleicht fand er schon heute den ganz großen Hinweis. Doch machte er sich nichts vor: Auf dem Speicher sah es aus wie Kraut und Rüben, und man konnte tage-, vielleicht wochenlang suchen, ohne etwas zu finden. Dass er auf diesen Zettel gestoßen war, war reiner Zufall gewesen.

Es war ein Zettel mit arabischen Schriftzeichen. Moses konnte sie zwar nicht lesen, aber er war sich sicher: Dies war ein Hinweis auf seinen Vater.

Der Morgen in der Schule war wie immer. Moses war eigentlich ein guter Schüler, aber in der letzten Zeit kam er nicht mehr richtig mit. Dies lag daran, dass er seine Hausaufgaben nur sehr oberflächlich machte. Er wusste das selbst nur zu genau. Aber als 13-Jähriger hatte man andere Dinge im Kopf. Außerdem hatte es bei ihm ohnehin nicht für das Gymnasium gereicht. Moses konnte sich über solche Dinge im Moment auch keine Gedanken machen. Er wusste: Wenn er erwachsen war, würde er bei seinem Vater sein, und dort war es egal, auf welcher Schule man gewesen war.

Spätestens seit er den Zettel gefunden hatte, wusste er nämlich, dass sein Vater ein Araber sein musste. Vielleicht stammte sogar sein Vorname, mit dem ihn die anderen Kinder früher oft geärgert hatten, von ihm. Schade war nur, dass Mama ihm nichts von Papa erzählte. Immer wenn er das Thema darauf brachte, wurde sie wütend.

„Was willst du von dem? Er hat uns damals sitzengelassen", sagte sie nur wütend und fügte meistens noch hinzu, dass Peter jetzt sein Vater sei.

Nein, das ist er nicht, dachte Moses immer, behielt die Antwort aber besser für sich. Einmal hatte er die Sprache auf seinen Namen gebracht.

„Den hast du von mir", sagte Mama. „Ich wollte schon immer was Biblisches nehmen. Fast hätte ich dich Abraham getauft."

Aus Mama war nichts herauszubekommen. Moses wollte nicht glauben, dass sein Vater sie sitzengelassen hatte. Bestimmt hatte Mama schon damals etwas mit Peter gehabt, bestimmt hatten sie beide gemeinsam Papa aus dem Haus getrieben. Mit Peter kam Moses nicht besonders zurecht, aber das beruhte auf Gegenseitigkeit. Peter ließ ihn deutlich spüren, dass er ihn nicht mochte. Einmal hatte Moses zugehört, wie er mit Mama darüber gesprochen hatte, dass er nun endlich eigene Kinder mit ihr haben wollte.
„Dein Sohn ist groß, der wird das schon verstehen!" Immer wieder hatte er auf sie eingeredet, aber Mama stellte sich taub. Beide merkten nicht, dass Moses die ganze Zeit hinter der offenen Wohnzimmertüre stand.
Papa hatte sie nicht sitzengelassen, da war er sich zu hundert Prozent sicher! Ganz bestimmt hatte es wichtige Gründe gegeben, warum er fort musste.
Der Vormittag in der Schule zog sich wieder hin wie Kaugummi. Moses war ein- oder zweimal nahe daran einzuschlafen. Dann, als nach der sechsten Stunde endlich der Gong ertönte, sprang er wie elektrisiert auf und rannte nach draußen.
„Moses, hast du heute Zeit? Wollen wir was machen?"
Michel, ein Junge, mit dem er sich in letzter Zeit ein wenig angefreundet hatte, bemühte sich fast jeden Tag um ein Treffen mit ihm.
„Tut mir leid, aber heute geht es nicht", gab Moses nur zur Antwort.
„Das sagst du immer", meinte Michel enttäuscht. Moses hatte fast etwas Mitleid mit ihm, aber er konnte doch wirklich nicht. Vielleicht kam irgendwann der Tag, an dem er Michel sein Geheimnis

zeigen würde.

„Morgen oder übermorgen, ganz bestimmt", fügte er deshalb rasch hinzu.

Michel ging bedrückt davon. Moses wusste selbst, dass es nicht richtig war, wie er sich verhielt, aber er musste sich doch im Moment auf diese wichtige Sache konzentrieren.

Moses konnte es kaum abwarten, bis das Mittagessen endlich vorbei war und seine Mama zur Arbeit ging. Sie arbeitete irgendwo Schicht, hieß es immer. Was sie genau machte, wusste er nicht.

Peter würde sich wohl auch irgendwann verkrümeln, denn er machte sich immer an seinen alten Autos zu schaffen. Er schraubte jeden Tag daran herum und hoffte, irgendwann eine der alten Kisten verkaufen zu können. Bisher standen sie alle noch im Hof.

Moses erklärte sich sogar bereit, den Tisch abzuräumen.

„Mama, du kannst dann schon gehen. So eine Hetze ist doch auch nicht schön für dich", sagte er gönnerhaft.

„So wie in der letzten Zeit kennt man dich ja gar nicht." Mama lächelte und strich ihm übers Haar. Dann packte sie aber wirklich ihre Sachen und ging endlich.

Fieberhaft räumte Moses die Sachen weg, und dann war es endlich so weit: Er rannte auf den Speicher, hier, wo er in einer alten Kiste vor Tagen den Zettel gefunden hatte. Hier oben fühlte er sich wohl. Überall standen in dem großen halbdunklen Raum riesige Schränke, Kisten mit Büchern, alte Stühle und Regale mit Ordnern. In einer Ecke war eine alte Carrera-Bahn aufgebaut, die aber nicht mehr funktionierte. Das hatte er schon ausprobiert.

Moses musste immer etwas warten, bis sich seine Augen an das Dämmerlicht gewöhnt hatten. Dann machte er sich auf die Suche.

Er versuchte systematisch vorzugehen und öffnete eine Schublade nach der anderen. In einer fand er alte verblichene Bilder, auf denen immer wieder dasselbe Mädchen zu sehen war. Er wusste nicht, wer es war. Mama konnte es nicht sein, ihre Fotos wären nicht so alt gewesen. In einer anderen Schublade waren nur ein paar alte Sparbücher, auf denen die Geldbeträge noch in D-Mark eintragen waren. Am Schluss standen dann aber überall nur noch wenige Pfennige. Offenbar waren die Sparbücher rechtzeitig abgeräumt worden.

Moses ließ sich Zeit. Wenn er etwas übersah, konnte er von vorne anfangen. Deshalb wollte er lieber jetzt richtig suchen. Irgendwo musste es einen Hinweis auf seinen Vater geben. Plötzlich ein Geräusch. Etwas war umgefallen. Moses zuckte zusammen, er hatte große Angst. Dann sah er, dass er eine Kiste umgestoßen hatte, die aber zum Glück leer war. Er wandte sich wieder dem Schrank zu, in dem er zuletzt gesucht hatte. In der nächsten Schublade waren zusammengequetschte Plüschtiere. Nicht einmal, wenn man sie herausholte, nahmen sie ihre ursprüngliche Form wieder an. Sie mussten wohl schon sehr lange hier liegen. Moses drückte einen Hund und einen Teddybär, die er herausgeholt hatte, wieder in die Schublade und half mit den Knien nach, um sie zu schließen. Wenn diese Viecher doch reden könnten! Was mussten sie alles gesehen und gehört haben! Enttäuscht ging er zum nächsten Schrank. Dieser war größer als die anderen und älter sah er auch aus. Kein Wunder, dass niemand ihn mehr in der Wohnung haben wollte. Wahrscheinlich hatte der Schrank Oma gehört, denn zu ihr passte er irgendwie. Die Beine waren dick und rund, die Türbeschläge vergoldet und überall hatte das stolze Möbelstück altmodische Beschläge. Gar nicht dazu passen wollte dagegen seine rote Farbe. Die war so schlecht aufgetragen, dass darunter an vielen Stellen ein schmutziges Braun zum Vorschein kam. Das war wohl die richtige Farbe des Schrankes. Moses öffnete seine Türen und stieß zu seinem Erstaunen auf mehrere große Schubladen in der Mitte. Links und rechts davon war nur gähnende Leere, aus der ein muffiger Geruch strömte. Warum mussten alte Möbel immer so stinken?

Plötzlich hörte er, dass jemand seinen Namen rief. Es war Peter. So leise wie möglich schlich er zur Speichertür und ging dann ebenfalls möglichst lautlos die Treppe hinunter.

„Moses! Wo bleibst du denn? Nun gib doch Antwort!" Immer wieder rief Peter nach ihm, doch Moses ließ sich nicht aus der Ruhe bringen. Er gab erst Antwort, als er unten angekommen war. Sonst hätte Peter ganz bestimmt gehört, woher er rief, und nur dumme Fragen gestellt.

„Ja, ich komme ja schon", antwortete er nur mit schwacher Stimme.

„Wenn ich rufe, möchte ich, dass du Antwort gibst", schimpfte Peter von unten.

„Tut mir leid, aber ich war eingeschlafen."

„Am helllichten Tag pennen, das möchte ich auch gerne mal", meinte Peter nur.

Moses reagierte gar nicht darauf, sondern ging die zweite Treppe hinunter, wo ihn Peter in seinen schmutzigen Sachen empfing.

„Ich suche den großen Hammer. Du weißt, den mit dem gelben Griff. Hast du ihn gehabt?"

„Ich gehe nicht an dein Werkzeug", antwortete Moses. „Du hast es mir doch ausdrücklich verboten."

„Macht dir ja sonst auch nichts aus", sagte Peter mürrisch und ging davon. „Dann komm wenigstens mit und hilf mir suchen."

Moses hatte zwar absolut keine Lust dazu, aber was sollte er machen? Wenn Peter wütend wurde, konnte er ziemlich unangenehm werden.

Der Hammer lag unter einem Autoreifen. Moses hatte den Stiel gleich gesehen. Immer war es so: Peter verlegte irgendwelche Dinge und die ganze Familie durfte dann suchen.

Rasch machte Moses sich wieder aus dem Staub. Wenn Peter einen nämlich erst einmal in seinen Fängen hatte, gab es meist kein Entrinnen mehr. Aber diesmal schaffte er den Absprung rechtzeitig. Moses ging wieder nach oben und schlich leise die Treppe zum Speicher hinauf. Die Tür stand noch halb offen. Er ging hinein und zog sie vorsichtig hinter sich zu. Sofort wandte er sich wieder dem großen Schrank zu. Er hatte so ein merkwürdiges Gefühl in der Magengegend: Hier musste etwas Wichtiges verborgen liegen. Als er den Schrank öffnete, strömte ihm nur wieder dieser modrige Geruch entgegen. In der Mitte waren zwei große Schubladen angebracht, doch interessanter fand Moses, was daneben in der Dunkelheit lag: Cowboyhüte, eine Clownsmaske, ein Revolvergurt und eine Perücke mit langen schwarzen Haaren. Kein Zweifel: Er war auf ein Lager mit Karnevalsutensilien gestoßen. Am liebsten hätte er sich die Perücke aufgesetzt, doch traute er sich nicht so recht. Er hatte schon ein mulmiges Gefühl, als er sie aufhob. Hoffentlich zerfiel sie nicht in tausend Teile. Als Moses die Perücke in den Händen hielt, fiel sein Blick auf etwas, das darunter verborgen gewesen war. Es war eine Plastiknase, an die ein langer Schnauzbart geklebt war. Moses legte die Perücke zur Seite und betrachtete die Nase. So etwas zogen eigentlich nur Erwachsene an. Jedenfalls hatte er noch kein Kind gesehen, das in einer so albernen Maskerade herumlief. Vorsichtig nahm er die Plastiknase in die Hand. Unwillkürlich roch er an dem Material und gestand sich ein, dass er mit einem viel schlimmeren Gestank gerechnet hatte. Wer mochte diese Maske getragen haben? Wahrscheinlich würde er das nie erfahren.

Im anderen Teil des Schrankes fand er nur einige alte Kleidungsstücke, für die er sich nicht besonders interessierte. Es waren meistens Frauenkleider, doch was er suchte, war etwas anderes. Moses wusste, dass er den Schrank nicht verschließen durfte, ohne zuvor die beiden Schubladen in der Mitte begutachtet zu haben. Als er die Kleider wieder verstaut hatte, zog er an einer von ihnen. Sie war verschlossen. Wieder und wieder versuchte er sie herauszuziehen, aber ohne Erfolg. Genauso ging es ihm bei der zweiten Schublade. Anscheinend waren sie verschlossen, denn wenn sie geklemmt hätten, hätten sie jetzt nachgegeben. Moses war ein starker Junge und er wusste, was er mit seiner Kraft alles fertigbringen konnte.

Er musste sich Werkzeug suchen. Verzweifelt sah er sich um, doch fand er nirgends etwas, das er als Hebel benutzen konnte. Nach ein paar Minuten sah er schließlich ein, dass es nur den Weg gab, den er so gerne vermieden hätte: Er musste hinunter in die Garage zu Peter. Der hatte Werkzeug in Hülle und Fülle. Hoffentlich hielt er ihn nur nicht fest!

Moses schlich also erneut die Treppe hinunter und tat dann wieder so, als käme er aus seinem Zimmer. Schon von weitem hörte er das Radio in der Garage. Was Peter für gruselige Musik hörte! Leise schlich er sich an, warf einen Blick durch die Tür, die nur angelehnt war. Er öffnete sie – Peter war nicht da! Moses hätte jubeln können! In aller Eile lief er um das kaputte Auto, das aufgebockt dastand und ihn gewiss nicht verraten würde. Auf dem Boden lagen überall Werkzeuge verstreut. Dann fand er in dem Gewirr auch schon, wonach er gesucht hatte: einen Schraubenzieher und ein Stemmeisen. Moses nahm die beiden Gegenstände an sich und rannte wieder die Treppe hinauf. Unterwegs hörte er Peter irgendwo telefonieren. Sollte er doch ruhig noch ein wenig quatschen!

Atemlos erreichte Moses den Speicher und zog erleichtert die Tür hinter sich zu. Das war geschafft. Als er ein paar Mal durchgeatmet hatte, wandte er sich wieder den beiden Schubladen zu. Er setzte den Schraubenzieher bei der unteren an, doch ohne Erfolg. Sie gab einfach nicht nach. Moses wurde allmählich wütend, und das konnte für die Schublade nur schlecht sein. Ohne darüber nachzudenken, ob er so vielleicht Spuren hinterließ, die man später bemerken könnte, steckte er das Stemmeisen in den Ritz, den der Schraubenzieher schon deutlich verbreitert hatte, und zerrte mit aller Gewalt daran.

„Dich kriege ich schon, du blödes Vieh", schimpfte er – und tatsächlich: Es knirschte gewaltig und die Schublade gab nach. Allerdings nicht so, wie Moses sich das gewünscht hatte. Sie selbst bewegte sich nämlich keinen Millimeter, dafür aber ihre Vorderseite, denn die hatte Moses mit seinem Kraftakt herausgebrochen.

Er hielt die Luft an und horchte: Ob Peter den Krach gehört hatte? Nichts rührte sich. Zur Sicherheit wartete Moses noch ein paar

Sekunden, dann bückte er sich und sah in die offene Schublade. Nur eine kleine Schachtel war darin. Moses steckte den Arm in die Öffnung und holte die Schachtel heraus. Sie hatte keinen Deckel, so dass er sofort ihren Inhalt sah: Es waren Fotos, doch längst nicht so alte wie die aus dem anderen Schrank. Das sah man schon daran, dass sie nicht gewellt und viel schärfer waren.

Auf dem ersten Foto sah er seine Mum. Sie war zwar jünger als heute, aber trotzdem erkannte Moses sie auf den ersten Blick. Ihre Haare waren damals länger gewesen und schlanker war sie auch, aber trotzdem war sie es. Sie lachte fröhlich und hielt etwas in der Hand, das wie eine Fahne aussah. Ihr Gesicht war grell geschminkt und im Hintergrund waren Luftschlangen. Jetzt wusste Moses auch, was sie in der Hand hielt: Es war eine Clownsmütze. Kein Zweifel, seine Mama war damals als Clown gegangen. Moses betrachtete das Bild lange. So wie auf diesem Foto hatte er seine Mama schon lange nicht mehr lachen gesehen. Dann nahm er sich die nächsten Fotos vor. Wieder erkannte er seine Mama, die diesmal die bunte Mütze auf dem Kopf hatte. Um sie herum waren immer andere Menschen, die Moses aber nicht kannte. Die Bilder mussten bei einer Fastnachtsparty gemacht worden sein. Er sah sie immer rascher durch, da sich das Motiv kaum änderte: Immer andere Menschen um seine lachende Mutter. Dann hielt er plötzlich wie elektrisiert inne. Gerade wollte er ein Foto auf den Stapel der Bilder legen, die er bereits betrachtet hatte, als er darauf jemanden entdeckte, den er nicht kannte. Der Mann auf dem Foto hatte eine dunklere Haut als alle anderen und man sah, dass dies keine Schminke war. Hinzu kam aber, dass er etwas im Gesicht trug, das Moses eben in den Händen gehalten hatte: Es war die

Plastiknase mit dem Schnurrbart daran. Moses hielt das Foto ganz dicht vor seine Augen. Er versuchte die Maske mit den Augen zu durchdringen, doch gelang ihm das natürlich nicht. Er konnte einfach nicht mehr von dem Gesicht sehen als das, was sie freigab. Warum lag die Maske noch in dem Schrank? Gäste ließen doch ihre Sachen nicht zurück. Sie musste jemandem gehört haben, der hier gelebt hatte. Sie musste jemandem aus seiner Familie gehört haben. Moses wollte schwindelig werden, denn er wusste plötzlich, dass der Mann da auf dem Foto nur sein Vater sein konnte! Das Bild auf der Schaukel und dieses hier – sie zeigten ein- und denselben Mann! Warum nur hatte der Mann eine dunklere Hautfarbe als die anderen? Moses betrachtete seine Hände: Er wurde manchmal von anderen Kindern damit aufgezogen, dass er so braun war. „Hast du zu lange in der Sonne gelegen?" „Der Moses, das ist gar kein richtiger Deutscher!"
Was hatte er sich schon alles anhören müssen! Und wenn er Mama fragte, gab sie ihm nie eine richtige Antwort. Hier hatte er nun den Beweis vor sich – sein Vater war wirklich kein Deutscher gewesen! Moses betrachtete das Foto wieder und wieder. Nein, ein richtiger Afrikaner war er aber auch nicht, dafür war sein Gesicht nicht dunkel genug. Moses würde schon noch herausbekommen, aus welchem Land sein Vater stammte, da war er sich ganz sicher. Er nahm das Bild an sich und sah die weiteren Fotos durch. Leider entdeckte er nirgends mehr den Mann, der sein Vater sein musste. Überall waren nur fremde Menschen in Fastnachtskostümen und nicht einmal seine Mama tauchte mehr auf. Moses schloss die Schublade, indem er provisorisch das abgebrochene Brett daranheftete. „Da darf aber kein Luftzug kommen", sagte er zu sich.

Unten hörte er schon wieder Peter brüllen. Vorsichtig verschloss er den Schrank und ging mit seinem Schatz in der Tasche nach unten. Endlich hatte er ein richtiges Bild, auf dem festgehalten war, wie sein Vater aussah oder wie er zumindest einmal ausgesehen hatte – wenn auch nur unter dieser albernen Fastnachtsmaskerade! Peter konnte ihm heute noch so auf die Nerven gehen – ihn würde garantiert nichts mehr aus der Ruhe bringen!
„Ich suche einen Schraubenzieher", brüllte er. „Und mein Stemmeisen ist auch weg!"
Moses erschrak. Natürlich – er hatte die Sachen oben liegen gelassen. Aber wie jubelte er sie dem Trottel da unten jetzt wieder unter?
In der Garage tat er, als suche er emsig.
„Geh' ruhig nach draußen und rauch' eine", meinte er dann zu Peter. „Du weißt, ich finde alles!"
„Ich kann auch hier rauchen", kam es nur grimmig zurück.
„Mir ist das egal", sagte Moses. „Aber du weißt ja, wie Mama darauf reagiert. Sie hat immer Angst wegen dem Benzin und dem ganzen Öl hier. Und du musst dir da keine Hoffnungen machen: Mama riecht den Qualm einer Zigarette noch nach hundert Stunden."
Peter murmelte etwas, was Moses nicht verstehen konnte, und ging dann aber doch nach draußen.
Als er außer Sichtweite war, rannte Moses in Windeseile nach oben. Er machte sich keine Mühe, auf der Speichertreppe leise zu sein, denn Peter konnte ihn von draußen nicht hören. Der Schrank stand so da, wie er ihn verlassen hatte. Nur die Werkzeuge befanden sich nicht davor. Schon wieder schrak Moses zusam-

men, doch als er die Schranktür öffnete, war er dafür umso erleichterter: Schraubenzieher und Stemmeisen lagen auf der obersten Schublade. Als er sie hochhob, fiel das lose Brett hinunter. Er heftete es wieder oberflächlich an, schloss die Schranktür und rannte wieder nach unten. Zum Glück war Peter noch mit seiner Zigarette beschäftigt. Moses konnte es sich nicht verkneifen, die Sachen an eine besonders auffällige Stelle zu legen.
Dann kam Peter auch schon wieder zurück.
„Hast du mal da nachgesehen, wo du zuletzt gearbeitet hast?", meinte er möglichst gleichgültig.
„Hab' ich. Ich bin ja nicht blöde!"
„Hab' ich ja auch nicht gesagt, aber sieh doch vorsichtshalber noch mal überall nach! Ich kann ja nicht wissen, wo du zuletzt warst", sagte er scheinheilig.
Er beobachtete, dass Peter tatsächlich zu der Stelle ging, an die er das Werkzeug gelegt hatte.
„Das gibt's doch nicht!", wunderte er sich nur und nahm die Sachen in die Hand. „Ich hätte schwören können, dass ich hier schon gesucht habe!"
„Du wirst eben alt", grinste Moses nur und sah zu, dass er Land gewann. Nicht dass Peter ihn wieder einspannte.
Den Rest des Tages verbrachte Moses wie in Trance. Immer wieder holte er das Foto aus seiner Tasche und betrachtete es. So hatte also sein Vater definitiv einmal ausgesehen. Er stellte sich vor den Spiegel. Ja, er war wirklich ziemlich braun. Seine Haare waren schwarz, aber weil Mama auch ein dunkler Typ war, hatte er sich nicht viel dabei gedacht. Es gab Schüler, die hatten eine dunklere Hautfarbe als er. Ob sein Vater vielleicht ein Inder war? Erst neu-

lich hatte er das Buch von Kapitän Nemo gelesen, der auch ein Inder gewesen war. Ob sein Vater vielleicht rastlos durch die Meere gefahren war und jetzt auf einer geheimnisvollen Insel lebte? Die Phantasie verlieh seinen Gedanken Flügel.
Beim Abendessen versuchte er möglichst unauffällig das Thema auf Fastnacht zu bringen. Er erzählte von Kindern aus seiner Klasse, die total verrückt danach waren, und hoffte, dass Mama darauf ansprang.
Irgendwann musste er den Bogen überspannt haben.
„Was soll das Gelaber von Karneval?", giftete ihn Peter an. „Wir hier oben im Norden haben damit nichts am Hut!"
Mum war geistesabwesend und Moses hatte seine Zweifel, ob sie überhaupt etwas von dem Gespräch mitbekommen hatte.
Er wusste, dass sie früher am Rhein gewohnt hatten, und er wusste auch, dass dort Fastnacht oder Karneval – je nachdem, wie sie es nannten – gefeiert wurde. Das war alles vor Peters Zeit gewesen. Auch dieses unklare Bild mit seinem Vater und der Schaukel musste aus dieser Zeit stammen.

Als Moses an diesem Abend im Bett lag, dachte er an seinen Papa, und er dachte an Kapitän Nemo. Irgendwann verschwammen die beiden Figuren zu einer. Sein Papa fuhr rastlos in einem U-Boot durch die Meere und suchte nach seiner Familie. Manchmal war er nahe dran, sie zu finden, dann gab es wieder Rückschläge. Irgendwann fuhr er durch die Nordsee geradewegs auf Hamburg zu. Moses, der sich am Ufer aufhielt, konnte die auftauchende Nautilus schon sehen. Dann wurde er vom unbarmherzigen Klingeln des Weckers aus seinen Träumen geholt und er wusste mit einem

Schlag, dass sein Papa wieder sehr weit weg sein musste.
Doch auch an diesem Tag würde es einen Nachmittag geben, an dem er auf den Speicher ging, dachte er, als er sich den Schlaf aus den Augen rieb.
Im Bad betrachtete er sich wieder. Ein wenig, so fand er, hatte er sogar die Augen des Mannes mit dieser dämlichen Fastnachtsmaske.
„Was machst du so lange da drin?", fing draußen schon Peter an zu brüllen.
„Ich putze mir die Zähne. Wenn ich's nicht mache, meckerst du auch wieder!" Moses' Antwort war alles andere als freundlich.
„Nun mach bloß mal hin!" Peter machte einen ziemlich ungeduldigen Eindruck und Moses beschloss, ihn nicht länger warten zu lassen.
Im Stehen aß er seine Cornflakes, während Mama im Badezimmer war. Moses fand, dass dies, je älter sie wurde, immer länger dauerte. Irgendwann würde sie gar nicht mehr herauskommen. Er selbst benötigte maximal drei Minuten, von denen er die meiste Zeit ohnehin nur das Wasser laufen ließ.
Aus den kurzen Unterhaltungen zwischen Mama und ihrem Freund hörte er heraus, dass er heute Nachmittag freies Feld hatte. Mama musste arbeiten und Peter hatte einen Kunden, den er besuchen musste. Das kam nicht oft vor, denn so viele Kunden hatte er nicht. Meistens baute er ihnen Autoradios ein. Viel mehr konnte er auch nicht.
Der Vormittag in der Schule zog sich wieder hin wie Kaugummi. Am meisten machte ihm noch Kunst Spaß, denn zeichnen konnte Moses ziemlich gut.

„Von mir hast du das nicht", hatte Mama einmal gesagt. Moses war gleich klar gewesen, von wem er sein Talent denn sonst geerbt haben musste. In den Pausen nervte Michel immer wieder: „Wann kommst du denn mal zu mir? Ich habe so eine geile Rennbahn!"
Moses wollte seine Bahn nicht sehen, doch sagte er das nicht. Michel war einen Kopf kleiner als er, und er hätte dann bestimmt geweint. Also überlegte er sich irgendeine Ausrede und vertröstete ihn auf einen anderen Tag. Irgendwann würde es aber nicht mehr gehen und er musste nachgeben. Warum auch eigentlich nicht? Wenn er oben auf dem Speicher alles erforscht hatte, würde er auch wieder den Kopf frei haben für eine Rennbahn. Manchmal spielte er sogar mit dem Gedanken, Michel in alles einzuweihen, aber dann verwarf er ihn rasch.
Am Nachmittag war er wieder auf dem Speicher. Alles war still im Haus, heute hatte er sturmfreie Bude. Moses ging gleich wieder zu dem riesigen Schrank. Woanders brauchte er gar nicht zu suchen, da war er sich ziemlich sicher. Als er ihn öffnete, fiel ihm erneut das lose Brett entgegen. Er hatte wohl auch nicht viel mehr handwerkliches Geschick als Peter.
Dann untersuchte er die zweite Schublade. Natürlich war sie ebenfalls verschlossen, und er würde sie wieder nur mit roher Gewalt öffnen können. Das Stemmeisen hatte er vorsichtshalber gleich mitgebracht. Als er es ansetzte, gab es zunächst wieder ein leises Knirschen. Dann wurde das Geräusch lauter und die Vorderseite der Schublade gab nach. Sie stand nun ebenso offen vor ihm wie die andere. Moses versuchte sie herauszuziehen, doch wollte ihm dies erneut nicht gelingen. Irgendetwas sorgte dafür, dass sie hinten am Schrank festhing. Moses griff wieder hinein und zog er-

schrocken die Finger zurück. Er hatte in etwas Weiches gegriffen. Vorsichtig steckte er den Kopf in die Öffnung und sah hinein. Wollreste lagen da in Hülle und Fülle. Wollreste, die wahrscheinlich jetzt schon vermottet waren. Unwillkürlich hielt er seine Finger an die Nase. Sie rochen streng, er konnte aber nicht sagen, wonach. Wahrscheinlich faulte im Dunkel irgendetwas vor sich hin. Moses war sich sicher: Hier würde er nicht fündig werden! Er wollte die Schublade schon wieder verschließen, als ihn etwas trieb, doch noch einmal hineinzufassen. Er wusste gar nicht warum, aber trotzdem schob er den Ärmel seines Pullovers hoch und griff vorsichtig in die finstere Öffnung. Ein wenig kam er sich vor wie die Kandidaten in dieser Sendung, die in einem dunklen Dschungel schreckliche Prüfungen auf sich nehmen mussten. Trotzdem hätte er es sich nicht verziehen, wenn er nicht zumindest den Versuch unternommen hätte. Vorsichtig tastete er sich nach vorne. Überall waren nur diese unsäglichen Wollreste. Er griff noch weiter in die Schublade hinein. Plötzlich stieß er auf etwas, das keine Wolle war. Er fühlte eine Tube, aus der vorne etwas lief. Daher musste der Gestank kommen. Moses interessierte sich nicht für die Tube, denn er war im selben Augenblick noch auf etwas anderes gestoßen, das aus Papier war. Moses fühlte noch einmal behutsam, dann begriff er: Es konnte sich nur um Briefe handeln. Zwei mussten es sein. Ohne zu zögern zog er sie heraus. Als sein Fund ans Tageslicht kam, wäre ihm fast schlecht geworden: Mit den Briefen hatte er einen Haufen Wolle hervorgezogen, in dem tote Spinnen und allerlei anderes Ungeziefer lagen. Er schüttelte wild seine Hand aus und wandte sich dann den Briefen zu, die er in der Öffnung liegen gelassen hatte. Ohne sie gleich

wieder zu berühren, inspizierte er sie vorsichtig.
Die Briefe sahen nicht einmal besonders alt aus. Der Absender war jeweils derselbe. Ein Heiko Wagenbach aus Hannover hatte geschrieben. Moses nahm die Briefe heraus und sah auf die Adresse. Beide Schreiben waren an seine Mutter gerichtet. Da sie offen waren, hatte er keine Hemmungen, sie zu lesen. Als er sie nach zehn Minuten wieder aus den Händen legte, war Moses wie benommen. Er spürte, dass er am ganzen Leib zitterte. Dass er hier fündig würde, das hatte er sich gedacht, doch nun gleich diese geballte Ladung – damit hatte er nicht gerechnet!
Wieder und wieder nahm er die Briefe in die Hand und wieder und wieder las er:

„Liebe Regina,
ich weiß, dass du es als Einmischung betrachtest, aber trotzdem kann ich nicht anders und muss dir diese Zeilen schreiben. Du hast mir am Wochenende erzählt, dass du deinen Mann verlassen willst. Nun gut, das ist deine Entscheidung, auch wenn ich es nicht verstehen kann. Du hast mich gebeten, es ihm nicht zu sagen, weil du Angst hast, dass er einen Aufstand macht, und weil du Angst hast vor seiner Familie. Ganz davon abgesehen, dass diese Ägypter so schlimm gar nicht sind. Ich habe lange mit mir gekämpft und ich bin zu dem Entschluss gekommen, dass ich dazu nicht schweigen kann. Ich kann meinem besten Freund nicht begegnen und weiß doch, dass er mit offenen Augen in sein Unglück rennt. Du bist meine Freundin, aber Moses' Papa ist mein Freund. Deshalb bitte ich dich: Sag' ihm, was du vorhast. Sag' ihm, dass du ihn mit eurem kleinen Jungen verlassen willst, nur bitte lass ihn nicht wei-

ter im Ungewissen. Wenn du es ihm nicht sagst, muss ich es ihm sagen. Das bin ich meinem Freund schuldig. Ich hoffe, du kannst mich verstehen und bist mir nun nicht bis ans Ende unserer Tage böse.
Dein Heiko"

Der andere Brief war wenige Tage später geschrieben. Moses sah dies am Poststempel. In der Zwischenzeit war offenbar einiges geschehen.

„Liebe Regina,
nun ist alles vorbei, und ich möchte dir nur sagen, dass mir das Ganze wahnsinnig leidtut. Die Geschichte mit euch lässt mich nachts schon lange nicht mehr schlafen. Aber auch das, was zwischen uns geschehen ist, belastet mich sehr. Du musst es doch verstehen. Ich konnte meinen besten Freund nicht länger im Dunkeln tappen lassen. Doch du redest kein Wort mehr mit mir. Wenn ich anrufe, legst du auf. Dabei möchte ich dir doch so gerne beistehen in dieser schweren Zeit. Ich möchte so gerne wissen, wie es dir geht.
Wie hast du die Trennung verkraftet? Wie hat dein kleiner Sohn die Trennung verkraftet?
Keine Sorge: Von seinem Papa habe ich auch nichts mehr gehört. Nachdem ich damals mit ihm gesprochen habe, hat er sich nicht mehr gemeldet. Ob ich ihn, ob ich dich jemals wiedersehen darf?
Bitte denke an die schöne Zeit, die wir zusammen hatten, und lass nicht alles einfach hier zu Ende sein!
Liebe Grüße. Dein Heiko"

In Moses arbeitete es, und er glaubte, dass er nun alles verstand. Dieser Heiko war ein guter Freund seiner Eltern gewesen. Er wusste, dass Mutter ausziehen wollte, was sein Vater aber wiederum noch nicht erfahren sollte. Also hatte sich für ihn eine sehr schwierige Situation ergeben. Er hatte zwischen allen Stühlen gesessen und sich entschlossen, seinem Vater alles zu sagen. Moses wusste nun auch, woher sein Vater kam: aus Ägypten. Das lag in Afrika. Deshalb war sein Papa auch so dunkel, und deshalb war er selbst auch noch ein wenig dunkel. Ihm kam noch ein anderer Gedanke: Sofort ging er zum Computer und musste nicht lange suchen: Tatsächlich – da stand, dass Moses ein ägyptischer Jungenname war! Bestimmt hatte Papa ihn ausgesucht! Das Geheimnis begann sich immer mehr zu lüften. Moses wusste, dass er nun nur noch eines tun konnte: Er musste diesen Heiko finden und mit ihm reden. Das war der Mann, der ihm alles sagen konnte! Ganz bestimmt wusste er auch, wo sein Vater war! Als Moses sich dies alles so ausmalte, hätte er vor Freude aus der Hose springen können. Nun konnte es nicht mehr lange dauern, bis er endlich seinen Vater sah! Doch kamen ihm wieder Bedenken: Ob er überhaupt noch lebte? Vielleicht war er längst gestorben? Dann verwarf er den Gedanken gleich wieder. Warum denn sollte ein Mann, der noch heute verhältnismäßig jung sein musste, einfach so sterben? Das konnte, das durfte nicht sein! Es konnte nicht sein, dass er hier den Schlüssel zu seiner Vergangenheit fand und sich nun gleich wieder alles in nichts auflöste!

Moses nahm die Briefe an sich und verschloss den Schrank. Die Wollreste steckte er wieder in die Schublade. Sie waren offenbar dafür gedacht gewesen, die Briefe zu verdecken. Gedankenverloren ging er danach nach unten.

Er musste diesen Heiko finden. Moses dachte an nichts anderes mehr. Als er am Abend im Bett lag, machte er einen Plan: Er würde am nächsten Morgen mit dem Bus zum Bahnhof fahren und in einen Zug nach Hannover steigen. Die Adresse stand auf dem Briefumschlag, er musste Heiko ganz einfach dort finden. Wenn sie dann erst auch seinen Vater gefunden hatten, würden sie Mama schon erklären, warum er abgehauen war. Zufrieden schlief Moses ein. Aber als er dann um kurz vor sechs aufwachte, war alles anders. Er war viel zu müde, um seinen Plan umzusetzen.

„Das geht auch morgen noch", redete er sich ein und war überzeugt davon, dass alles erst einmal richtig durchgeplant sein musste. In der Schule dachte er nur an seine Reise. Er dachte daran, wie er Papa treffen und wie sie beide dann zu Mama fahren würden. Vielleicht ergab sich dann auch noch etwas ganz anderes? So einen Typen wie Peter musste er jedenfalls nicht haben.

Am Nachmittag verabredete er sich mit Michel. Er hatte gefunden, wonach er suchte, und konnte den Jungen nicht länger hinhalten. Außerdem tat es ihm ganz gut, wenn er etwas abgelenkt wurde.

Michel wohnte mit seiner Mutter in einem kleinen Haus zur Miete, das in der Nähe des Bahnhofs lag. Dass dies für Moses vielleicht auch ein Grund gewesen war, hierherzukommen, gestand er sich erst ein, als er vor der Haustüre stand. Michel öffnete selbst. Er hüpfte vor Freude, als er Moses sah, und genau das war es, was ihn störte. Michel war einfach etwas klein, manchmal benahm er sich noch ziemlich kindisch – er war über ein Jahr jünger als er. Moses ließ sich aber nichts anmerken und ging ohne Kommentar mit in Michels Zimmer. Spielsachen lagen wirr umher, eine Rennbahn war in der Mitte aufgebaut, und Moses sah sich in seinem Verdacht bestätigt: Michel war einfach noch zu klein, mit solchen Sachen spielte er selbst schon lange nicht mehr. Trotzdem ließ er sich überreden, ebenfalls mit der Bahn zu spielen. Die anderen Spielsachen waren noch viel kindischer.

„Du nimmst den, ich nehme den" – bereitwillig fügte er sich in Michels Anweisungen. Dann lieferten sie sich ein Rennen, das es in sich hatte. Sie wollten gar nicht mehr aufhören, und sogar Moses hätte nicht mehr sagen können, dass ihm das Spielen keinen Spaß machte. Man musste es ja niemandem erzählen!

Immer wieder ließen sie die Autos fahren, und das Schöne war, im Gegensatz zu der Bahn, die er selbst früher einmal gehabt hatte, dass sie niemals aus der Spur flogen.

Moses genoss den Nachmittag, und er konnte sich vorstellen, dass Michel wirklich ein guter Freund werden würde. Schon wieder überlegte er sich, ob er ihm von seinem Vater erzählen sollte.

Vielleicht war das alles einfacher, wenn man die Sache zu zweit anging.

Rein zufällig brachte er irgendwann die Rede auf Michels Familie und fragte nach seinem Vater.

„Mein Vater ist weg, vor langer Zeit. Den kenne ich nicht. Jetzt will meine Mutter sich von ihrem Freund trennen, der war eigentlich ganz okay", gab der zur Antwort. „Voll scheiße, das Ganze!"

Der Kleine tat ihm plötzlich sehr leid, aber Moses wusste nicht, wie er ihn trösten konnte.

Also sagte er lieber nichts dazu, sondern erzählte von seiner eigenen Familie.

„Der Mann, der bei uns wohnt, ist auch nicht mein richtiger Vater", begann er.
„Dieser Peter?"
„Ja, er ist nur der Freund meiner Mutter. Mein richtiger Vater ist irgendwo. Ich habe ihn noch nie gesehen."
Moses merkte sofort, dass Michel sich für seinen Vater interessierte.
„Dann musst du ihn suchen. Das wäre doch mal spannend", sagte der Freund gleich.
Moses passte dies natürlich ganz genau in den Kram. Trotzdem gab er sich noch sehr vorsichtig.
„Aber ich wüsste ja nicht, wo ich anzufangen hätte." Dann sprach er noch leiser: „Weißt du, mein Papa kann irgendwo im Ausland sein!"
„Wie kommst du darauf?"
„Ich weiß es eben. Ist dir noch nie aufgefallen, dass ich dunkler bin als du?"
Michel betrachtete ihn jetzt von oben nach unten. „Du bist schön braun", sagte er. „Ich dagegen bin so ein Käse. Mama sagt, dass ich deshalb immer so viel krank bin."
Moses tat jetzt noch geheimnisvoller und sagte: „Mein Vater ist Afrikaner. Er ist von da nach Deutschland gekommen und hat meine Mama geheiratet. Herausgekommen bin dann ich."
Michel lachte: „Dann ist mein Freund ja ein halber Afrikaner!"
„Aber sag es nur nicht weiter", fuhr Moses ihn gleich an. „Sonst ärgern mich die anderen!"
„Woher weißt du das eigentlich?", wollte Michel jetzt wissen. „Ich denke, du hast deinen Vater noch nie gesehen?"

Moses tat jetzt sehr geheimnisvoll. „Ich weiß es eben", meinte er nur.

„Aber das wäre ja noch viel besser. Wir beide unterwegs nach Afrika! Stell' dir das mal vor: Morgen in einen Zug nach Süden, dann aufs Schiff und dann ..."

Moses stellte es sich vor, obwohl er sich noch sehr zurückhaltend gab.

„Aber wir haben doch gar kein Geld!", warf er deshalb ein.

„Ich habe Geld", sagte Michel, „30 Euro hier hinten in meinem Geheimversteck." Und außerdem noch das Geld, das ich zur Kommunion bekommen habe. Ich müsste meiner Mutter nur erzählen, dass ich es dringend für einen Computer brauche. Von der kriege ich im Moment alles!"

Moses überlegte nur kurz.

„Du hast Recht. Ich habe auch Geld in meinem Tresor liegen", sagte er dann wichtig.

„Einen Tresor?", reagierte Michel erwartungsgemäß.

„Na klar, in meinem Zimmer habe ich so ein Ding, und in dem ist mein ganzes Geld!"

Moses verschwieg, dass er den Mini-Tresor für zehn Euro in einem Billigposten-Markt erstanden hatte und dass gerade mal siebzig oder achtzig Euro darin waren.

Seine Mutter war evangelisch. Die große Geldschwemme würde erst mit der Konfirmation in ein paar Jahren kommen.

„Darf ich die Tage mal zu dir kommen?", bettelte Michel jetzt.
„Ich will unbedingt deinen Tresor sehen!"

Warum nicht?, dachte Moses, und das sagte er dann auch. Michel war wirklich auf dem Weg, ein guter Freund zu werden.

Sie verabredeten sich schon für den nächsten Tag. Dann ging er nach Hause.

Als er am Abend im Bett lag, beschloss er, mit der Geheimniskrämerei aufzuhören und seinem Freund die ganze Wahrheit zu sagen. Vielleicht würde er ihn sogar mit auf den Speicher nehmen.

Mit Mama und Peter sprach Moses an diesem Tag nur die nötigsten Dinge, was sie aber nicht zu merken schienen. Er erzählte ihnen, dass er in der Schule ganz gut mitkam, dass er einen neuen Freund hatte, und das reichte ihnen, um beruhigt zu sein. Die beiden hatten immer genug eigene Sorgen, und auf die Frage nach Papa hätten sie ihm sowieso keine Antwort gegeben.

Als er am Morgen frühstückte, vergewisserte er sich nur, dass Peter an diesem Nachmittag nicht da war. Mutter musste ohnehin zu ihrer Schicht.

Er hatte richtig vermutet: Peter musste wieder zu einem seiner zahlreichen „Kunden".

„Wenn das alles wirklich richtige Kunden wären, dann müssten wir im Geld schwimmen", hatte Mama einmal im Vertrauen zu Moses gesagt. „In Wirklichkeit sind die meisten davon nur Kumpels, mit denen er säuft und über Fußball und Autos quatscht!"

Moses war das egal: Hauptsache, Peter war weg an diesem Nachmittag.

Der Vormittag ging diesmal rascher vorbei als sonst. Der Grund war, dass sich Moses zwischendurch immer wieder mit Michel unterhielt. Als die Schule zu Ende war, rieb sich Moses fast die Augen: Er hatte Michel fast alles erzählt. Sein Freund wusste Bescheid über den Speicher, er wusste Bescheid über den Schrank und er wusste Bescheid über die Briefe. Nur das Foto und den

Zettel hatte er ihm noch nicht gezeigt. Dabei trug er diese doch die ganze Zeit in seinem Brustbeutel.

„Ich bin total gespannt auf den Nachmittag", sagte Michel immer wieder und hüpfte dabei jedes Mal in die Höhe. Moses nahm ihm das nicht mehr übel, denn er hätte ja selbst vor Ungeduld in die Luft springen können.

Am Mittagstisch ließ Peter dann den Hammer los.

„Mein Termin heute, der ist übrigens geplatzt", äußerte er wie nebenbei.

Moses hätte ebenfalls fast platzen können – aber vor Wut. Als ob dies nicht schon schlimm genug wäre, setzte Mama noch eins oben drauf.

„Das macht doch nichts. Im Gegenteil: Du kannst dann Moses ein bisschen nach den Hausaufgaben sehen. Ich habe sowieso schon das Gefühl, als würden wir den Jungen total vernachlässigen."

Moses verschluckte sich an einer Nudel und fuchtelte wild mit den Armen umher.

„Aber Junge, nun erstick' uns nicht noch!", rief Mama wie immer sehr aufgeregt. Zum Glück hatte sie seine Reaktion nicht richtig gedeutet.

„Ich sterbe schon nicht", meinte Moses nur, als die Nudel endlich verschwunden war.

Er gab sich Mühe zu verbergen, was ihn so aufgeregt hatte.

„Peter muss aber nicht nach meinen Hausaufgaben sehen", merkte er nach einer Weile möglichst gleichgültig an. „Wir haben heute kaum was auf."

„Prima", meinte Peter nur. „Ich habe eh schon daran gedacht, zu Mike zu gehen."

„Wenn du zu dem gehst, kommst du immer nur betrunken wieder."

Mama machte ein besorgtes Gesicht.

„Ich finde, dass auch Peter einen Freund braucht", griff Moses ein. „Zu mir kommt heute auch ein Junge aus meiner Klasse, da machen wir die Hausaufgaben sowieso zusammen."

„Na wunderbar, da passt es ja", sagte Peter erleichtert und warf Moses einen dankbaren Blick zu.

„Aber können wir die Jungen denn ganz alleine hier lassen?"

Mama war schon wieder besorgt.

„Wir spielen nur Monopoly", versuchte Moses sie zu beruhigen.

„Und du sagst ja immer, ich soll mich verabreden."

„Richtig", meinte Peter. „Lass' die Jungen mal machen."

„Merkwürdig, so ein Bündnis zwischen euch beiden!", sagte Mama nur lächelnd.

Sie wollte noch wissen, wer denn kam.

„Es ist Michel, der wollte mich schon immer mal besuchen. Ich habe dir von ihm erzählt – er ist der Kleinste in unserer Klasse. Du kannst ihn bestimmt gut leiden. Er tut keinem was." Moses wollte nun nichts mehr anbrennen lassen.

„Nun gut, dann will ich dir mal vertrauen", meinte Mama großmütig.

„Ja klar", setzte Moses gleich nach, „mit dem kannst du mich wirklich alleine lassen. Der stellt bestimmt nichts an!" Mama war tatsächlich beruhigt und Moses hätte vor Freude aus der Hose hüpfen können. Gott sei Dank – der Nachmittag war gerettet!

Nach dem Essen verschwand er gleich in seinem Zimmer und schmierte seine Hausaufgaben ins Heft. Immer wieder sah er zur

Uhr.

Mama rief irgendwann ihr „Tschüss, ich gehe!" nach oben. Dann dauerte es noch eine Zeitlang, bis er den Motor von Peters Wagen hörte. Die Luft war rein!

Immer wieder rannte er zum Fenster, um Michel kommen zu sehen. Dabei hatten sie sich erst für halb drei verabredet und es war gerade mal zwei. Trotzdem dauerte es nicht mehr lange, bis Michel um die Ecke gelaufen kam. Auch er hatte es offenbar nicht mehr abwarten können.

„Da bist du ja endlich!", empfing Moses seinen neuen Freund, der ganz außer Atem war.

„Es ist gerade mal zwei", meinte Michel. „Ich dachte schon, ich wäre viel zu früh!"

Moses sah ein, dass er Recht hatte.

„Nun aber nichts wie rein!", sagte er nur.

Für einen Augenblick war er unschlüssig, ob sie zuerst auf den Speicher oder in sein Zimmer gehen sollten, wo er die Briefe versteckt hatte. Dann entschied er sich dafür, die Briefe zu holen und sie Michel dort zu zeigen, wo er sie gefunden hatte.

„Was hast du denn gerade noch gemacht?", fragte der Freund, als sie die Speichertreppe hinaufgingen.

„Was geholt", murmelte Moses nur. Michel bekam einfach alles mit. Das konnte ziemlich nervig sein. Für das, was er vorhatte, war es aber sicher auch ganz nützlich.

Dann fiel Michel noch was ein: „Du wolltest mir deinen Tresor zeigen!"

„Vergiss den! Oder hast du Schiss?"

Moses' Versuch, den Freund auf andere Gedanken zu bringen,

gelang.

„Was du auch von mir denkst!" Michel schlug sich mit der flachen Hand an die Stirn und nahm entschieden ein paar Stufen auf einmal.

Als sie den Speicher betraten, stand dem Kleinen der Mund offen.

„Geil!", sagte er. „Geil!" und wieder „Geil!" und fasste sein Erstaunen schließlich zusammen:

„Das ist ja wie in einem Spukschloss!"

Moses war zufrieden. Michel war offenbar doch der Richtige.

„Hier oben liegen alle Geheimnisse, die wir brauchen", sagte er wichtig und fügte hinzu:

„Sieh dort, den riesigen Schrank."

„Das ist er?"

Moses nickte nur. Er schob den Freund mit sanftem Druck auf den Schrank zu.

Als er Widerstand spürte, fragte er: „Hast du Angst?"

„Ach was, Angst", sagte Michel nur, „richtige Männer kennen keine Angst!"

Moses musste grinsen. Große Sprüche konnte der Kleine ruhig klopfen, dabei bemerkte er doch ganz genau, dass ihm die Sache nicht geheuer war.

Dann öffnete er den Schrank und zeigte Michel die kaputten Schubladentüren.

„Oh Mann, wenn das mal keinen Ärger gibt!", meinte der Kleine.

Das hatte Moses verdrängt. Ihm war es nur darum gegangen, dass niemand von seinen Nachforschungen hier oben erfuhr.

Wenn der Schrank nun ziemlich wertvoll war, dann hatte er tatsächlich ein Problem.

„Ich werde die Dinger irgendwann reparieren", meinte er deshalb wieder so gleichgültig wie möglich.

Dann zeigte er Michel die Fastnachtsartikel. Der Kleine war ganz hingerissen. Ohne dass Moses etwas hätte sagen können, hatte Michel plötzlich die Maske auf der Nase, die sein Vater auf dem Foto trug.

Mit einem Griff riss Moses sie herunter.

„Nicht die", sagte er. „Alles, nur nicht die."

„Warum bist du denn so sauer?" Der Kleine schien nicht zu verstehen. Da schob Moses den Pullover nach oben und holte das Foto aus dem Brustbeutel.

Er zeigte es Michel.

„Deswegen nicht!"

Michel betrachtete das Bild ganz genau. Wieder staunte er nur.

„Geil! Mensch ist das geil! Du glaubst wirklich, dass der Typ da dein Vater ist?!"

„Ich glaube es nicht, ich weiß es", sagte Moses bestimmt.

„Aber so dunkel wie er bist du doch nicht", gab der Kleine zu bedenken.

„Schlaukopf – ich habe ja auch eine weiße Mama!", belehrte ihn Moses.

Der Kleine griff nach seinen Händen und betrachtete sie von allen Seiten. Sogar zwischen die Finger sah er.

„Du bist kein bisschen schwarz, nur ein bisschen brauner als ich", kommentierte er.

„Das reicht ja schon", meinte Moses. „Mein Vater ist ja auch nicht richtig schwarz. In Ägypten sehen die Leute so aus. Und wenn dann ein bisschen Schwarz mit Weiß gemischt wird, dann kommt so was heraus wie ich!"

Michel nickte: „Ja, du hast bestimmt Recht. Das kommt immer auf die Mischung an."

Moses musste lachen: „Richtig, es kommt immer auf die Mischung an."

Er zeigte dem Freund auch den Zettel mit den arabischen Buchstaben, doch damit konnte Michel so wenig anfangen wie er selbst. Er fand ihn nur ebenfalls höchst geheimnisvoll.

Moses wandte sich wieder dem Schrank zu, nahm das Brett der zweiten Schublade heraus und deutete hinein.

„Hier waren die Briefe."

Im gleichen Augenblick griff er in die Tasche und hielt Michel die beiden Schreiben unter die Nase: „Diese hier!"

„Wahnsinn", konnte Michel nur sagen. „Darf ich die mal lesen?"

Moses überlegte einen Augenblick. Sicher hatte er mit dieser Frage gerechnet, und trotzdem kam es ihm plötzlich zu privat vor, was in den Briefen stand.

Der Kleine schien seine Gedanken lesen zu können.

„Ich sag es auch keinem weiter", sagte er nur. Da verwarf Moses alle Bedenken und gab Michel die beiden Schreiben.

Andächtig und laut las der Junge sie vor. Er ließ sich dabei viel Zeit, und deshalb dauerte es ziemlich lange, bis er die Briefe durchhatte.

Dann faltete er sie vorsichtig zusammen und gab sie Moses wie ein rohes Ei zurück.

„Du hast Recht gehabt. Hier steht alles, was wir wissen müssen. Und jetzt müssen wir nur noch eines tun: diesen Heiko suchen und dann deinen Vater finden."

Michel sagte dies mit einer Entschlossenheit, die Moses tief beeindruckte. Er hätte den Freund vor Freude umarmen können.
„Ja, jetzt machen wir uns auf die Suche, wir beide", sagte er nur.
„Wir beide", wiederholte Michel, und er schien sich ebenso wie Moses der Bedeutung dieses großen Augenblicks bewusst zu sein.
Spontan schlugen die beiden Jungen ein zu „Gib ihm fünf". Damit war die Sache besiegelt.
Sie durchkramten noch andere Schränke, fanden aber trotz aller Sorgfalt nichts, was ihnen bei der Suche nach Moses' Vater hätte helfen können. Nach Stunden gingen sie hinunter in sein Zimmer.
„Hier steht die Adresse", sagte Michel, indem er auf den Brief in der Hand seines neuen Freundes zeigte. „Lass uns im Internet nach der Telefonnummer suchen."
Moses staunte: Auf die Idee war er noch nicht gekommen. Sie schlichen zu Peters Büro und überzeugten sich zuerst, dass er noch nicht da war. In der Zeit, die sie auf dem Speicher verbracht hatten, hätte er leicht zurückkommen können, ohne dass sie es gehört hätten.
Aber Peter war zum Glück noch nicht zurück. Hoffentlich betrank er sich so richtig, wünschte sich Moses im Geheimen. Er überzeugte sich zur Sicherheit, dass das Auto noch weg war. Erst dann fuhren sie den Computer hoch.
Moses war angespannt wie ein Flitzebogen, als Michel die Adresse eingab. Der Kleine schien sich ordentlich auszukennen.
„Glaubst du, ich spiele nur Autorennen?", fragte er, als er Moses' staunenden Blick bemerkte. „Das ist doch alles nur für Mama. Wenn sie weg ist, dann wird gechattet!"
Leider war die Suche ergebnislos. Dieser Heiko schien kein Tele-

fon zu haben.

„Vielleicht hat er sich nur nicht eintragen lassen", meinte Michel. Für Moses spielte dies keine Rolle. Rasche Gewissheit über ein Telefonat würden sie jedenfalls nicht erhalten. Michel hatte schließlich die Idee, die Adresse in einen Routenplaner einzugeben. „Dann wissen wir wenigstens, wie weit es ist", meinte er noch.

Der Computer zeigte ihnen an, dass es genau 148,7 Kilometer waren bis zu diesem Heiko.

„Das können wir schaffen", meinte Michel zuversichtlich. „Der Bahnhof ist gleich um die Ecke!" Moses wollte lieber einen Brief schreiben, doch zog Michel ihm diesen Zahn gleich: „Und wenn die Antwort deiner Mutter in die Hände fällt? Manchmal kommt die Post morgens, wenn du in der Schule bist! Dann wirst du nie erfahren, wo dein Vater ist! Du hast doch gemerkt, dass deine Mama nicht besonders gut auf Heiko zu sprechen ist."

Moses musste zugeben, dass der Freund Recht hatte. Er gab sich geschlagen.

Sie überlegten noch lange an diesem Nachmittag, wann sie nach Hannover fahren sollten, doch konnten sie sich nicht einigen. Michel wäre am liebsten gleich am nächsten Morgen gestartet, Moses wollte lieber noch etwas warten und alles gründlich vorbereiten.

„Was habt ihr denn heute gemacht, als dein Freund da war?", wollte Mama am Abend wissen.

„Nichts Besonderes", sagte Moses nur, der sich irgendwie ertappt fühlte. Mama hatte ihn so etwas schon lange nicht mehr gefragt. Vielleicht tat sie es nur, weil Peter noch nicht da war. Vielleicht ärgerte sie sich auch über ihn. Schließlich ging sie davon aus, dass er sich heute wieder vollsoff, wie sie immer sagte. Für Moses waren dies jedenfalls ideale Voraussetzungen und er traute sich deshalb, eine heikle Frage zu stellen:

„Sag mal, hast du eigentlich jemals wieder etwas von meinem Papa gehört?"

Mama zuckte zusammen.

„Wie kommst du jetzt auf den? Ist Peter nicht jetzt dein Papa?", fragte sie aufgeregt.

„Ich wollte es nur mal wissen", meinte Moses möglichst gleichgültig.

Mama stand auf und begann das Geschirr zusammenzustellen.

„Hast du schon für das Diktat geübt? Du weißt, es darf nicht schon wieder eine Fünf werden."

Sie tat, als hätte er gar nichts gefragt.

„Aber ich wollte doch wissen ...", nahm Moses all seinen Mut zusammen.

„Du wolltest wissen, ob du heute noch etwas für die Schule tun musst", kam es nur ziemlich schnippisch zurück.

„Mir zumindest musst du nichts mehr helfen, wenn du jetzt nur sofort ins Bett gehst!"

Moses ärgerte sich: Immer würgte seine Mum ihn ab, wenn er die Rede auf dieses Thema brachte. Er unternahm keinen neuen Anlauf mehr, sondern ging wortlos in sein Zimmer. Mama hatte zwei Fliegen mit einer Klappe geschlagen: Sie musste ihm keine Antwort geben, und er bekam nicht mit, wie Peter vollgesoffen nach Hause kam. Das war ihr nämlich sehr unangenehm. Wie oft schon hatte der Versuch, etwas über seinen Vater zu erfahren, so wie heute geendet!? Warum konnte diese Frau nicht verstehen, dass er wissen musste, was geschehen war? Vielleicht hatte Michel doch

Recht und sie mussten so schnell wie möglich nach Hannover fahren, um den Freund seines Papas zu finden.

Wenn es ihn überhaupt noch gab, schoss es Moses plötzlich durch den Kopf. Wer sagte denn, dass er noch lebte? Dann schob er diesen Gedanken wieder von sich. Heiko musste noch da sein, es musste ihn noch geben. Was hätte es sonst für einen Sinn gemacht, dass er diese Briefe gefunden hatte? In der Gewissheit, dass seine Nachforschungen erfolgreich sein würden, schlief Moses ein.

Am nächsten Morgen in der Schule löcherte Michel ihn unaufhörlich.

„Wann fahren wir endlich?", „Wir sollten morgen fahren!", „Wir dürfen das nicht lange hinausschieben!" Immer wieder quasselte er auf ihn ein. Moses versuchte Zeit zu gewinnen, denn er war älter und musste einen kühlen Kopf bewahren. Wenn Mama dahinterkam, wäre die Hölle los. Trotzdem trieb auch ihn die Neugierde, und so ließ er sich von Michel dazu überreden, dass sie sich am Nachmittag am Bahnhof trafen.

„Du denkst aber auch dran!", sagte der Freund bei Schulschluss noch, und Moses nickte nur. Insgeheim hatte er tatsächlich mit dem Gedanken gespielt, das Treffen zu „vergessen". Aber Michel würde sowieso nicht locker lassen. Deshalb machte sich Moses am Nachmittag auf den Fußweg zum Bahnhof. Michel empfing ihn in der Eingangshalle.

„Ich habe schon alles gecheckt", sagte er. „Wenn wir morgen früh um 8 Uhr 12 fahren, sind wir um 10 Uhr 26 da."

„Und was kostet es?", fragte Moses ängstlich.

Michel nannte ihm den Betrag.

„Das ist scheißteuer!"

Trotzdem fand Moses, dass ihr Plan nicht am Geld scheitern durfte. Eine Lösung hatte er auch schon parat: „Ich gehe an meinen Tresor, da ist genug drin!"

„Und ich an mein Kommuniongeld", zog Michel sofort nach.

„Kommt nicht in Frage!", widersprach Moses energisch. „Es geht um meinen Vater!"

Da kam dem Freund eine andere Idee: „Was hältst du davon? Wir gehen zur nächsten Autobahnraststätte, schnappen uns einen Lkw mit dem Kennzeichen von Hannover, springen auf – und weg sind wir!"

Erwartungsvoll sah der Kleine ihn an. Moses musste zugeben, dass der Gedanke etwas für sich hatte.

„Aber der Fahrer? Sollen wir den etwa fragen?"

„Nein", sagte Michel, „der würde uns nicht mitnehmen. Wir sind erst 12 und 13, auch wenn du schon aussiehst wie 14. Nein, wir müssen heimlich die Plane aufmachen und hinten in den Laderaum klettern. Am Ziel müssen wir dann genauso heimlich wieder herausklettern. Was sagst du nun?"

„Das hört sich sehr spannend an", meinte Moses ehrlich. „Aber was ist, wenn wir erwischt werden?"

„Da ist es wieder ein Vorteil, dass wir vor dem Gesetz noch Kinder sind", sagte Michel altklug. „Uns bestraft doch keiner. Man schimpft uns höchstens mal ordentlich aus und schickt uns dann weg."

Längst hatten sie das Bahnhofsgebäude verlassen und waren über einen kleinen Weg dahinter zu einer Wiese gelangt.

„Komm, wir hängen hier ein bisschen ab und überlegen", schlug

Michel vor. „Wenn man in die Wolken sieht, fallen einem die besten Ideen ein."
Schon warf er sich ins Gras, legte sich auf den Rücken und sah in den Himmel.
„Aber ist das nicht viel zu nass?", meinte Moses.
„Scheißegal", sagte Michel nur. „Man darf nicht bei allem Bedenken haben!"
Moses wollte sich von dem Kleinen nichts vormachen lassen und legte sich ebenfalls auf die Wiese, die tatsächlich nicht besonders feucht war.
„Man müsste auf so einer Wolke fliegen können", sagte Michel und zeigte auf eine besonders große Wolke, die gerade über ihnen war.
Moses entgegnete nichts. Er wusste, dass es Unsinn war, sich so etwas vorzustellen. Man wäre nur durch den Nebel auf die Erde gefallen. Aber er wollte kein Spielverderber sein.
„Stell dir vor, du liegst da oben drauf und du siehst die ganzen Menschen unter dir", fuhr Michel fort. „Du siehst sie, aber sie können dich nicht sehen."
Moses rollte mit den Augen, aber so, dass Michel es nicht sehen konnte.
Er beobachtete aber trotzdem jetzt diese eine Wolke und stellte sich vor, wie es wäre, wenn er auf ihr läge.
„Wir beide liegen da oben und fliegen zusammen nach Afrika zu deinem Vater. Unter uns ist das Meer!", phantasierte Michel weiter.
Jetzt konnte Moses nicht mehr anders: Auch er schloss die Augen und versuchte sich vorzustellen, wie sie auf einer Wolke dahin-

glitten. Allerdings wollten sich die dazugehörigen Bilder nicht einstellen.

Plötzlich war ein Geräusch zu hören, das immer mehr anschwoll. Moses versuchte zuerst noch, es seinem Traum zuzuordnen, doch dann merkte er, dass das Geräusch immer näher kam. Es wurde laut und lauter und er schreckte schließlich hoch.

Auch Michel hatte sich aufgesetzt.

„Diese scheiß Tiefflieger!", fluchte er. „Da liegt man gerade auf seiner Wolke, und dann wird man von so einem Monster fast runtergeschmissen!"

Sie mussten beide lachen.

„Aber du hast schon gemerkt, dass wir deinen Vater finden können?", wollte Michel jetzt wissen.

„Ja, ich habe es gemerkt", antwortete Moses, obwohl er sich da gar nicht so sicher war.

Michel klebte nach wie vor an seiner Idee, als blinder Passagier auf einem Lkw mitzufahren. Moses war dagegen der Meinung, dass man sich das erst gründlich überlegen musste.

Am nächsten Tag liefen sie durch die Stadt. Wie zufällig führte sie der Weg immer näher zur Autobahn. Das war nicht allzu weit, denn schon von ihrem Haus aus hörten sie die Autobahngeräusche.

„Das muss man in Kauf nehmen", sagte Mama manchmal. „Dafür ist die Miete auch günstig."

„Jetzt sind wir doch schon in der Nähe", meinte Michel. „Lass uns doch nur mal gucken."

„Gucken kann man ja mal", sagte Moses nur.

Sie gingen den schmalen Weg entlang, der für Autos gesperrt war,

und standen nach zwei Minuten auf dem Rastplatz.
War hier ein Betrieb! Tausende von Autos schienen an- und wieder abzufahren, es herrschte ein Lärm, dass man sein eigenes Wort kaum verstehen konnte. Am schlimmsten aber war der Abgasgeruch. Fast hätte einem schlecht werden können!
„Ist ja kein Wunder, dass das Klima so versaut wird", entfuhr es Michel. „Da stinkt es ja auf dem Klo besser!"
„Hoffentlich kriegt der Obama das wieder hin!" Moses hatte viel Gutes vom neuen amerikanischen Präsidenten gehört.
„Mamas Neuer meint, dass das ein Schwätzer ist wie alle anderen."
„Das scheint ein schöner Idiot zu sein, dieser Macker!"
Michel hob den Daumen: „Bingo! Du sagst es!"
Damit war das Thema erledigt und der Freund konnte sich wieder seinem waghalsigen Plan zuwenden. „Da hinten stehen die Lkw! Lass uns doch nur mal gucken!"
„Schon wieder ‚nur mal gucken'. Ich weiß gar nicht, was du da sehen willst." Moses hatte immer noch das Gefühl, etwas auf die Bremse treten zu müssen.
„Ich will aber", meinte Michel entschieden und zog ihn energisch mit sich.
Am ersten Lkw zeigte er ihm, worum es ihm ging.
„Hier", er deutete auf den Verschluss der Plane. „Das kann man ganz leicht aufmachen." Schon hatte er die Finger daran.
„Aber du wirst doch nicht!", Moses blieb fast die Luft weg.
„Ich muss doch testen, ob es aufgeht!"
„Aber wenn uns einer erwischt!"
„Wenn man immer nur ans Erwischen denkt, braucht man erst gar nicht anzufangen", sagte Michel nur und nestelte schon an der

Plane herum.

Die erste Lasche war schon offen, als Moses einen Mann kommen sah.

„Schnell weg hier!", rief er nur.

„Ganz mit der Ruhe", entgegnete Michel und ging mit langsamen Schritten voran. „Wenn du rennst, fällt es nur auf", belehrte er den älteren Freund mit ruhiger Stimme.

Moses musste sich wundern: Der Kleine schien einige Erfahrung in solchen Dingen zu haben.

Tatsächlich funktionierte es. Sie gingen langsam davon und nichts passierte.

Vielleicht hatte der Mann auch gar nicht zum Lkw gehört, dachte Moses.

„So, jetzt müssen wir sehen, welcher Lkw für uns in Frage kommt. Viele übernachten hier und fahren erst morgen früh wieder weg."

Michel ging offenbar davon aus, dass er den Freund überzeugt hatte. Dem war die ganze Sache zwar nicht ganz geheuer, doch hatte auch ihn jetzt die Abenteuerlust gepackt. Wenn man an der Autobahn stand, dann konnte man eigentlich nur noch davonfahren wollen!

Fachmännisch begutachtete Michel die vielen Lastwagen, die hier standen.

„Der hier kommt aus Hannover", deutete er auf einen. Als ob nichts dabei wäre, machte er die Plane auf.

„Leider zu voll", sagte er nur.

Moses glaubte, dass er fast einen Herzinfarkt bekam, wenn das bei einem 13-Jährigen überhaupt möglich war!

„Du kannst doch nicht!", sagte er immer wieder.

„Ich muss doch nachsehen", beruhigte Michel ihn jedes Mal und meinte cool: „Lass mich nur machen!"
Eine Plane nach der anderen öffnete er. Manchmal kamen Leute und Michel sagte nur: „Meine Katze ist weg, ich glaube, sie ist hier hineingeklettert." Er machte dabei ein Gesicht, als sei er das reinste Unschuldslamm.
Moses dachte hin und wieder nur: „Wenn mit dem nicht, dann finde ich meinen Papa mit keinem!"
Inzwischen hatten sie fast zehn Lkw inspiziert. Dann hatte Michel offenbar einen gefunden, der alle seine Bedingungen erfüllte. Es war ein riesiger Truck, der nur ein paar Möbel geladen hatte, sonst war hinten alles frei.
„Der ist es", sagte Michel. „Da können wir uns sogar auf eine Couch legen beim Fahren!"
Moses musste jetzt doch tatsächlich lachen.
„Du hast Ideen!", meinte er.
Dann, als Michel die Plane wieder verschlossen hatte, wurde er schon wieder nachdenklich.
„Woher willst du eigentlich wissen, dass der nach Hannover fährt? Kann doch genauso sein, dass er von da kommt und erst durch die halbe Welt kutschiert? Bis dann sind wir aber längst verfault da hinten drauf."
„Ach, wie schlau!", meinte Michel nur hochnäsig. „Würde er dann in diese Richtung fahren? Glaubst du, er macht hier Rast, um sich morgen früh irgendwie auf die andere Seite zu beamen und dann in die entgegengesetzte Richtung zu fahren?"
Moses musste sich geschlagen geben. Dem Argument von Michel war nichts hinzuzufügen.

Im Gehen besprachen sie die Einzelheiten des nächsten Morgens.
„Wir müssen so tun, als ob wir in die Schule gingen", sagte Michel. „Sonst haben sie uns sofort."
„Das ist mir schon klar. Aber meinst du nicht, dass dann der LKW weg ist?" Moses war diese Möglichkeit gerade erst eingefallen.
„Das ist tatsächlich ein Problem", meinte Michel wichtig. „Aber das ist nun mal unser Risiko."
Den Rest des Nachmittages verbrachten sie damit, darüber nachzudenken, was sie alles mitnehmen mussten.
„Eine Zahnbürste brauchen wir nicht", sagte Michel, und Moses sah das genauso.
Auch Klamotten wollten sie nicht zu viele mitnehmen, denn sie würden schließlich nicht lange bleiben. Vielleicht wären sie sogar schon wieder am selben Tag zu Hause.
Nachdem alles besprochen war, machten sie aus, dass sie sich wieder bei der Zufahrtsstraße zur Autobahn treffen wollten, und verabredeten sich dann für halb acht Uhr.
Als Moses am Abend in seinem Bett lag, ging ihm der Plan noch einmal durch den Kopf. Plötzlich drückte es in der Magengegend. Er hatte gerade darüber nachgedacht, was Mama wohl sagen würde, wenn er verschwunden wäre. Hier musste er eine Lösung finden. Sie hatte genug Sorgen, und er wollte sie nicht unnötig aufregen.
Er warf sich im Bett hin und her: Ob er sagen sollte, dass er bei einem Freund blieb und dort übernachtete? Aber dann wollte sie bestimmt wissen, wer es war, und würde dort anrufen. Nach langer Zeit blieb ihm nur der Gedanke, dass er ihr einen Brief schreiben musste. Der würde zwar nicht alles erklären, aber sie doch

beruhigen.
Moses stand auf und setzte sich an den Schreibtisch. Es dauerte sehr lange, aber dann hatte er etwas zu Papier gebracht, womit er zufrieden war:

„Liebe Mum,
wenn du das hier liest, bin ich kurz weg. Keine Sorge, ich komme wieder. Ich habe nur etwas Dringendes zu erledigen. Du weißt doch, wie es bei Jungen in meinem Alter so geht. Mach' dir keine Sorgen, denn in ein paar Tagen bin ich wieder zurück.
Dein Moses"

Sehr informativ war das nicht. Aber konnte er Mama von Papa erzählen? Konnte er schreiben, dass er auf dem Speicher gewühlt hatte und jetzt zu diesem Heiko fahren wollte?
Für den Fall, dass Mum ins Zimmer kam, verstaute er den Brief zwischen einigen Büchern.
In der Nacht konnte Moses kaum schlafen. Richtig überzeugt war er noch immer nicht von Michels Plan. Wenn er ehrlich war, hatte er sich ziemlich überrumpeln lassen. Was war, wenn irgendetwas schiefging? Wenn sie entdeckt wurden? Wenn der Lkw ganz woanders hinfuhr? Was war, wenn sie seinen Papa doch nicht fanden und dann, ohne etwas bewirkt zu haben, nach Hause zurückkehren mussten? Er warf sich von der einen auf die andere Seite. Irgendwann, kurz bevor der Wecker klingelte, musste er dann doch eingeschlafen sein.
Moses war müde wie ein Stein. Er glaubte sich kaum bewegen zu können. Dann wurde ihm allmählich bewusst, was sie heute vor-

hatten.

Beim Frühstück gab er sich sehr einsilbig.

„Na, unser Kleiner ist heute aber gar nicht gut drauf", machte Peter einen Versuch ihn zu ärgern.

„Lass ihn, du siehst doch, dass er irgendwas hat", sagte Mama.

„Aber was hat denn unser Schätzchen?", trieb es Peter weiter auf die Spitze.

Mama warf ihm einen bösen Blick zu, so dass er still war. „Nicht wahr, wenn da was wäre, du würdest es mir sagen?" Sie ging um den Tisch zu Moses und strich ihm über den Kopf.

Er konnte nur nicken. Ein so schlechtes Gewissen hatte er noch nie gehabt. Als er gegessen hatte, stand er wortlos auf und ging in sein Zimmer. Den Brief legte er unter die Bettdecke, in der Hoffnung, dass Mama ihn dort nicht so schnell entdecken würde.

So unbefangen wie möglich ging er zurück in die Küche und verabschiedete sich. Er hatte das Gefühl, dass Mum ihn heute früh ganz besonders lieb ansah. War das richtig, was Michel und er da taten?

Auf dem Weg zum Treffpunkt gerieten seine Gedanken durcheinander. Moses wusste gar nichts mehr, nicht einmal, welcher Wochentag heute war.

Dann stand plötzlich schon Michel da. „Ich bin dir etwas entgegengekommen", sagte er. „Ich war zu früh dran."

Moses nickte nur.

„Du hast doch nicht etwa Schiss in der Hose?", meinte der Kleine angeberisch und sah ihn eindringlich an.

Moses sagte einfach wieder gar nichts. Wortlos ging er mit Michel die Straße zum Rastplatz hinauf. Kaum waren sie angekommen,

stieß Michel einen Schrei aus: „Der Truck!"
Moses sah es jetzt auch: Ihr Lkw war weg. Ein leiser Hoffnungsschimmer stieg in ihm auf.
„Dann bleiben wir eben erst mal hier", sagte er deshalb auch gleich.
„Was anderes fällt dir dazu nicht ein?!", schrie Michel wütend.
„Ich habe das ja schon gestern gesagt: Niemand kann uns garantieren, dass der Laster heute noch dasteht!"
Michel guckte immer noch sauer aus der Wäsche.
„Ich hatte mich so gefreut!"
Moses sah, dass ihm die Tränen kamen. „Ist doch nicht so schlimm", versuchte er den Freund zu beruhigen. „Lass uns doch mal gucken: Vielleicht finden wir einen anderen Truck mit dem Kennzeichen von Hannover!"
Michel wischte sich die Tränen ab und nickte. Dann gingen sie los und begutachteten die Lkw. Leider war keiner mit dem richtigen Ort darunter.
„Ich habe es doch gewusst", meinte Michel traurig.
„Dann fahren wir eben morgen", sagte Moses und gab sich Mühe, seine Erleichterung zu unterdrücken.
„Ich will aber nicht erst morgen fahren", erwiderte Michel trotzig.
„Aber wenn es doch nun mal nicht anders geht?" Moses legte den Arm um den Freund, der schon wieder zu weinen begann.
„Ist es denn so schlimm für dich?", fragte er ihn.
„Schlimm ist gar kein Ausdruck. Ich wollte doch so gerne weg von hier!" Dann erzählte Michel ihm wie aus heiterem Himmel von seinem Zuhause. Er erzählte von seiner Mutter, die in der letzten Zeit ziemlich mit den Nerven runter war, und von ihrem früheren

Freund, mit dem er sich ganz gut verstanden hatte. Dann war er eines Tages weg gewesen.

„Ich hatte so gehofft, dass er wiederkommt, aber dann hatte sie plötzlich diesen anderen", sagte Michel unter Tränen. „Und nun sieht es seit gestern so aus, als würden sie zusammenziehen! Dabei trinkt der Typ jeden Abend Bier und fasst ihr dann an die Brust! Ekelhaft!"

Moses konnte Michel gut verstehen. Auch er hatte sich schon manches Mal gewünscht, dass Peter von einer seiner Sauftouren nicht mehr zurückkommen würde. Er bemühte sich, den Freund, so gut er nur konnte, zu trösten und schließlich hörte Michel auch auf zu weinen.

„Du denkst jetzt bestimmt, dass ich ein Weichei bin", sah er ihn ängstlich an.

„Ach was", sagte Moses und fügte großmütig hinzu: „Auch richtige Männer müssen manchmal weinen!"

Während sie sich unterhielten, wurde ihnen klar, dass sie ihre große Unternehmung verschieben mussten. Umso schneller zog es die beiden nun nach Hause. Moses dachte nur an eines: den Zettel unter seiner Bettdecke.

„Wo hast du deinen Brief deponiert?", wollte er von Michel wissen.

„Ehrlich gesagt: Ich habe gar keinen geschrieben. Mich vermisst sowieso niemand", sagte Michel nur traurig.

„Das ist doch nicht wahr", meinte Moses und strich ihm über die Schultern.

Schon waren sie an der Stelle, an der sich ihre Wege trennen mussten.

„Wir sehen uns gleich in der Schule!", rief er Michel noch zu.
„Was sagen wir, warum wir zu spät sind?"
„Ich lass' mir etwas einfallen", versprach Moses.
Zu Hause bei Moses war alles ruhig. Peter war nicht da, und Mama hatte sich wahrscheinlich noch mal hingelegt. Sie hatte gestern wieder lange gearbeitet und musste deshalb noch etwas Schlaf nachholen. Aufgeregt lief Moses in sein Zimmer. Alles war noch so, wie er es verlassen hatte. Er hob die Bettdecke hoch und sah den Brief. Sofort verstaute er ihn in seiner Tasche. Tief atmete Moses durch. Das war gerade noch mal gut gegangen.
Dann ging er vorsichtig zu Mamas Tür und hörte auf ihren Atem. Er mochte es, wenn sie so ruhig schlief. Ein wenig kam er sich dann vor wie ihr Beschützer. Moses lief die Treppe hinab und verließ das Haus. Unterwegs fiel ihm ein, dass sie nun vielleicht wirklich ein Problem in der Schule bekamen. Durch den Ausflug auf den Rastplatz hatten sie viel Zeit verloren. Michel und er würden mindestens ein halbe Stunde zu spät kommen.
Vor der Schule wartete der Freund auf ihn.
„Du hast aber getrödelt", sagte er mit vorwurfsvoller Miene.
„Hab ich nicht", wehrte sich Moses. „Ich hab's nur weiter als du!"
„Und, was sagen wir jetzt?"
Moses zuckte mit den Schultern. „Mir ist nichts Vernünftiges eingefallen."
„Mir aber", sagte Michel. „Wir sagen einfach, uns wäre ein riesiger Hund über den Weg gelaufen, und da hätten wir einen Umweg machen müssen."
Moses war einverstanden.
Wenig später hatte er sogar den Eindruck, als würde die Franzö-

sischlehrerin, die sie in der ersten Stunde hatten, ihnen glauben.
„Jaja, vor Hunden habe ich auch manchmal Angst", sagte sie. Ob ihr merkwürdiges Lächeln nun ehrlich gemeint war oder nicht, konnte Moses nicht deuten. Hauptsache, sie bekamen keinen Anschiss.
Am Nachmittag liefen die beiden Jungen wieder durch den Ort. Ziellos, denn sie sahen ein, dass es keinen Sinn machte, noch einmal zur Autobahnraststätte zu gehen.
„Was nutzt es, wenn wir uns einen Lkw aussuchen, der am nächsten Morgen dann doch wieder weg ist?" Das gestand sich jetzt sogar Michel ein.
Jetzt war es Moses, der nicht mehr lockerließ: „Was ist, wenn wir nun doch mit dem Zug fahren? Dann kommen wir wenigstens an", sagte er plötzlich.
Michel überlegte kurz und nickte heftig: „Abgemacht! Wir fahren mit dem Zug!"
Sofort zogen sie los. Über das Ziel brauchten sie nicht zu reden.
Unterwegs waren sie plötzlich wieder voller Pläne.
„Und wenn wir dann da sind und der Heiko uns sagt, wo es zu deinem Vater geht, ziehen wir gleich weiter", meinte Michel.
„Und wenn wir um die ganze Welt fahren müssen", sagte Moses, der gar nicht wusste, woher er auf einmal die Begeisterung nahm.
Irgendwie war dieser ganze Michel ansteckend.
Im Bahnhofsgebäude studierten sie die Fahrpläne.
„Der hier ist immer noch gut", sagte Moses und zeigte auf die Verbindung, die sie schon beim letzten Mal herausgesucht hatten.
Sie prägten sich die Zeiten und den Bahnsteig genau ein, denn sie wollten nichts mehr anbrennen lassen. Angesichts der ein- und

abfahrenden Züge bekam Moses ein wenig Fernweh. Michel schien es genauso zu gehen.

„Schade, dass wir warten müssen bis morgen früh", sagte der Freund.

Moses gab keine Antwort, dachte aber dasselbe.

Schließlich trennten sie sich und jeder ging nach Hause. Moses hatte nun überhaupt keine Bedenken mehr. Warum hatte seine Mama ihm auch nie von Papa erzählt? Alles wäre anders gewesen, wenn sie ihn nur mal ab und zu erwähnt hätte. Er legte die Hand auf seine Brust, wo er das Foto und den rätselhaften Zettel verstaut hatte. Nein: Er würde nicht mehr warten! Er hatte nun einen Freund und mit dem würde er Papa schon finden!

Zu Hause kramte Michel den Brief an Mama hervor. Er fand, dass er ihn so lassen konnte. Mehr fiel ihm auch jetzt nicht ein. Ein wenig zerknittert war er zwar, aber das machte nichts.

Mama war nicht da. Auf dem Küchentisch in der Küche lag ein Zettel, auf dem stand, dass sie bei einer Freundin war. Die Nummer lag dabei für den Fall, dass etwas war. Dass etwas war! Immer sollte etwas sein! Diese Mütter! Moses schüttelte den Kopf.

Peter war auch wieder unterwegs. Hoffentlich soff er sich so richtig zu, dann würde Moses ihn auch am nächsten Morgen nicht zu sehen bekommen. Er räumte seinen Rucksack aus und versteckte die Bücher und Hefte im Schrank. Danach suchte er sich einige Klamotten aus, von denen er dachte, dass sie ganz nützlich sein könnten. Sicher würde er nicht sehr lange bleiben, aber ein paar Tage konnte es schon dauern. Und wenn sie Papa erst gefunden hatten, dann würde der schon dafür sorgen, dass es keinen Ärger gab.

Moses öffnete den Tresor und zählte sein Geld. Die Summe stimmte noch. Er vertrieb sich die Zeit mit Fernsehen und war froh, dass er alleine blieb.

Am Abend ging Moses früh schlafen. Er wollte fit sein für den nächsten Tag. Nun musste alles klappen, denn er wollte Michel nicht noch einmal weinen sehen. Der Freund hatte offenbar ziemlich viel mitgemacht in der letzten Zeit.

Nein, Moses hatte keine Bedenken mehr: Er freute sich nur noch auf das Abenteuer, das ihnen bevorstand. Sofort schlief er ein und wurde erst vom Wecker wieder wach.

Moses rieb sich die Augen, heute war alles anders als gestern. Heute ging es wirklich los, und das war wunderbar!

Er ging in die Küche, wo noch niemand war, und löffelte hastig seine Cornflakes. Anschließend putzte er sich rasch die Zähne. Das musste reichen für die nächsten Tage. Man durfte schließlich kein überflüssiges Gepäck mitnehmen. Zum Glück schlief Mama immer noch. Er ging zu ihrem Zimmer, aus dem es lauthals schnarchte. Peter musste ziemlich gezecht haben. „Tschüss", flüsterte er hinein. Zu seiner Überraschung kam es leise zurück: „Tschüss, sei mir nicht böse, ich bleibe noch etwas liegen."

Moses war seiner Mama nicht böse und ging nach unten. Er zog sich die Schuhe an und ging mit seinem Rucksack aus dem Haus. Noch einmal warf er einen Blick zurück. Nein, ein schlechtes Gewissen hatte er heute überhaupt nicht! Dann drehte er sich um und rannte los. Er würde sich durch nichts und niemanden mehr aufhalten lassen!

Michel stand schon am verabredeten Punkt vor dem Bahnhof.

„Aber heute bin ich nicht zu spät", sagte Moses.

„Aber ich wieder mal zu früh", grinste der Freund.
Er streckte die Hand aus und Moses schlug ein.
„Packen wir es!", sagte er nur wie ein Alter, und Michel wiederholte: „Packen wir's!"
Sie gingen zum Bahnsteig, den sie am Vortag ausgekundschaftet hatten.
„Es sind nur noch zehn Minuten", sagte Michel.
„Die gehen auch noch vorbei", gab Moses zur Antwort. Ihn hatte die Ungeduld gepackt.
„Ob wir die Fahrkarten eigentlich im Zug kaufen können oder ob wir sie besser hier holen sollten?" Moses zuckte zusammen. An das, was Michel da sagte, hatte er noch gar nicht gedacht.
„Keine Ahnung. Ich glaube, meine Mama kauft sie immer im Bahnhof", antwortete er.
„Dann aber auf!", sagte Michel und rannte schon los.
Vor dem Fahrkartenschalter befand sich eine Menschenschlange. Zum Glück ging es schnell, bis die Jungs an der Reihe waren.
„Zweimal nach Hannover", sagte Michel, als sie endlich an der Reihe waren.
Die Dame hinter dem Schalter rückte ihre Brille zurecht.
„Alleine?", fragte sie erstaunt.
„Unsere Mutter ist oben auf dem Bahnsteig mit unseren zwei kleinen Brüdern", log Michel. „Sie meinte, wir sollen das alleine machen."
„Aber es gibt günstige Familientickets!", warf die Dame ein.
„Davon hat unsere Mutter nichts gesagt", meinte Michel lässig.
„Ich nehme an, sie wird sich schon was dabei gedacht haben."
Die Dame nickte und verkaufte ihnen die Fahrkarten. Sie kosteten

doch einiges mehr, als sie gedacht hatten, doch spielte das jetzt auch keine Rolle mehr. Es blieb noch genug Geld übrig.
Im Gehen stieß Moses den Freund an: „Wie du lügen kannst!"
„Nicht wahr? Im Geschichtenerzählen bin ich gut!", antwortete Michel stolz.
Als sie auf dem Bahnsteig ankamen, stand der Zug schon da. Er war riesig und in Moses wollte fast ein wenig Angst aufkommen. Doch Michel ließ ihm keine Zeit dazu.
„Rasch hinein, der wartet nicht auf uns. Wir haben noch eine Minute!" Michel zog den Freund am Ärmel und schob ihn in den Zug.
Moses stolperte die Stufen hinauf. Dann gingen sie auch schon durch einen langen Gang und suchten sich ein Abteil aus, in dem noch keiner saß.
Michel warf sich zufrieden auf die Sitzbank.
„Das wäre geschafft!", sagte er und blies die Luft aus.
Moses musste nun doch etwas sagen. „So was Cooles wie dich hab' ich auch noch nicht gesehen. Hast du denn gar keinen Schiss?"
„Nöö", meinte Michel, „wovor denn?"
Für Moses hätte es da schon einiges gegeben, worüber man sich Sorgen machen könnte. Wenn er sich zum Beispiel vorstellte, dass Mama vielleicht in diesen Minuten seinen Brief fand. Er sagte aber nichts davon und setzte sich neben den Freund.
Als Leute am Abteil vorbeigingen, tat Michel plötzlich so, als würde er sich mit Moses prügeln.
„Was soll das?", fragte Moses.
„Dann kommen die wenigstens nicht rein. Wer will sich schon zu

zwei so nervigen Jugendlichen wie uns setzen?!", antwortete Michel und Moses musste lachen.

„Du bist ganz schön raffiniert", sagte er nur.

„Das lernt man mit den Jahren", antwortete Michel altklug.

Dann fuhr der Zug auch schon an.

Moses hatte überhaupt keine Angst. Er genoss es, nach draußen zu sehen. Mit der Zeit flog die Landschaft nur so an ihnen vorbei. Sie verließen ihren Ort, Wiesen und Felder zeigten sich, manchmal sahen sie Autos, die an einem Übergang warteten.

„Ist schon toll, was?", fragte Michel, der seine Gedanken zu lesen schien.

Moses nickte: „Wir hätten das früher machen sollen."

„Aber da kannten wir uns ja noch gar nicht!", grinste Michel.

Moses dachte daran, dass gerade jetzt die Schule begann.

„Ob sie uns mit der Polizei suchen lassen?" Ein leicht bedrückendes Gefühl stieg in ihm hoch.

„Ach was", meinte Michel. „Ich glaube, das machen die erst, wenn man ein paar Tage weg ist. So was hab ich neulich noch im Fernsehen gesehen. Außerdem haben die ja unsere Briefe."

„Stimmt", sagte Michel. „Dann wissen sie, dass wir nicht entführt oder zerstückelt wurden."

Sie sahen wieder schweigend aus dem Fenster. Irgendwann ging die Tür zu ihrem Abteil auf. Moses bekam einen mächtigen Schrecken, denn ein Schaffner stand vor ihnen.

„Die Fahrkarten bitte", sagte der Mann, der vielleicht so alt war wie Peter, in gelangweiltem Tonfall.

Da sie beide die Karten in der Hand hielten, konnten sie sie ihm gleich entgegenstrecken.

„Alles klar", war die kurze Antwort. Dann schob der Mann seine Brille zurecht und sah sie eindringlich an.

„Ihr seid alleine unterwegs?"

Moses wollte fast das Herz in die Hose rutschen.

Michel war dagegen schlagfertig wie immer: „Heute ausnahmsweise mal! Unsere Tante hat uns zum Zug gebracht, und Mama wird uns in Hannover abholen. Die Tante ist fünfzig geworden. Aber ehrlich gesagt: Auf dem Geburtstag waren Leute, die Mama nicht treffen wollte."

„Und in die Schule müsst ihr heute nicht?", wollte der Schaffner dann wissen.

„Doch", log Michel wieder, „aber erst nachher. Für die ersten drei Stunden sind wir befreit!"

Der Mann sah ihn immer noch kritisch, aber schon etwas milder an.

Dann grüßte er freundlich: „Na dann, gute Fahrt!"

Moses nahm sich zusammen, bis die Tür wieder hinter ihm geschlossen war.

„Puhhhh!", machte er dann nur und Michel grinste: „Wie hab' ich das gemacht?"

„Glückwunsch, das war echt cool von dir", sagte Moses nur erleichtert. Wenn er mit so einem Kumpel wie Michel seinen Papa nicht fand, dann wusste er es auch nicht!

Der Zug fuhr und fuhr und die Landschaft veränderte sich. Etwas mulmig wurde es Moses nun schon im Bauch. Nicht dass Mama einen Herzinfarkt erlitt, wenn sie seinen Brief las …

Michel schien solche Gedanken nicht zu kennen: Er sang und pfiff – das Pfeifen hatte er erst vor ein paar Tagen gelernt und nervte damit jetzt unaufhörlich – und machte einen rundum zufriedenen Eindruck.

„Und wenn wir in Hannover die Adresse nicht finden?" Moses waren plötzlich wieder Bedenken gekommen. Die Stadt war gewiss riesig!

„Keine Sorge, mein Junge: Wir lassen uns einfach mit dem Taxi hinbringen. Meinst du, ich habe Lust, in Hannover herumzuirren?"

Der Gedanke hatte auch wieder etwas für sich, fand Michel. Aber würde das alles nicht ganz schön teuer werden? Die Zugfahrt war schon ziemlich ins Geld gegangen. Er wollte allerdings dem Freund nichts mehr von diesen Sorgen erzählen, sonst hätte der ihn noch für einen Angsthasen gehalten.

Etwa auf der Hälfte der Fahrt wollte ein älteres Ehepaar zu ihnen steigen. Michel zog wieder die bekannte Show ab.

„Wenn du mir nicht sofort meine Fußballzeitschrift wiedergibst", brüllte er Moses an und prügelte zum Schein auf ihn ein. „Ich mache Hackfleisch aus dir!"

„Solche ungezogenen Kinder", rümpfte die Dame die Nase.

„Da suchen wir uns lieber ein ruhigeres Plätzchen!", pflichtete ihr der Mann bei.

Als die Leute gegangen waren, krümmten sich die Jungen vor Lachen.

„Siehst du, und da machst du dir noch Sorgen", sagte Michel und Moses konnte nur kichernd dazu nicken.

Als sie sich beruhigt hatten, lehnten sie sich wieder zurück und sahen zum Fenster hinaus. Moses wurde plötzlich schrecklich müde. Es war merkwürdig und er wunderte sich über sich selbst: Da waren sie mitten in einem solchen Abenteuer und er saß da und schlief fast ein!

Irgendwann wurde er von Michel geschüttelt: „Du darfst jetzt nicht einpennen. Wir sind bald da! Stell' dir vor, wir verpassen den Bahnhof ..."

Moses war wieder hellwach. Es war schon schlimm genug, dass Michel ihn ertappt hatte. Er rieb sich die Augen und gab sich nun alle Mühe, wach zu bleiben.

Dann waren um sie herum auch schon erste Gebäude zu sehen, die sich rasch vermehrten und sich am Ende zu einem großen Häuserteppich verbanden.

„Das muss es sein!", sagte Moses. „Wir müssen in Hannover sein!"

Michel nickte. Er schien ziemlich beeindruckt zu sein von der Größe der Stadt, denn ihm stand vor Staunen der Mund offen. Moses sagte nichts, denn ihm selbst ging es nicht anders. Dann tat der Zug plötzlich einen Ruck und hielt.

Sie waren angekommen. Die Ansage bestätigte das. „Hannover", verstand Moses nur, aber das reichte ihm voll und ganz. Sie standen auf und nahmen ihre Rucksäcke.

„Guck noch mal unter die Sitze, ob du nichts vergessen hast", sagte Michel mit verstellter Stimme.

Moses sah ihn fragend an.

„Kennst du das nicht?", fragte Michel. „Meine Mama sagt das immer, wenn wir irgendwo sind."

Sie sahen trotzdem nicht unter den Sitzen nach, sondern gingen zum Ausgang. Es musste rasch gehen, denn der Zug hielt nicht lange in Hannover. Doch sie schafften es und sprangen fast gleichzeitig auf den Bahnsteig.

Moses sah sich um: So groß hatte er sich den Bahnhof dann doch nicht vorgestellt. In Hannover mussten schon ein paar Leute wohnen!

Unwillkürlich nahm er Michel am Ärmel: „Wir dürfen uns jetzt nicht verlieren." Ihm fielen im selben Moment etliche Situationen ein, in denen seine Mutter dies gesagt hatte.

Mühsam quälten sich die Jungen durch das Getümmel im Bahnhof, drängten Schildern entgegen, auf denen „Ausgang" stand. Manchmal sahen sie Männer in Uniform, doch machten sie um die einen großen Bogen.

„Das sind Bahnpolizisten, die uns vielleicht suchen", meinte Michel, obwohl Moses es sich gar nicht vorstellen konnte, dass sich die Nachricht von ihrem Verschwinden schon bis hierher herumgesprochen haben könnte.

Als sie eine der vielen Ausgangstüren durchschritten, sahen sie auf dem Boden daneben einen Bettler sitzen. Es war ein Mann mit einem langen Bart. Er sah sie freundlich an. Michel warf ihm ein 50-Cent-Stück in seinen Hut.

„Die Jugend von heute, sie ist gar nicht so schlecht", sagte der Bettler, der sich mehrmals bedankte.

„Armer Kerl", meinte Moses nur. „Wenn ich erwachsen bin, nehme ich so einen mit zu mir und lasse ihn bei mir wohnen."

Michel fand die Idee prima, beeilte sich aber, ihn gleich wieder auf den Boden der Tatsachen zurückzuholen:

„Jetzt sind wir aber erst mal noch Kinder oder bestenfalls Jugendliche, und wir suchen diesen Heiko, der uns dann hoffentlich zu deinem Papa führt."

Moses nickte und kramte den Brief mit der Adresse aus der Hosentasche.

„Hier müssen wir hin", sagte er nur.

„Da vorne stehen Taxis", rief Michel statt einer Antwort. Moses sah in die Richtung, in die er zeigte. Wirklich, dort standen jede Menge Taxis.

„Dann nichts wie hin!", entgegnete er deshalb nur, packte Michel wieder am Arm und rannte los.

Der Fahrer des ersten Taxis hatte sie offenbar schon gesehen, denn er stieg aus und öffnete die hintere Tür seines Wagens.

„Die Herren – einsteigen bitte!"

Moses wusste nicht so recht, wie er die Freundlichkeit deuten sollte. Ob der Mann sie nun sofort zur Polizei brachte?

Trotzdem ließ er sich seine Angst nicht anmerken und stieg als Erster ein. Michel rutschte neben ihn auf den Rücksitz.

„Ich gehe ja davon aus, dass die Herren Geld haben?", fragte der Taxifahrer.

„Natürlich haben wir Geld", sagte Michel und zeigte ihm einen 20-Euro-Schein. Der Mann pfiff zufrieden durch die Zähne.

„Darf ich denn noch wissen, wohin die Fahrt gehen soll?"

Moses zeigte ihm die Adresse.

„Das ist am Maschsee", sagte der Taxifahrer. „Eine schöne Gegend."

Moses war erleichtert, dass er die Adresse von Heiko kannte. Nun würden sie auch noch dorthin kommen.

Die Fahrt ging los und Moses stieß seinen Freund in die Seite. Er hob den Daumen. Auch Michel machte dieses Zeichen und flüsterte ihm zu: „Siehst du, es geht alles gut."

Der Fahrer lenkte sein Taxi routiniert durch die Straßen. Moses war sich sicher: Alleine hätten sie den Weg niemals gefunden. Irgendwann begann sich Michel hin und her zu räkeln.
„Ein bisschen dauert es schon noch", sagte der Mann, der die Unruhe des Kleinen bemerkt hatte.
„Habt ihr eigentlich keine Eltern?", wollte er plötzlich wissen. Moses schluckte, aber Michel hatte wie immer eine Antwort parat.
„Natürlich haben wir Eltern, aber die leben getrennt. Mein Bruder hier lebt bei meiner Mutter und ich lebe bei meinem Vater hier in Hannover! Dahin wollen wir gerade, Mama hat uns geschickt."
„Ach, dann kennst du dich ja hier aus", sagte der Mann.
Moses sah, dass Michel rot wurde.
„Leider noch nicht", sagte der Freund dann so cool wie möglich, „wir sind erst vor kurzem hierhergezogen."
Moses nahm die Hand des Freundes und drückte sie ganz fest. Es schien zu helfen, denn der Taxifahrer fragte nicht weiter nach.
Ob sich der Mann seinen Teil dachte, war Moses egal, Hauptsache er war ruhig.
Dann hielt der Wagen irgendwann an.
„Endstation", kam von vorne die Ansage.
Moses war erschrocken. Hatte der Fahrer nicht gesagt, dass hier ein See wäre?
Als ob dieser seine Gedanken lesen könnte, sagte er: „Der Maschsee ist gleich da hinten. Wenn du durch die Bäume guckst, siehst du das Wasser."
Moses gab sich zwar die größte Mühe, konnte aber keinen See entdecken.
Michel schien dies im Augenblick nicht zu interessieren.

„Die Rechnung bitte", sagte er nur cool.
„Die hätte ich euch schon noch präsentiert", antwortete der Taxifahrer und nannte eine Zahl. Moses schluckte. Besonders viel blieb da von ihrem schönen Schein nicht übrig.
Michel schien das alles nicht zu jucken. Er reichte das Geld nach vorn und rundete sogar noch großzügig auf.
„Der Rest ist Trinkgeld", sagte er gönnerhaft.
„Bedanke mich vielmals", meinte der Fahrer.
„Musstest du so großzügig sein?", fragte Moses, als sie auf der Straße standen und das Taxi wegfahren sahen.
„Das macht man so", sagte Michel und setzte in überheblichem Tonfall nach: „Etwa noch nie Taxi gefahren?"
Moses musste es zugeben. Heute war sein erstes Mal gewesen.
„Ich auch noch nicht!", lachte Michel.
Moses bekam einen richtigen Lachanfall. Was war das nur für ein komischer Vogel, sein Kumpel!
Als sie sich beruhigt hatten, schauten sie sich um. Zwar waren überall Häuser, aber eigentlich sah es hier auch wieder nicht so aus wie in einer Stadt. Bäume waren zu sehen und dahinter eine Wasserfläche. Das musste der See sein, von dem der Taxifahrer gesprochen hatte. Michel zeigte auf einen Mann, der am Ufer stand und merkwürdige Verrenkungen machte. Er faltete die Hände, bewegte sie zum Kopf und breitete dann weit die Arme aus.
Moses musste lachen: „Ob die hier alle so verrückt sind?"
Michel hatte einen anderen Gedanken: „Vielleicht ist das ja schon Heiko? Wollen wir ihn fragen?"
Moses lehnte dies aber ab. „Wenn wir den Mann jetzt stören, ist er bestimmt sauer. Der macht bestimmt Joga oder so was."

Michel führte die Hände zum Kopf wie der merkwürdige Mann am Ufer und Moses musste schon wieder lachen.
„Lass das, sonst liege ich gleich auf dem Boden!"
„Bitte stör' mich nicht", sagte Michel scheinbar tief konzentriert und fuhr mit den Bewegungen fort. Als er endlich aufhörte, sagte er nur mit hoher, verstellter Stimme: „So, jetzt ist mein Geist geheilt!"
Moses musste schon wieder lachen. Dann aber fiel ihm ein, weshalb sie eigentlich hier waren, und er kramte den Brief aus der Tasche.
„Die Adresse, das muss gleich hier sein", sagte er.
Michel blickte auf das Schreiben und sah sich um. Er zeigte auf ein großes Haus, das aussah wie eine alte Villa.
„Sieh mal, die Nummer stimmt! Der Mann hat uns gleich vor die Haustüre gefahren!"
„Das also ist das Haus, in dem Heiko wohnt." Moses staunte. Ihm wurde ganz mulmig auf einmal. Unwillkürlich fasste er Michel an der Hand und zog ihn in Richtung der alten Villa.
„Jetzt müssen wir aber auch rein!", sagte er entschlossen.
Michel schien plötzlich Bedenken zu haben. „Was sollen wir denn sagen? Dieser Heiko kennt uns doch gar nicht!"
Moses, dessen Gedanken in dieselbe Richtung gingen, wusste, dass er jetzt über seinen Schatten springen musste. So kurz vor dem Ziel durfte es kein Halten mehr geben.
„Lass mich nur machen", sagte er deshalb so entschlossen wie möglich. „Dieses Mal fällt mir schon was ein. Wer A sagt, muss auch B sagen!"
Das Haus schien ziemlich alt zu sein. Im Garten hing Wäsche an

der Leine. Irgendwo bellte ein Hund. Moses zog Michel zum Eingang und betrachtete die Klingelschilder. Der Name des Gesuchten stand nirgendwo.

„Vielleicht wohnt er mit jemand anderem zusammen?", suchte Michel nach einer Erklärung.

Moses war unschlüssig. Wo sollte er klingeln? Als sie noch auf dem Treppenabsatz standen, wurde die Tür plötzlich geöffnet. Eine ältere Frau kam heraus. Unwillkürlich schraken sie beide zurück, denn die Frau sah nicht besonders vertrauenerweckend aus. Sie schien mehrere Schichten von Kleidern übereinander zu tragen und hatte um den Kopf ein großes Tuch gewickelt. Auch verströmte sie einen unangenehmen Geruch. Das Gesicht erinnerte Moses an das einer Hexe aus dem Märchen.

„Was sucht ihr hier? Wohl wieder Klingelmäuschen spielen? Davon habe ich die Nase voll. Macht euch fort!"

Die Frau steigerte sich immer mehr in ihr Schimpfen hinein.

„Wir spielen kein Klingelmäuschen. Wir suchen jemanden!", sagte Moses mutig.

„Dann sucht mal schön weiter", antwortete die Frau böse, „aber wenn's geht, nicht bei mir!" Dann ging sie einfach die Treppe hinunter.

Michel und Moses sahen sich an. Als sich die Frau an der Wäsche zu schaffen machte, mussten sie lachen.

„Das ist eine richtige Hexe", sagte Michel leise.

„So habe ich mir die früher, als ich klein war, auch immer vorgestellt!", meinte Michel. „Wie bei Hänsel und Gretel."

Immer noch sahen sie staunend der alten Frau nach, als schon wieder die Türe aufging. Diesmal kam ein Mann heraus, der vielleicht etwas älter war als Peter. Er machte keinen unsympathischen Eindruck.

Moses zog Michel am Ärmel.

„Der ist es", wollte er damit sagen.

„Gäste hier bei uns?", fragte der Mann freundlich. „Zu wem wollt ihr denn?"

„Vielleicht zu Ihnen", sagte Moses etwas stotternd. „Heißen Sie vielleicht mit Vornamen Heiko?"

„Nein, leider nicht", grinste der Mann, „aber ich habe einmal einen Heiko gekannt, der hier wohnte."

Moses schlug das Herz bis zum Hals.

Der Mann sah offenbar, wie gespannt er war, denn er fuhr gleich fort. „Dir liegt wohl sehr viel an diesem Heiko?"

Moses nickte nur.

„Er ist ein Freund seines Vaters", sagte Michel.

Der Mann sah Moses prüfend an. „Und deshalb bist du hierhergekommen?"

Moses nickte nur, sagen konnte er nichts mehr.

„Kommt, wir setzen uns mal dorthin", sagte der Fremde und zeigte auf eine Bank im Garten. „Hier kommt sowieso gleich diese neugierige alte Brotspinne da hinten wieder unauffällig vorbei und will alles mithören!"

Michel lachte, denn der Mann hatte auf die Hexe gewiesen, die sich noch immer an ihrer Wäsche zu schaffen machte.

Sie mussten an ihr vorübergehen und die Alte ließ gleich ein paar böse Worte hören: „Will sich der Schwule wieder mit kleinen Jungs einlassen?" Moses hörte genau, was sie sagte, und ihm wurde etwas unwohl.

„Immer noch lieber als mit dir", sagte der Mann und grinste den Jungs zu. „Ihr dürft das nicht so ernst nehmen. Unsere alte Hexe ist im Grunde ganz in Ordnung! Und ich habe mit kleinen Jungs nichts am Hut!" Er sagte das so laut, dass die Frau das hören konnte. Die Alte murmelte nur noch etwas in sich hinein, dann waren sie auch schon an ihr vorbei.
Als sie sich auf der Bank niedergelassen hatten, begann der fremde Mann gleich zu erzählen:
„Mir ist es ja egal, warum ihr hier seid, und ich frage auch nicht danach, ob ihr alleine oder mit euren Eltern gekommen seid."
Moses und Michel sahen sich betreten an. Der Mann tat so, als ob er ihre Blicke nicht bemerkte.
„Also", setzte er nach einer kurzen Pause an, „dieser Heiko, den ihr sucht, er war ein guter Freund von mir. Es gab Abende, an denen haben wir zwei nur geredet und geredet und sind gar nicht ins Bett gekommen." Die Augen des Fremden leuchteten. „Es war einfach so: Die Chemie stimmte!"
Michel stieß Moses an. „Wie bei uns", sagte er leise.
„Doch dann ging es plötzlich abwärts mit ihm", fuhr der Mann fort. „Heiko verlor den Job, bekam Sozialhilfe, begann immer mehr Alkohol zu trinken und irgendwann konnte er seine Miete nicht mehr zahlen. Ich wollte ihm zwar helfen, aber dies lehnte er ab. ‚Alles kommt so, wie es kommen muss', sagte er nur immer zu mir. Dann war er eines Tages plötzlich weg. Ich habe ihn mehrere Monate nicht mehr gesehen, bis ich zufällig in die Stadt kam. Da saß dann mein Freund am Bahnhof, mit einer Plastiktüte und einer Flasche Rotwein. Heiko war ein Obdachloser geworden, ein Penner, und lebt heute auf der Straße. Manchmal treffe ich ihn, aber

wenn ich ihm helfen will, sagt er immer wieder nur: ‚Alles kommt so, wie es kommen muss!'"
Der Mann holte tief Luft. Moses musste unwillkürlich an den Mann im Bahnhof denken, dem sie die 50 Cent gegeben hatten. Ob das Heiko gewesen war?
Michel hatte die überraschende Information des Fremden zuerst verarbeitet: „Und wie treffen wir ihn dann? Wir müssen unbedingt etwas von ihm wissen!"
„Das ist Glückssache", entgegnete der Fremde. „Manchmal hockt er vor dem riesigen Geschäft in der Nähe des Bahnhofs, manchmal sitzt er direkt am Bahnhof. Ich habe ihn aber auch schon hier oben am Maschsee getroffen."
Moses war verzweifelt: „Da wird es wohl nichts mit einer schnellen Suche", sagte er und rieb sich den Hinterkopf.
Der Mann sah sie fragend an, so dass Michel sich genötigt sah, ihm die Wahrheit zu erzählen.
„Wir suchen den Papa meines Kumpels. Nur dieser Heiko kann wissen, wo er ist!"
„Ich verstehe", sagte der Mann. „Wissen denn eure Mütter davon?"
Die Jungs grinsten ihn verlegen an.
„Ist gut, ich verstehe", meinte der Fremde nur. Dann schien er kurz zu überlegen und fuhr fort: „Wenn ihr wollt, nehme ich euch mit in die Stadt. Ich fahre sowieso gerade dorthin, und wenn ihr viel Glück habt, ist Heiko ja da."
Moses sah ein, dass ihnen nichts anderes blieb, als auf dieses großzügige Angebot einzugehen.
Michel schien sogar richtig begeistert zu sein: „Gerne kommen wir

mit. Wir müssen jede Chance nutzen, um diesen Heiko zu finden."
Dann kam ihm eine Idee.
„Wie lange kennen Sie ihn eigentlich schon?" Konnte es nicht sein, dass auch der Fremde Moses' Papa kannte und sie sich vielleicht den Umweg über Heiko sparen konnten?
„Etwa zehn Jahre", kam die enttäuschende Antwort sofort.
„Schade", sagte Michel nur, „das ist viel zu kurz. Heiko muss Moses' Papa viel früher getroffen haben."
Der Fremde begriff gleich: „Ach, du meinst, dass auch ich den Mann gekannt hätte? Das kann schon sein, Heiko hatte immer viel Besuch."
„Aber vor zehn Jahren", sagte Michel, „das ist zu wenig!"
Jetzt stieß Moses ihn in die Seite: „Aber es kann doch sein, dass mein Papa nach der Trennung noch immer zu ihm gekommen ist!"
Michel schlug sich an die Stirn: „Klar, ich Depp!"
Noch immer saßen sie auf der Bank. Inzwischen war die Alte mit der Wäsche fertig und kam herbeigehumpelt.
„Die Bälger sind daheim abgehauen, ja?" Ihr grimmiger Tonfall hatte sich nicht verändert.
„Nein", sagte der Fremde, „ich habe sie entführt und werde sie dir gleich übergeben, damit du sie fett füttern kannst!"
Die alte Frau schimpfte nur etwas Unverständliches und schlurfte davon.
Moses und Michel bogen sich vor Lachen.
Dann erzählte der Mann ihnen von den Leuten, die bei Heiko ein- und ausgegangen waren.
„Heiko arbeitete bei einem caritativen Verein, und er war sehr

darum bemüht, dass die Ausländer, die zu uns nach Deutschland kommen, hier rasch eine Heimat finden. Manchmal hat es geklappt, manchmal auch nicht."

Moses nahm sich ein Herz und zog das Bild hervor, das er von seinem Papa hatte.

„Kennst du den?", fragte er und merkte gar nicht, dass er plötzlich zum „Du" übergegangen war.

Der fremde Mann sah sich das Foto lange an. Er wiegte den Kopf hin und her und meinte dann: „Es könnte sein, dass ich den Mann kenne. Aber unter der Maskerade ist das natürlich sehr schwierig. Soll ich dir etwa was sagen, was nachher nicht stimmt? Sicher, vielleicht habe ich eine Ahnung, aber ich sage besser mal, ich kenne ihn nicht."

„Was hast du für eine Ahnung?", drängte Moses nun.

Michel stieß ihn in die Seite: „Sie!"

„Was haben Sie für eine Ahnung?", wiederholte Moses seine Frage.

„Ist schon okay", sagte der Fremde, „aber ich will nichts sagen, bevor wir Heiko gefunden haben. Lasst uns gleich zur Straßenbahn da vorne gehen, in wenigen Minuten sind wir in der Stadt, und wenn wir Glück haben, ist Heiko an einem seiner Stammplätze."

Moses traute sich nicht, weiter auf den Mann einzureden, und zeigte sich schließlich damit einverstanden, mit ihm in die Stadt zu fahren. Auch Michel nickte.

Wie auf ein Kommando standen sie alle auf und gingen in Richtung der Haltestelle, die man hinter einigen Büschen schon sehen konnte.

„Ich weiß nicht, wie das mit der Fahrkarte geht", stieß Moses seinen Freund an.

„Ich auch nicht", gab der zurück.

„Macht euch keine Sorge, ihr fahrt heute einfach einmal schwarz", schlug der Mann vor. „Ich selbst habe eine Dauerkarte, und Kinder wird man schon nicht rauswerfen!"

„Das habe ich auch gehört", sagte Michel, der Moses mit einem frechen Lachen ansah.

In der Straßenbahn passierte dann tatsächlich nichts. Sie hatten sogar Sitzplätze und betrachteten aufmerksam, wie sich die Straße immer mehr mit Kebab-Ständen, Biergärten und Pizzerien füllte. Dann waren plötzlich Hochhäuser in Sicht. Moses glaubte sie schon vom Taxi aus gesehen zu haben.

Nach einer kurzen Weile sagte ihr Begleiter, dass sie nun aussteigen müssten. Sie waren wieder beim Hauptbahnhof angekommen. Moses hatte ganz plötzlich ein schlechtes Gewissen. Was Mama in diesem Augenblick nur machte? Ob sie seinen Brief bereits gefunden hatte?

Der Fremde ließ ihm aber keine Zeit zum Nachdenken. Er wies in die Richtung des Bahnhofs.

„Dort hinten vor dem Seiteneingang sitzt er manchmal."

Als sie an die angegebene Stelle kamen, war aber niemand da.

„Saß hier nicht eben der Bettler, dem du das Geld gegeben hast?", raunte Moses seinem Freund zu.

„Kann schon sein", antwortete Michel nicht sehr interessiert. Offenbar verstand er nicht, worauf Moses hinauswollte.

Der Fremde, der ihren Wortwechsel nicht mitbekommen hatte, meinte die Jungs trösten zu müssen: „Nicht traurig sein, es gibt ja

noch ein paar mehr Möglichkeiten."
Er ging weiter mit ihnen in die Stadt hinein, zu Kaufhäusern, vor denen Heiko manchmal hocken sollte. Doch immer wieder zuckte er mit den Achseln.
„Leider Pech", bedeutete das. Den Jungen begannen langsam die Füße zu schmerzen, aber sie sagten natürlich nichts davon.
Irgendwann hatte der Mann ein Einsehen: „Er scheint heute nicht da zu sein!"
Er sah auf seine Armbanduhr. „Eigentlich habe ich gleich einen Termin hier in der Nähe, aber ich kann euch doch nicht so zurücklassen!"
„Das macht uns nichts", sagte Michel, „wir finden schon den Weg."
„Kommt nicht in Frage", antwortete der Fremde. „Ich bringe euch wieder hoch zum Maschsee. Da könnt ihr Heiko alleine suchen, denn da ist es viel ruhiger und es wird euch Landjungs schon nichts passieren."
Moses sah verlegen zur Seite. Gleich waren sie aufgefallen! Trotzdem war er erleichtert wegen des Angebotes. Mit Michel alleine hätte er hier in diesem Häusergewirr nicht bleiben wollen.
Der Mann ging mit ihnen zurück zur Straßenbahnhaltestelle und sie stiegen in die nächste Bahn.
„Man kann ja nicht immer Glück haben", meinte er sich entschuldigen zu müssen.
Die Jungen nickten.
„Ich heiße übrigens Wolfgang", sagte der Fremde jetzt.
„Ich bin Michel, und das hier ist mein Freund Moses", übernahm der kleinere der beiden Freunde ihre Vorstellung.

Am Ziel angekommen, stieg Wolfgang mit ihnen aus und führte sie ein paar Meter weiter weg, wo sie schon wieder die Wasserfläche schimmern sahen.

„Der Maschsee! Vielleicht werdet ihr hier fündig. Wenn nicht, ich bin ab 17 Uhr wieder zu Hause."

Wolfgang verabschiedete sich und die Jungen blieben mit einem beklommenen Gefühl zurück. Nun galt es, nun waren sie auf sich allein gestellt!

Wie zwei Indianer schlichen sie in den Park hinein. Am Ufer des Sees stand schon wieder – oder vielleicht immer noch? – dieser merkwürdige Mann, der diese Verrenkungen machte.

Schon wollte Michel ihn wieder nachäffen, aber Moses drückte seine Arme rasch nach unten.

„Es kommt jetzt drauf an!", sagte er aufgeregt. „Wir haben keine Zeit für Witze!"

Michel war überhaupt nicht beleidigt und legte den Schalter gleich um: „Wir werden den Heiko schon finden, ich habe das so im Gefühl!"

Sie gingen weiter durch den riesigen Park, vorbei an einem Schwimmbad, das aber im Moment geschlossen war. Irgendwann sahen sie auf einer Bank am Ufer einen Penner sitzen.

„Der ist es!", sagte Michel, und immer wieder: „Der ist es!"

Als sie den Mann erreicht hatten, wussten sie sofort, dass er es nicht sein konnte: Er war viel zu alt, sein Bart war lang, grau und struppig, und das bisschen Gesicht, das noch zu sehen war, war ganz verrunzelt.

Der Mann hatte ihre Neugierde aber bereits bemerkt.

„Wolltet ihr was von mir?", fragte er mit einer Stimme, die nicht unfreundlich klang.

„Wir suchen einen ..." – man merkte, wie Michel nach dem richtigen Begriff rang – „einen Kollegen von Ihnen", kam es dann heraus. Moses war gespannt, wie der Mann reagieren würde.

Schmunzelnd setzte der sich zurück und sagte: „So, nach einem Kollegen von mir sucht ihr? Also nach einem, der den gleichen Beruf hat wie ich?"

Michel konnte in seiner Aufregung nur nicken und Moses machte es ihm nach.

„Nun gut", lachte der Obdachlose jetzt, „dann fragt mich mal. Ihr müsst wissen: In einer Stadt wie Hannover gibt es viele Kollegen von mir!"

Zum Glück hatte Michel seine Sprache rasch wiedergefunden: „Der Mann heißt Heiko, und er ist viel jünger als Sie. Mehr wissen wir nicht."

Der Mann rieb seine Nase zum Zeichen, dass er nachdenken musste.

Dann schien er die Antwort gefunden zu haben: „Also, einen Heiko, den kenne ich. Der ist öfter hier oben. Ist ein Naturbursche wie ich, der die Vögel liebt und das Wasser."

„Sie meinen, wir finden ihn hier am See?", fragte Moses aufgeregt.

„Ich meine nicht nur, ich weiß es: Ich habe ihn eben noch da hinten, vielleicht 200 Meter von hier, gesehen! Hat sich eine ebenso schöne Bank ausgesucht wie ich, euer Heiko!"

Aufgeregt bedankte sich Moses bei dem Alten und steckte ihm noch eine Münze zu.

„Entschuldigung, aber wir müssen sofort ..."

„Kein Problem", sagte der Alte, „ich bin es gewohnt, dass man mich sitzenlässt! Hat meine Frau auch gemacht ..."

Die Jungs hörten nicht mehr, was er weiter sagte, sondern sie nahmen die Beine in die Hand und rannten in die angegebene Richtung.

Moses konnte es kaum erwarten und wäre fast gefallen. Da hinten an einem Baum sah er bereits mehrere Plastiktüten stehen. Es war eine Sitzgruppe unmittelbar am Ufer. Völlig außer Atem kamen die beiden Jungs bei dem schlafenden Obdachlosen an. Moses stieß den Freund an. Der nickte zurück: Es war tatsächlich der Obdachlose vom Bahnhof! Trotz des langen Bartes, der ihn sehr alt machte, war es für Moses klar: Dies musste Heiko sein. Sie musterten den Fremden sorgfältig: Obwohl der Mann uralte Klamotten trug, wirkte er nicht schmutzig. Sicher – seine Haare hätte er mal waschen können und der struppige Bart machte ihn auch nicht gerade attraktiv – und trotzdem wirkte er ein ganzes Stück jünger als der „Kollege", dem sie eben begegnet waren. Auf der Bank neben sich hatte der Obdachlose ein Magazin liegen, das Moses schon in Arztpraxen gesehen hatte.

„Das ist nur was für Schlauköpfe", hatte Peter damals gesagt und gleich nach seiner Autozeitung gegriffen.

Als sie so vor dem friedlich schlummernden Mann standen, spürte Moses, dass er lachen musste. Er grinste Michel an und sah, dass auch der gegen das Lachen ankämpfte.

Immer wieder sahen sie zur Seite, dann sahen sie sich wieder an und plötzlich prusteten sie beide gleichzeitig los.

Im Gesicht des Mannes begann etwas zu zucken, und dann öffnete er seine Augen. Langsam hob er den Oberkörper. Moses und Michel verstummten im selben Moment, und Moses dachte schon daran wegzulaufen. Doch dazu war es zu spät.

„Was ist denn los? Wer seid ihr?", grummelte der Fremde verschlafen.

Michel und Moses sahen sich an, und schon wieder war es der Kleinere, der sich zuerst gefangen hatte.

„Wir sind zwei gute Bekannte von Ihnen", sagte Michel dreist, „vorausgesetzt, Sie heißen Heiko."

Der Mann rieb sich die Augen.

„Woher wisst ihr meinen Namen?"

Michel hatte nun keine Hemmungen mehr. „Von Ihrem Kollegen da hinten. Der hat gesagt, dass wir Sie hier finden."

„Mein Kollege", meinte der Mann, der nun leicht grinste. „Nun gut, wenn mein Kollege es gesagt hat, dann werde ich wohl Heiko sein."

Er setzte sich ganz auf und sah sie eindringlich an. „Ich kenne euch doch vom Bahnhof! Ihr habt mir 50 Cent gegeben."

Er griff nach einer Flasche, die neben ihm lag, öffnete sie und nahm einen großen Schluck daraus.

„Ich bin Moses und das ist mein Freund Michel", stellte Moses sie vor und fuhr fort: „Wir kommen von weit her, um Sie zu treffen. Und wir sind so froh, dass wir Sie endlich gefunden haben!"

Der Mann sah recht irritiert aus der Wäsche: „Aber ich verstehe immer noch nicht! Wer könnte mich suchen? Warum sollte mich jemand suchen?"

Wieder hatte Michel zuerst die Antwort parat: „Mein Freund Moses hier, der sucht seinen Vater, und Sie kennen ihn!"

Der Mann rieb sich die Augen: „Ich soll deinen Vater kennen, Junge?"

„Ja, Sie kennen ihn", sagte Moses. Dann zerrte er auch bereits die Briefe aus der Tasche, die Heiko einst an seine Mutter geschrieben hatte, und drückte sie ihm in die Hand. „Hier, sehen Sie!" Moses schlug das Herz bis zum Hals, er wusste, dass er volles Risiko gegangen war.

Der Obdachlose betrachtete die Schreiben von allen Seiten. „Sie dürfen die Briefe ruhig rausnehmen", sagte Michel.

Als der Mann das gemacht hatte, veränderte sich sein Gesichtsausdruck schlagartig. Sein Blick war mit einem Mal hellwach, er schien die Worte in den Schreiben förmlich aufzusaugen und sah die Jungs dazwischen immer wieder an.

„Das gibt es doch nicht!", griff er sich an den Kopf und sagte immer wieder nur: „Das gibt es doch nicht!"

Heiko schien ganz aus dem Häuschen. Dann sah er Moses eindringlich an.

„Und du ... du bist also der kleine Moses? Du bist wirklich der kleine Moses?"

Er kam aus dem Staunen gar nicht mehr heraus.

Moses war richtig gerührt, so dass er einfach nur nicken konnte.

„Du bist der Sohn von Marik! Der Sohn von Regina und Marik!"

Moses hörte diesen Namen zum ersten Mal und blickte entsprechend überrascht aus der Wäsche.

Heiko bemerkte dies sofort: „Nun sag' mir bloß nicht, du wüsstest nicht, wie dein Vater heißt."

Moses schüttelte den Kopf. Plötzlich schossen ihm die Tränen in die Augen. Der Mann, der eben noch so fremd gewesen war, bemerkte das sofort, stand auf und nahm ihn in den Arm.

„Nicht doch!", sagte er nur, und wieder: „Nicht doch!"

Moses störte der schlechte Geruch des Obdachlosen nicht, er drückte sich an ihn und ließ seinen Tränen freien Lauf.

Eine ganze Weile standen sie so da, dann ließ Moses los und sah den Mann an.

„Und du bist wirklich Heiko?"

„Klar bin ich der", kam die Antwort sofort. „Wenn auch nicht mehr viel davon übrig ist."

Moses wollte dazu besser nichts sagen.

„Kommt, setzt euch neben mich, wir müssen reden", meinte Heiko jetzt.

Dann fragte er: „Was wollt ihr denn zuerst wissen?"

„Wo mein Papa ist", kam es spontan aus Moses heraus.

„Schade, gerade das kann ich dir nicht sagen. Ich habe nur Vermutungen", meinte Heiko.

Moses war enttäuscht: Also würden sie seinen Papa heute doch nicht finden!

Als er das auch sagte, nickte Heiko traurig: „Nein, heute findet ihr deinen Papa ganz gewiss nicht. Aber irgendwann, irgendwann in nächster Zeit wirst du ihn finden, denn wer so hartnäckig ist wie du, der kann nur Erfolg haben."

Moses hatte plötzlich so seine Zweifel. Ob das alles überhaupt noch klappen würde? Ob er sich, wenn er an zu Hause dachte, nicht einfach nur einen Riesenärger eingehandelt hatte?

Wie hatte er nur glauben können, dass in einem Tag Probleme gelöst würden, die sich in zwanzig Jahren aufgestapelt hatten?

Vielleicht würde er seinen Papa doch niemals sehen und vielleicht hätte er alles so lassen sollen, wie es war?

Heiko schien seine Gedanken lesen zu können.

„Sei nicht traurig, ich habe ja gesagt, dass du deinen Papa sehen wirst! Nur, was ist eigentlich mit euren Müttern? Wissen sie, dass ihr hier seid?"

Moses und Michel sahen sich verlegen an.

„Also nicht", meinte Heiko. „Habe ich mir fast gedacht."

„Scheißt du uns jetzt bei der Polizei an?", fragte Michel ängstlich.

Heiko musste lachen. „Ich? Wie sollte ich jemanden bei den Bullen verpfeifen?" Er sah an sich hinab. „Die würden mich ja gleich dabehalten!"

Moses musste grinsen. Vielleicht war doch nicht alles so schlimm. Deshalb fasste er sich auch schnell wieder und sagte: „Dann erzähl uns jetzt von Papa, jedenfalls alles, was du weißt."

„Das will ich gerne tun", sagte Heiko. Er stand kurz auf und klopfte seine Hose aus, aus der tatsächlich eine kleine Staubwolke aufstieg. Dann ließ er sich schwer auf die Parkbank fallen und holte tief Luft:

„Also: Es ist lange her, dass ich deinen Vater kennenlernte. Ich war damals noch im Studium. Dein Vater studierte im gleichen Semester, und so begegneten wir uns irgendwann."

„Aber der Wolfgang hat doch gesagt, dass ihr euch über diesen Verein getroffen habt!", warf Moses ein.

„Das war ja auch ein bisschen so, aber kennengelernt haben wir uns an der Universität", entgegnete Heiko. Er fuhr fort: „Dein Vater und ich hatten die gleichen Neigungen, das merkten wir sofort, und er war einfach nur ein netter Kerl. Wir trafen uns immer häufiger, und irgendwann dann auf einem Unifest hat er deine Mutter kennengelernt. Es funkte ziemlich rasch zwischen ihnen, und so waren sie sich schnell einig, dass sie zusammenbleiben

wollten. Ruckzuck wurde geheiratet – hätte ich auch gemacht an Mariks Stelle. Deine Mutter war ein verdammt hübsches Teil."
Heiko hielt inne und kratzte sich hinter dem Ohr.
„Oh Scheiße, wenn sie mich heute so sehen würde! Ihr dürft ihr das nie erzählen!"
Michel versprach es.
Beide warteten die Pause ab, die jetzt folgte, denn es schien ihnen nicht angebracht, Heiko in seiner Nachdenklichkeit zu stören.
Der setzte dann auch von selbst wieder an: „Nur um die Sache mit diesem Verein anzusprechen: Ich arbeitete damals ehrenamtlich – also freiwillig und ohne Bezahlung – dort, wo ich nach dem Zivildienst hängengeblieben war. Wir organisierten häufiger sogenannte interkulturelle Begegnungen, und da war dein Vater natürlich auch immer dabei. Wahrscheinlich hat Wolfgang deshalb gemeint, wir hätten uns dabei getroffen. Aber das ist ja auch egal."
Da schon wieder eine kleine Pause folgte, fragte Moses: „Hat mein Vater oft von dem Land erzählt, wo er geboren ist?"
„Du meinst von Ägypten?", fragte Heiko. „Selten. Er hing nicht an diesem Land, da die Menschen dort nicht frei waren. Sie hatten dort dreißig Jahre lang einen Diktator, der erst neulich gestürzt worden ist. Nein, viel hat dein Papa nicht von Ägypten erzählt. Außer dass er ein wenig brauner war als ich, war da sowieso kein Unterschied. Wir machten dieselben Witze, uns gefielen dieselben Mädchen, wir hatten dieselben Ziele. Nein, Heimweh oder so was hatte er nie!"
„Deshalb hat er hier auch Karneval mitgefeiert?", fragte Moses und kramte das Foto aus seiner Tasche hervor.
Heiko betrachtete das Bild und lachte: „Ja, mit Karneval, da war

dein Vater ganz verrückt. Das war übrigens so ein Thema, bei dem wir uns nicht so einig waren. Wir gingen uns diese Tage dann immer etwas aus dem Weg. Ich habe mit alldem nämlich nichts am Hut. Aber das waren nur Kleinigkeiten."
Moses zeigte ihm auch den Zettel mit den arabischen Schriftzeichen. Jetzt wischte sich Heiko die Augen. Ganz leise war seine Stimme, als er sagte: „Das heißt ‚Moses'! Dein Name!"
Auch Moses kämpfte mit den Tränen.
„Warum er das so aufgeschrieben hat – keine Ahnung!" Heiko hatte sich wieder im Griff. „Vielleicht wollte er deiner Mutter mal zeigen, wie dein Name auf Arabisch aussieht."
Moses beschloss nun auf das traurigste Kapitel zu kommen, das irgendwann sowieso noch gefolgt wäre.
„Und dann?", fragte er vorsichtig. „Wie ist das Ganze dann auseinandergegangen?"
Heiko atmete tief durch. „Ach, das ist eine verworrene Geschichte. Wenn du wissen willst, wer die Schuld hatte, dann werde ich dir da keine Antwort geben und auch nicht geben können. Vielleicht war es einfach so, dass deine Eltern sich zu früh festgelegt hatten. Plötzlich wollten sie sich beide austoben, jeder hatte irgendwann einen anderen Partner – und dann war's auch schon passiert. Aber davor kamst ja erst einmal du!"
Zögerlich fragte Moses: „Du hast mich schon als Baby gekannt?"
„Gewiss habe ich das", antwortete Heiko. „Ich habe dich schon in der Wohnung herumgeschleppt, als du noch die Brust bekamst. Ich bin sogar dein Pate, wenn auch nicht eingetragen."
Moses bekam riesengroße Augen.
„Ja, natürlich bin ich dein Pate. Ich habe das damals sehr ernst

genommen. Du weißt ja, dass man für so was meistens jemanden aus der Familie nimmt. So war es bei dir auch. Nur – die Schwester deiner Mutter machte sich leider herzlich wenig aus Kindern, und sie kümmerte sich überhaupt nicht um dich. Also fragte Regina mich, ob ich das machen wollte. Natürlich durfte niemand davon erfahren, damit es keinen Stress gab, aber trotzdem war ich ab sofort der Patenonkel vom kleinen Moses!" Heiko machte eine kurze Pause, um die Flasche anzusetzen und mehrere Schlucke daraus zu trinken.

Dann fuhr er nachdenklich fort: „Ich war so stolz, wir alle waren so stolz auf unseren Moses! Weißt du eigentlich, dass dein Papa diesen Namen ausgesucht hat? Es ist ein ägyptischer Name. Marik wollte unbedingt, dass der Name seines Sohnes mit demselben Buchstaben begann wie sein eigener. Sie hätten dann beide dieselben Initialen – dass seine Frau später den ägyptischen Nachnamen strich, konnte er da noch nicht ahnen."

Moses staunte immer mehr. Trotzdem weigerte sich etwas in ihm zu sagen, dass seine Mutter ihm immer eine andere Version erzählt hatte. Er wäre sich ein wenig wie ein Verräter vorgekommen. Deshalb lenkte er auf ein anderes Thema: „Und später hast du dich dann nicht mehr um mich gekümmert?"

„Doch", sagte Heiko, „ich wollte es jedenfalls, aber deine Mutter wollte keinen Kontakt mehr zu mir. Sie meinte, ich stünde nur auf der Seite deines Vaters, und jedes Mal, wenn ich anrief, legte sie einfach den Hörer auf. Du hast die Briefe gelesen ... Irgendwann wart ihr plötzlich weg!"

Nun schaltete sich Michel in das Gespräch ein: „Haben Sie nie versucht herauszubekommen, wohin sie gegangen waren?"

„Brauchte ich nicht, ich wusste es ja", antwortete Heiko, der die Frage gar nicht erst abwartete: „Ich konnte mir doch denken, dass ihr wieder in die kleine Stadt gezogen wart, aus der Regina stammte. Sie hatte dort ihre Eltern wohnen, und die waren von Anfang an gegen Marik gewesen! Sie schirmten ihre Tochter nun regelrecht ab. Ich hatte keine Chance, zu ihr vorzudringen, und Marik schon gar nicht! So verging die Zeit, und allmählich ergaben sich bei uns beiden andere und immer größere Probleme, die schließlich dazu führten, dass sich die Situation so entwickelte, wie sie heute ist. Was aus mir geworden ist, seht ihr ja."
„Ein Penner", sagte Moses und hielt sich sofort den Mund zu.
„Das darfst du ruhig sagen", beruhigte Heiko ihn. „Penner – so nennt man Leute wie mich ja wohl!"
„Aber wie ...?" Moses wusste nicht so recht, wie er seine Frage stellen sollte, was Heiko gleich bemerkte.
„Ich hatte Pech, war manchen Situationen auch einfach nicht gewachsen, dann kam es so, wie es kommen musste: Kein Geld, keine Wohnung, keine Arbeit! Irgendwann fand ich mich auf der Straße wieder, und ich muss sagen: Inzwischen gefällt es mir hier ganz gut! Ich bin frei wie ein Vogel, ich kann tun und machen, was ich möchte, und ich muss keinen Menschen mehr was fragen."
Moses rang sich dazu durch, die Frage zu stellen, die ihm am meisten auf dem Herzen lag: „Und mein Papa?"
„Das ist eine andere, vielleicht noch schlimmere Geschichte. Das Ende kenne ich auch nicht genau, aber ich will dir erzählen, was ich weiß."
Wieder holte Heiko tief Luft: „Du weißt ja, dass dein Papa Ägypter ist. Das war zwar nie ein Problem, nur heute ist es offenbar

eines für ihn."
Die Jungen sahen ihn fragend an.
„Nun", erzählte Heiko weiter. „Ich muss etwas ausholen: Als deine Mama und dein Papa sich getrennt hatten, ging es mit ihm ziemlich bergab. Zwar nicht so wie mit mir, aber sein Weg führte eben doch nach unten. Er vermisste deine Mama, und er vermisste dich. Wie oft er mit mir darüber geredet hat, kann ich gar nicht zählen! Dann hat er irgendwann die richtigen Leute getroffen. Ich meine damit natürlich genau das Gegenteil, ihr versteht mich."
Moses verstand zwar gar nichts, nickte aber trotzdem. Warum mussten sich Erwachsene immer so kompliziert ausdrücken?
„Nun gut", fuhr Heiko fort. „Marik hat diese Typen getroffen, mit denen ich so gar nichts anzufangen wusste. Darunter waren welche aus seinem Heimatland, andere kamen sonstwo her. Das war auch egal, vor allem ging es darum, dass sie Revolution machen wollten! Könnt ihr euch was darunter vorstellen?"
Diesmal nickten beide Jungen heftig. Klar wussten sie, was Revolution bedeutete.
„Nun, es ist wahrscheinlich doch noch etwas anders, als ihr euch das vorstellt", erklärte Heiko ihnen. „Mein Freund Marik hat immer häufiger mit diesen Leuten zusammengesteckt, die zum Teil ganz furchtbare Ideen hatten, und da ist es dann so weit gekommen, dass wir beide nicht mehr viel miteinander zu tun hatten. Am Anfang versuchte ich ihn noch zu überzeugen, dass das alles Mist ist, was die erzählen, aber dann habe ich's aufgegeben. Dass dein Vater nie daran geglaubt hat, habe ich erst viel später aus einem Brief erfahren."
„Aber Revolution ist doch eigentlich was Gutes", meinte Moses,

der sich an einen Film erinnerte, dessen Namen ihm im Moment nicht einfiel.

„Nicht immer, Jungs, nicht immer", sagte Heiko. „Bei der Revolution, über die die Freunde deines Vaters sprachen, ging es nur darum, möglichst viele Menschen zu töten, die nicht an Allah glaubten. Vor allem die Amerikaner hatten sie sich als ihre Feinde ausgesucht. Ich konnte dieses Gewäsch einfach nicht mehr hören!"

„Aber mein Vater wollte doch keine Menschen umbringen?", fragte Moses verunsichert.

„Ganz bestimmt nicht", antwortete Heiko. „Im Gegenteil. Ich sagte ja, dass er mir später alles schrieb: Der Kindskopf wollte Journalist werden. Er hatte sich bewusst in diese gefährliche Szene eingeschleust und wollte dann später einen großen Artikel darüber schreiben. Mit dem Erfolg bekäme er auch eine Anstellung, hoffte er, und deine Mutter würde ganz von selbst zu ihm zurückkommen. Er hat mir einfach etwas vorgemacht und eine perfekte Rolle gespielt!"

„Das gibt's doch nicht?!", unterbrach ihn Michel. „Aber warum hat er dir nichts davon gesagt?"

„Keine Ahnung! Vielleicht vertraute er mir nicht genug? Vielleicht wollte er mich schützen? Du musst wissen, die Leute, mit denen er verkehrte, sind brandgefährlich, und als Mitwisser wäre auch ich in große Gefahr gekommen."

„Und jetzt ist Papa nicht mehr in Hannover?", wollte Moses nur wissen.

„In Hannover nicht und auch in Deutschland nicht!", antwortete Heiko ernst.

Moses wollten die Tränen in die Augen schießen vor Enttäuschung, aber er schaffte es, sich zusammenzureißen. Wie hatte er auch denken können, dass sein Vater in seiner Nähe war? Hätte er dann nicht den Kontakt zu ihm gesucht? Und wenn er das wegen der Entfernung nicht konnte, war das nicht besser, als wenn er es nicht gewollt hätte?
„Ich kann mir vorstellen, was jetzt in deinem Kopf vorgeht, Junge", sagte Heiko.
„Aber sei nicht enttäuscht: So musst du wenigstens nicht denken, dein Vater hätte den Kontakt zu dir nicht gewollt. Es ging einfach nicht, es war und ist ihm wohl unmöglich."
Ob Heiko Gedanken lesen konnte? Moses sah hinüber zu Michel, der seinen fragenden Blick erwiderte.
Heiko erzählte weiter: „Nun fragt ihr euch wohl, warum es nicht geht, dass Marik Kontakt zu dir aufnimmt. Dann muss ich da weitermachen, wo ich eben angefangen habe: Ich sagte ja, dass Marik mit Typen zusammenkam, von denen er besser die Finger gelassen hätte. Das waren Leute, die einen sogenannten Gottesstaat errichten wollten, Islamisten, die alles tun wollten, um unserem Land und vor allem Amerika zu schaden. Anfangs hörte Marik noch aufmerksam zu, wenn sie etwas sagten, aber dann konnte er den Unsinn wohl nicht mehr hören. Wie gesagt, er hat mir das alles einmal aufgeschrieben. Leider nur habe ich diesen Brief nicht mehr."
Heiko holte wieder tief Luft und fuhr fort: „Nun, und so ist alles so gekommen, wie es kam: Dein Vater ist eines Tages nach Amerika gegangen, um sein Glück zu machen. Was er genau vorhatte, das weiß ich bis heute nicht. Wir hatten damals nur noch losen

Kontakt, was auch an mir lag und an dem da", er zeigte traurig auf die Rotweinflasche. Angewidert schüttelte er den Kopf und nahm den Faden wieder auf: „Nun, ich war damals schon unterwegs auf meinem Trip in die Hölle. Freunde und Familie waren mir egal. Von deinem Vater hörte ich lange Jahre nichts mehr, bis ich dann irgendwann über tausend Umwege die furchtbare Nachricht erhielt, dass er in einem Gefängnis saß."

„Mein Vater in einem Gefängnis?!", entfuhr es Moses.

„Ganz genau", nickte Heiko, „und nicht einmal in einem normalen Gefängnis, sondern in einem ganz besonders üblen, einem dieser schlimmen Lager, in denen die Amerikaner ihre Feinde einsperren. Ihr wisst, was am 11. September 2001 geschah! Offenbar brachte man deinen Papa damit in Verbindung. Vielleicht haben ihn seine feinen Freunde enttarnt und ihn bei den Behörden aus Rache als Al-Kaida-Mitglied angezinkt? Er deutete in seinem Brief so etwas an. Wie dem auch sei: Er geriet voll in den Strudel der Ereignisse. Was genau geschah, weiß ich nicht. Nur dass sie ihn damals eingesperrt haben. Und aus diesen Lagern gibt es kein Entkommen!"

Moses erschrak: „Und das heißt: Dort ist er bis heute noch?"

„Ich fürchte schon", nickte Heiko.

„Aber das ist ja schrecklich!", sagte Moses. Er wollte es gar nicht glauben: Sein Vater war weit weg in einem Gefängnis!

„Nun kann ich mir auch denken, warum deine Mama immer so zusammengezuckt ist, wenn du nach ihm gefragt hast. Sie muss Wind davon bekommen haben, dass man deinen Papa für einen Terroristen hält, und sie wollte dir diese Wahrheit ersparen!" Heiko schien völlig überzeugt von dem, was er da sagte.

Auch für Moses war seine Erklärung einleuchtend. Mama hatte ihm also Papa nicht mit böser Absicht verschwiegen, sondern sie hatte ihn nur schonen wollen. Bei Moses gingen tausend Lichter auf einmal an. Vieles wurde klar, was bisher im Dunkeln gewesen war.

„Dann kann ich Mama viel besser verstehen", sagte er nur.

„Richtig", nickte Heiko. „Aber glaubst du deshalb auch, dass dein Vater ein Terrorist ist?"

„Nie und nimmer!", schüttelte Moses heftig den Kopf. „Es kann nur so gewesen sein, wie du gesagt hast! Papa war mit den falschen Leuten zusammen. Vielleicht ist er sogar von ihnen erpresst worden?" So etwas hatte er neulich irgendwo gelesen.

Heiko zuckte mit den Schultern: „Auch ich habe daran gedacht. Aber was will nun so einer wie ich für deinen Vater tun? Gut, die Amerikaner haben jetzt einen neuen Präsidenten, und der will solche Gefangenen wie deinen Papa, die ohne Gerichtsprozess und vielleicht unschuldig im Gefängnis sitzen, nun nach und nach freilassen! Aber es kann trotzdem noch Jahre dauern, bis dein Papa wirklich freikommt!"

Moses dachte nach. Ja, dieser Obama, das war ein feiner Kerl.

Ihm kam eine Idee: „Dieser Brief, du hast von diesem Brief erzählt. Das ist doch der Beweis, dass mein Papa unschuldig ist!"

„Das wäre er wohl", sagte Heiko. „Aber ich habe den Brief nicht mehr. Glaube mir, ich habe mir schon das Hirn zermartert, aber ich weiß beim besten Willen nicht, wo ich dieses Schreiben hingesteckt habe!"

„Wir müssen ihn finden!", sagte Michel nun entschlossen. „Wir haben nur eine einzige Chance: Wir müssen diesen Brief finden!"

Heiko runzelte die Stirn: „Aber wie willst du das anstellen?"
„Keine Ahnung", antwortete Michel, „aber irgendwie müssen wir den Brief von Moses' Vater finden!"
Heiko schüttelte nur den Kopf, sagte aber nichts mehr.
„Wir werden uns da was überlegen", meinte Moses nachdenklich. Langsam begann seine Zuversicht zu schwinden: Konnte er die Hoffnung, seinen Papa zu finden, nicht allmählich aufgeben? Er war 13 Jahre alt, was hatte er da schon für Möglichkeiten?
„Wie wollt ihr nun weiter vorgehen?" Heiko nahm wieder einen großen Schluck aus seiner Flasche.
Beide Jungen zuckten nur mit den Schultern.
„Außerdem suchen euch eure Eltern", sagte Heiko jetzt und erinnerte sie damit an etwas, woran sie gar nicht denken wollten.
Moses lief es eiskalt den Rücken hinunter, wenn er daran dachte, wie verzweifelt Mama jetzt vielleicht zu Hause war.
„Also, ich an eurer Stelle, ich würde mich so schnell wie möglich wieder in den Zug setzen und nach Hause fahren. Hier in Hannover könnt ihr nämlich nichts ausrichten!"
Je mehr Moses nachdachte, umso mehr leuchtete ihm Heikos Vorschlag ein. Wenn sein Vater tatsächlich irgendwo in der Welt da draußen eingesperrt war, dann war es Unsinn, ihn weiter hier zu suchen.
Michel schien dieselben Gedanken zu haben, denn er widersprach Heiko nicht. Schweigend saßen sie eine Weile nebeneinander.
„So kompliziert habt ihr euch das Ganze sicher nicht vorgestellt?", unterbrach Heiko die Stille.
„Was sollen wir bloß machen?" Moses raufte sich die Haare.
„Fahrt nach Hause", schlug Heiko vor. „Lasst die Zeit für euch

arbeiten."

Michel widersprach energisch: „Das können wir nicht. Jetzt, wo wir alles wissen!"

Heiko versuchte sie abzulenken und fragte nach der Schule und ihren Eltern. Die Jungs merkten das aber sofort und gaben nur ausweichende Antworten.

Wie lange sie zusammengesessen hatten, wussten sie nicht mehr, als plötzlich ein Mann näher kam. Moses erkannte ihn: Es war Wolfgang.

Als er bei ihnen war, sagte er: „Gott sei Dank! Ich habe schon gedacht, ihr hättet euch verlaufen! Als ich in der Stadt war, musste ich ständig an euch denken."

„Keine Sorge", sagte Michel. „Wir sind keine Kinder mehr!"

„Aber Hannover ist groß, und ihr seid ziemlich fremd hier. Und wenn man sich in einer Stadt nicht auskennt, kann alles Mögliche passieren. Ich habe jedenfalls den Job Job sein lassen und bin hierher zurück!"

„Das ist sehr nett von Ihnen", meinte Moses.

Erst jetzt wandte Wolfgang sich Heiko zu: „Schön, dich zu sehen!"

„Geht mir ebenso", antwortete der Angesprochene. „Ist sicher schon eine Weile her, das letzte Mal?!"

„Das ist lange her", antwortete Wolfgang. „Aber toll, dass die Kinder dich gefunden haben! Konntest du ihnen weiterhelfen?"

„Nicht besonders", antwortete Heiko der Wahrheit gemäß. „Ich habe ihnen gesagt, wo sich Marik vermutlich aufhält."

„Ist das die Geschichte, von der du mir mal erzählt hast? Stichwort: Guantanamo?"

Heiko nickte. „Ob er natürlich gerade dort ist, weiß ich nicht. Aber die Richtung stimmt schon mal."

„Eine verflixte Sache!" Wolfgang kratzte sich die Stirn. „Da weiß ich auch nicht weiter."

„Aber Heiko hat uns doch von einem Brief erzählt!", meldete sich Michel zu Wort.

„Ein Brief?" Wolfgang schaute in die Runde.

„Ja, ein Brief, in dem Mariks Unschuld bewiesen wird", klärte Heiko ihn auf.

„Davon hast du mir nie etwas erzählt!"

„Warum auch? Der Brief ist sowieso nicht mehr da!" Heiko berichtete dem Freund, dass er das Schreiben nirgends mehr hatte finden können, obwohl er überall gesucht hatte.

„Hast du wirklich genau nachgesehen?"

„Ja, natürlich habe ich das! Wie kommst du darauf? Was meinst du?"

„Ich weiß nicht, ich habe da so eine Idee", meinte Wolfgang nachdenklich.

„Und die wäre?" Michel konnte sich nun nicht mehr halten.

„Ich will euch keine zu großen Hoffnungen machen ..."

„Hast du aber schon", sagte Heiko. „Also raus mit der Sprache!"

„Nun gut", meinte Wolfgang nun zu den Jungs gewandt: „Ihr habt ja unsere alte Schreckschraube kennengelernt. Die stöbert im Haus überall herum. Und du, Heiko" – jetzt drehte er sich zu seinem alten Bekannten – „du bist damals ja ziemlich Hals über Kopf aus dem Haus! Du erinnerst dich: Du wolltest der Zwangsräumung entgehen und bist einfach abgehauen."

„Aber den Brief habe ich doch schon vorher gesucht!", kam die

Antwort.

„Das mag ja sein, aber ich weiß, wie zerstreut du immer warst. Du hast niemals etwas gefunden!"

Die Jungs mussten lachen.

Wolfgang erzählte weiter: „Morgens kam er manchmal zu mir und borgte sich ein Paar Schuhe aus, weil er die eigenen verlegt hatte!"

„Ich war eben nicht so ordentlich wie du!", wehrte sich Heiko.

„Und einmal, da bin ich zu dir gekommen und du hast deine Pantoffeln gesucht. Du warst damals so wütend, als du sie gefunden hast. Zur Strafe hast du sie einfach an die Wand genagelt!"

„Aber das ist doch lange her", gab Heiko jetzt ziemlich kleinlaut von sich.

Die Jungs bogen sich inzwischen fast vor Lachen.

„Die Methode hat Heiko jedenfalls gefallen. Nach und nach hat er alles, was er einmal verlegt hat, an die Wand genagelt: Rechnungen, alle möglichen anderen Belege, einmal sogar ein Buch! Du warst schon ein verrückter Kerl!"

„Und wenn ich diesen blöden Brief gefunden hätte, er wäre ebenfalls dort gelandet", sagte Heiko. „Aber er war nun mal eben verschwunden!"

„Aber vielleicht nur für dich. Hättest du damals mal davon erzählt, wir hätten gemeinsam suchen können."

„So eng befreundet waren wir auch wieder nicht."

„Richtig, wir hatten ab und zu unsere Meinungsunterschiede", sagte Wolfgang, der aber rasch auf ein anderes Thema lenkte.

„Aber nun zum Jetzt und Hier – wie du früher immer sagtest: Könntest du dir nicht denken, wo einige deiner Sachen abgeblieben sind?"

„Na, im Container", sagte Heiko nur.

„Das glaube ich nicht", widersprach Wolfgang. „Da kennst du unsere alte Schreckschraube nicht!"

Nun stand Heiko vor Staunen der Mund offen: „Du meinst ...?"

„Ja, ich meine", sagte Wolfgang bestimmt.

„Dann sollten wir aber schnell zu ihr gehen!", sagte Heiko.

„Wir vielleicht nicht ..." Er betonte das „Wir" sehr deutlich und sah an Heiko hinunter, der gleich verstand. „Du kennst die alte Brotspinne!"

„Du hast Recht", erwiderte Heiko, „geht ihr alleine."

„Ich kapiere das nicht", schaltete sich Michel in das Gespräch der beiden Freunde ein. „Warum sollte Heiko nicht mitgehen?"

Der übernahm selbst die Antwort: „Weil er ein Penner ist, und weil die alte Schreckschraube Penner nicht mag!"

„Das ist aber ganz schön hart", sagte Moses.

„Ist es, aber das Leben ist manchmal so hart!" Heikos Antwort ließ keinen Widerspruch zu.

Moses tat der Mann leid. Warum hatte es so weit mit ihm kommen müssen?

Wieder schien Heiko seine Gedanken zu raten: „Keine Sorge, ich bin zwar ein Penner, aber wahrscheinlich bin ich zufriedener als so mancher andere."

„Dann lasst uns gehen", drängte Michel jetzt.

Sie verabschiedeten sich von Heiko, der auf seiner Parkbank zurückblieb und sich, als sie gingen, einen weiteren großen Schluck aus seiner Flasche genehmigte.

„Sagt mir Bescheid, ob ihr fündig geworden seid!", rief er ihnen noch nach.

„Auf jeden Fall machen wir das!", rief Moses zurück.
Leise sagte er zu Wolfgang: „Was ist nur mit ihm passiert? Er ist so ein netter Kerl."
„Das ist eine lange Geschichte. Heiko war vielleicht zu gut für diese Welt. Dann stand er leider nicht mit den Beinen auf der Erde. Schließlich hatte er Pech – im Beruf und in der Liebe. Und wenn dies alles zusammenkommt, dann kann es sein, dass man am Ende dort landet, wo der alte Kumpel deines Vaters heute ist." Wolfgang strich Moses über den Kopf. „Aber mach' dir nicht so viele Gedanken. Ich glaube, ihr habt andere Sorgen. Wenn ich da nur an eure Eltern denke ..."
Moses und Michel sahen sich verlegen an.
„Sobald wir was wissen, fahren wir zurück", beschloss Moses entschieden. „Wer weiß, vielleicht klärt sich alles schnell auf."
Zu seiner Überraschung nickte Michel ihm zu. Wortlos gingen sie eine Weile nebeneinander her. Sie begegneten ein paar Joggern und einigen Frauen mit Hunden.
Dann lag der Park auch schon hinter ihnen und sie erreichten die Wohngegend, die ihnen jetzt schon ein wenig bekannt vorkam.
„Da hinten irgendwo ist das Haus, nicht wahr?" Michel wies in die Richtung, in der er es vermutete.
„Du hast einen guten Orientierungssinn!" Heiko hob anerkennend den Daumen nach oben.
Dann tauchte das große Haus auch schon auf, das aussah wie eine alte Villa.
Sie hatten Glück: Die alte Frau machte sich im Garten zu schaffen. Was sie genau tat, sahen sie erst, als sie bei ihr waren: Sie legte irgendwelche Knollen zum Trocknen aus, die sie offenbar gerade

geerntet hatte.

„Seht ihr, unsere alte Kräuterhexe", raunte Wolfgang den Jungs zu. Laut rief er aber freundlich: „Nun, liebe Frau Greulich, das ist ein Wetter heute, was?!"

Die Alte hatte ihn offenbar gleich durchschaut, denn sie giftete ihn an:

„Wenn Sie mir so freundlich kommen, dann wollen Sie was von mir."

„Warum denn immer so misstrauisch?", schleimte Wolfgang. „Ich wollte Ihnen nur einen schönen Tag wünschen."

„Das tun Sie doch sonst auch nie!", kam es mürrisch zurück.

„Aber heute eben", sagte Wolfgang mit immer noch viel zu freundlicher Stimme. „Aber wenn ich's mir so recht überlege, dann könnten Sie mir tatsächlich einen kleinen Gefallen tun!"

„Wusste ich doch", entgegnete die alte Frau. „Immer wollen Sie was von mir!"

„Ist aber doch auch schön, wenn man gebraucht wird, nicht wahr?!"

„Ach, gehen Sie zum Teufel!" Die Alte drehte sich um.

„Aber nicht doch, liebe Frau Greulich. Sie sind doch sonst immer unser Sonnenschein." Wolfgang konnte es einfach nicht lassen. „Wenn ich Ihnen erst gesagt habe, worum es geht, dann wollen Sie mir gewiss helfen."

Die Alte drehte sich wieder neugierig zu ihm hin.

„Und was wäre das?", fragte sie zwar immer noch missmutig, aber längst nicht mehr so unfreundlich wie gerade noch.

„Also", setzte Wolfgang an. „Sie kennen doch sicher noch unseren Heiko?"

„Den Penner, der mal hier gewohnt hat? Wer würde sich an den nicht erinnern?!", kam es keifend zurück.

Die Jungs bemerkten, wie sehr Wolfgang sich zusammenriss.

„Heiko hat es ganz einfach nicht geschafft", sagte er möglichst ruhig. „Lassen wir es dabei. Aber wenn Sie sich genau an ihn erinnern, dann wissen Sie sicher auch, wie das damals war, als er ausgezogen ist?"

„Genau weiß ich das von damals noch. Oder besser gesagt: nicht mehr genau", kam die merkwürdige Antwort zurück.

„Wie soll ich das jetzt wieder verstehen?" Wolfgang wurde ungeduldig, man konnte dies förmlich spüren.

„Sie sollen das so verstehen, dass ich es nicht mehr genau weiß, wann er ausgezogen ist. Kein Mensch kann das wissen. Denn schließlich war dieser Penner irgendwann plötzlich verschwunden. Er hatte seit Monaten seine Miete nicht gezahlt und machte sich dann bei Nacht und Nebel einfach aus dem Staub. Deshalb kann kein Mensch sagen, wann das genau war. Er war nur auf einmal weg – und das war auch gut so!"

„Aber ansonsten erinnern Sie sich also gut an die Umstände von damals?", bohrte Wolfgang weiter.

„Ganz genau erinnere ich mich daran", sagte die Alte. „Ich weiß noch, wie wir in die Wohnung kamen: Da herrschte das totale Durcheinander. Überall lagen Sachen herum. Müllsäcke standen da, Zigarettenkippen waren auf dem Boden verteilt. Nein, es war höchste Zeit, dass dieses Ferkel ausgezogen war!"

„Sie waren also noch mal in der Wohnung?" Die Jungen spürten, wie in Wolfgang die Hoffnung aufkeimte – ihnen selbst ging es nicht anders.

„Natürlich war ich das. Ich war damals gut bekannt mit dem Hausmeister, und der wollte unbedingt, dass ich mitkam. Nicht, dass ich neugierig gewesen wäre!"

„Das hätte ich auch nie gedacht", sagte Wolfgang nun wieder völlig scheinheilig.

Er tat dann, als sei das, was er jetzt wissen wollte, rein nebensächlich.

„Wenn Sie damals dabei waren, dann wissen Sie auch, wo man Heikos Sachen verstaut hat?"

„Ich weiß alles", sagte die alte Hexe stolz. „Ich habe das meiste davon ja selbst weggeschlossen! Wer weiß, ob man davon je noch mal was gebrauchen kann?"

Die Jungs wurden plötzlich mehr als hellhörig.

„Sie haben die Sachen also weggeschlossen", wiederholte Wolfgang langsam.

Die Alte nickte heftig.

„Aber wohin haben Sie sie denn geschlossen?"

„Das geht Sie gar nichts an!" Sofort wurde die Frau wieder aggressiv.

Wolfgang holte tief Luft. Dann zwinkerte er den Jungs zu. Das sollte offenbar heißen: „Macht euch keine Sorgen wegen dem, was jetzt kommt! Ich weiß genau, was ich tue!"

Urplötzlich legte er los, griff so überraschend an wie ein Raubtier, und es war ein wahres Donnergewitter, das die Alte da über sich ergehen lassen musste:

„Nun hören Sie mir einmal gut zu, liebe Frau Greulich! Sie haben Dinge entwendet, die einem anderen gehören! Ich könnte auch sagen, Sie haben diese Dinge gestohlen! Es wäre mir also ein Leich-

tes, die Polizei einzuschalten, Sie verhaften zu lassen und das ganze Haus nach diesen Gegenständen durchsuchen zu lassen. Stattdessen bitte ich Sie nun höflichst, mir die Sachen zu zeigen! Sollte dies aber nicht der Fall sein, und zwar nicht binnen der nächsten paar Minuten der Fall sein, dann werde ich kein anderes Mittel sehen, als die Polizei zu rufen!"
Die alte Frau war bei seiner wütenden Attacke kreidebleich geworden.
Man konnte richtig sehen, wie sie sich hin und her wand, wie sie mit einer Entscheidung kämpfte. Dann kam es plötzlich ziemlich kleinlaut aus ihr heraus: „Nun gut, ich will Ihnen die Hinterlassenschaften dieses Menschen zeigen."
Die beiden Jungs atmeten durch. Moses stieß Michel an und flüsterte ihm zu: „Wenn der Brief meines Papas noch da ist, dann finden wir ihn jetzt."
Michel nickte heftig.
Die Alte hatte ihr leises Gespräch offenbar mitbekommen.
„Ich weiß ja nicht, was ihr da getuschelt habt, ihr lieben Kleinen. Aber ihr kommt sowieso nicht mit!"
Wolfgang ging einen Schritt auf sie zu und sah sie streng an.
„Die Jungs kommen mit", sagte er nur und wiederholte langsam, so dass es richtig gefährlich klang: „Und dass die Jungs mitkommen!"
Die alte Frau wagte keine Widerrede. Vielmehr kramte sie jetzt in ihrer großen Kittelschürze und holte schließlich einen gewaltigen Schlüsselbund hervor. Moses hatte noch nie so viele Schlüssel auf einmal gesehen. Er verbiss es sich aber, Michel erneut anzustoßen, denn sonst würde die Alte vielleicht wieder grantig werden.

„Ich weiß schon, wie man sie anfassen muss", flüsterte Wolfgang ihnen zu. „Sie hat selbst genug Dreck am Stecken – und sie weiß, dass ich es weiß."

„Kommt mit!", forderte die Frau sie kurz und mürrisch auf, nachdem sie endlich den richtigen Schlüssel gefunden hatte.

Wolfgang folgte ihr zuerst, dann kamen Moses und Michel, die sich am liebsten an den Händen gehalten hätten. Diese Frau Greulich war ihnen wirklich nicht ganz geheuer.

Die alte Frau öffnete die Haustür, und dann ging es die Treppe hinab in den Keller. Es war eine besonders steile und alte Treppe, die bei jedem Tritt knarrte.

Moses wäre am liebsten wieder nach oben gegangen und er war überzeugt, dass es Michel genauso ging.

Dann drückte die Alte irgendwo einen Lichtschalter, doch war es nur schummriges, gespenstiges Dämmerlicht, das aus einer uralten Lampe an der Decke kam. Moses erschrak: Im Flur sah es aus wie in einem Stollen. Die niedrigen Decken waren rund und man konnte genau jeden Ziegelstein sehen, aus dem sie gemauert waren. Ihm schlug das Herz bis zum Hals. Michel sagte ebenfalls nichts mehr. Sie gingen wortlos durch die Stollen, links und rechts von ihnen taten sich Verschläge auf, die aus einfachen Latten zusammengehauen und nur mit Vorhängeschlössern gesichert waren.

„Da staunt ihr, was Jungs?" Wolfgang hatte offenbar gemerkt, dass ihnen nicht ganz wohl zumute war.

„Ob wir hier wirklich was finden?", fragte Moses vorsichtig.

Michel wurde deutlicher: „Wir sollten lieber zurückgehen." Seine Stimme zitterte ein wenig, auch wenn sich der Kleine große Mühe gab, seine Angst zu verbergen.

„Kommt nicht in die Tüte", antwortete Wolfgang so leise, dass die alte Frau es nicht verstehen konnte. „Wenn ich sie erst einmal so weit habe, da werde ich nicht wieder den Rückzug antreten. Das schaffe ich nämlich nie wieder!"

„Hier vorne ist es gleich", sagte dann auf einmal die alte Frau. Moses hatte plötzlich das Gefühl, dass sie aufpassen mussten, damit sie von ihr nicht in einen der Verschläge geschoben wurden, aus dem sie dann ihre Finger stecken mussten.

„Denkst du auch, was ich denke?", schubste Michel ihn an.

„Ich glaube schon", antwortete er mit leiser Stimme.

Dann machte sich Frau Greulich auch schon wieder an ihrem riesigen Schlüsselbund zu schaffen. Endlich schien sie fündig geworden zu sein, denn sie steckte einen der Schlüssel in ein Loch, das sich als Schloss entpuppte. Moses hörte dies mehr, als er es sah. Dann versperrte die Alte ihnen komplett die Sicht.

Den beiden Jungen war mehr als mulmig zumute. Moses wusste aber, dass es nun kein Zurück mehr gab. Nach ein paar Sekunden hörten sie eine Tür knarren.

„Moment, den Lichtschalter haben wir gleich", sagte die Alte.

Wolfgang nutzte die Zeit, um sich umzudrehen. Aufmunternd zwinkerte er den Jungen zu. „Keine Sorge, ich bin bei euch", sollte das wohl heißen.

Nach endlosen Minuten ging in dem Raum ein schwaches Licht an.

„So, dann kommt rein", keifte die alte Hexe. „Aber passt auf, dass ihr nichts kaputt macht!"

Als Moses mit schlotternden Knien näher kam, verstand er, was diese Worte bedeuteten: Der ganze Kellerraum war voller Gerümpel, nichts war sortiert, selbst die Regale an der Wand waren nur hier und da zu erkennen, so vollgeräumt waren sie.

„Wie sollen wir hier was finden?!", rief Wolfgang erschrocken aus.

„Ist doch alles wunderbar sortiert", kicherte die Alte. „Da hinten in der Ecke, dort müssen die Sachen von diesem Heiko sein. Gut, dass ich sie aufbewahrt habe! Ihr werdet sehen, dass kein Stück fehlt!"

Zwar merkten die Jungs genau, dass sie sich nur herausreden wollte, doch sagten sie nichts. Auch Wolfgang sparte sich eine Bemerkung.

Unterdessen kroch die Frau in die hinterste Ecke des Raumes und zerrte an einer riesigen Kiste.

„Soll ich helfen?", fragte Wolfgang höflich.

„Nein", fauchte die Alte ihn an, „lassen Sie die Finger davon!"

Tatsächlich schaffte sie es mit einiger Mühe, die Kiste aus dem ganzen Unrat hervorzuziehen.

„Hier", keuchte sie, „hier ist der Müll von eurem Freund. Mehr hat er nicht übrig gelassen!"

Sie öffnete den Deckel der Pappkiste. Einige Spinnweben flogen durch den Raum, dann sah man, was die Kiste enthielt: Bücher, Musikkassetten und Fotoalben. Darunter kamen einige Briefe und Postkarten zum Vorschein.

„Das dauert ewig, bis wir das durchhaben", sagte Michel.

„Ach was", meinte Wolfgang zuversichtlich, „wenn wir uns die Arbeit teilen, wird es ziemlich rasch gehen."

Moses nickte und flüsterte ihm zu: „Sollen wir beide die Bücher nehmen? Sie könnten dann vielleicht zwischen den Kassetten und den Briefen nachsehen?"

Wolfgang nickte. Zu Frau Greulich sagte er: „Sie könnten uns jetzt eigentlich alleine lassen. Wenn was ist, melden wir uns."

„Ich euch hier alleine lassen? Kommt gar nicht in die Tüte!" Die Alte baute sich in der Türe auf wie eine Wache.

„Sie haben in Ihrem Lager wohl einige Schätze verborgen, was?", spöttelte Wolfgang. „Aber egal, dann fangen wir halt eben so an zu suchen!"

Er bückte sich und machte sich an der Kiste zu schaffen. Die Jungs sahen zu, wie er ein Buch nach dem andern herausholte und vorsichtig auf den Boden legte.

„Ihr könnt sie durchblättern", sagte er zu Moses und Michel. „Ich kenne doch unseren Heiko: Wäre nicht das erste Mal, dass er etwas in einem Buch versteckt hätte!"

Er selbst nahm sich die Kassetten vor, während Michel und Moses sich den Büchern zuwandten. Auf manchen waren Spinnweben.

„Wie lange die wohl hier schon liegen?", fragte Michel leise.

Laut zu sprechen traute er sich nicht, denn die alte Frau stand noch immer in der Türe und sah sie mit bösem Blick an.

Moses begann nun, die Bücher systematisch durchzugehen.

„Mach du das auch noch mal", sagte er zu Michel, „dann können wir sichergehen, dass nichts übersehen wird."

Der Stapel der Bücher auf dem Boden wurde immer größer. Nichts geschah. Auch Wolfgang wurde nicht fündig.

„Nur altes, unbrauchbares Zeug!", schimpfte er.

„Was hab' ich anderes gesagt?!", fauchte die Alte in der Türe.

Plötzlich bemerkte Michel einen Zettel auf dem Boden. „Hier", sagte er, „der war eben noch nicht da."

Er hob den Zettel auf. Dann machte er ein enttäuschtes Gesicht:

„Es ist nur ein alter Kassenzettel! Er muss aus einem Buch gefallen sein."

Die Suche zog sich in die Länge. Irgendwann entdeckte Moses in einem Buch eine alte Postkarte. Die Schrift war aber nicht mehr zu lesen, so verschwommen war sie.

„Ich glaube, wir müssen das aufgeben", sagte Wolfgang nach einer Weile.

Auch Moses war frustriert. Er glaubte nicht mehr daran, dass sie noch etwas finden würden.

Plötzlich stieß Michel einen Schrei aus: „Hier, das Buch: ‚Märchen aus 1001 Nacht'! Guckt mal, hier steckt ein Kuvert drin." Moses war schon neben ihm: Tatsächlich steckte mitten in dem Buch – so unauffällig, dass man es von außen nicht bemerkte – ein Briefumschlag.

„Seht ihr das Wachs?", fragte Wolfgang. „Der Brief war mal versiegelt, und das Wachs hat ihn an die Buchseiten geklebt! Deshalb ist er auch nicht rausgefallen!"

„Und deshalb hat Heiko ihn auch selbst nicht mehr gefunden", sagte Moses.

„Moment", meinte Wolfgang, „du weißt noch lange nicht, ob es der Brief ist, den wir suchen."

„Er muss es sein", antwortete Moses unbeirrt.

Vorsichtig trennte er das Schreiben vom Buch. Es war richtig, was Wolfgang gesagt hatte: Im Buch blieb ein roter Fleck zurück: Der Brief war festgeklebt gewesen.

Moses öffnete vorsichtig den Umschlag, dann zog er einen Briefbogen heraus. Rasch nahm Wolfgang ihm das Papier aus der Hand: „Sind nur hingeschmierte Hieroglyphen, da kann man absolut nichts lesen!"

„Ich weiß nicht, ob das nur Hieroglyphen sind!", entgegnete Moses verwundert.

„Was denn sonst?", wollte Michel wissen.

„Ach, nichts", sagte Wolfgang nur und zwinkerte den Jungs zu. „Ich habe mich geirrt, der Brief ist absolut wertlos für uns. Aber wir sollten jetzt aufhören zu suchen!"

„Das wurde auch Zeit", maulte die Alte, „aber stellt alles wieder so, wie es war!"

Als sie das getan hatten, gingen sie zügig nach oben. Die Jungs hatten bemerkt, dass Wolfgang den Brief unauffällig in die Tasche gesteckt hatte, sagten aber nichts dazu.

Oben verabschiedeten sie sich von Frau Greulich. Sobald sie außer Sichtweite war, flüsterte Wolfgang ihnen zu: „Der Brief – das ist genau der, den wir suchen! Ich wollte nur nicht, dass die Alte das mitbekommt! Lasst uns da vorne in den Park gehen, vielleicht ist Heiko noch da!"

Michel und Moses sahen sich erstaunt an: Ob sie doch der Lösung nahe waren? Sie liefen wortlos hinter Wolfgang her und stellten fest, dass Heiko verschwunden war. Trotzdem nahmen sie auf seiner Bank Platz. Dann zog Wolfgang den Brief hervor und las langsam vor:

„Lieber Heiko,
wenn du das hier liest, bin ich in großen Schwierigkeiten. Ich konnte wieder meinen Mund nicht halten, und nun wissen sie endlich, dass ich keiner von ihnen bin. Das wurde auch höchste Zeit. Diese idiotischen Ideen teile ich nämlich ganz und gar nicht.

Und nun haben sie auch noch etwas Schlimmes vor, wo ich noch nicht ganz dahintergekommen bin. Ich weiß, du hast dir Sorgen gemacht, dass ich in diese Szene abdrifte, aber da bestand kein Grund dazu. Weißt du nicht, dass ich damals unbedingt nach einer Anstellung als Journalist gesucht habe? Ich glaubte, Regina käme dann zurück zu mir. Da dachte ich eben, es wäre ganz gut, wenn ich mit einer spektakulären Geschichte an ein Magazin gehen kann, und so habe ich mich bewusst in diese Szene eingeschlichen. Wie konntest du nur jemals glauben, dass ich den Unsinn, den sie erzählen, für richtig halte? Aber ich wollte doch nichts sagen davon, und du warst damals auch nicht in der Verfassung ... na, du weißt schon. Wusste ich, dass du den Mund gehalten hättest? Aber nun ist es auch so herausgekommen.

Wie dumm und naiv ich nur war! Jetzt habe ich den Salat!

Meine Hoffnung, hier in Amerika ein neues Leben beginnen zu können und die Schatten der Vergangenheit abzuwerfen, scheint sich nicht zu erfüllen.

Schade, dass das alles so gekommen ist. Ich habe die Hoffnung so langsam aufgegeben, dass ich dich oder meinen Jungen, der jetzt schon bald in den Kindergarten gehen müsste, jemals wiedersehen werde.

Dein Marik"

Moses musste plötzlich weinen. Er konnte nicht anders, die Tränen kamen einfach so aus ihm heraus. Wolfgang nahm ihn in den Arm: „Weine ruhig, Junge. Das ist nicht schlimm. Auch richtige Männer dürfen mal weinen."

Michel sagte gar nichts, er saß nur da mit offenem Mund. Es dau-

erte ein wenig, bis Moses sich wieder gefangen hatte. Michel nahm seine Hand wie ein Erwachsener und meinte nur tröstend: „Nun weißt du wenigstens, dass dein Vater kein Verbrecher ist."
Moses nickte: „Das weiß ich."
„Und du hast den Beweis dafür hier an der Hand", meinte Wolfgang. „Was für ein naiver Kerl! Will einen Job haben und gibt sich deshalb mit so gefährlichen Leuten ab! Ich kann es gar nicht fassen!"
„Ich verstehe das alles noch nicht ganz", sagte Michel.
Wolfgang erklärte es ihm geduldig:
„Nun, es ist so: Der Vater von Moses hat so getan, als würde er Sympathien haben für Terroristen, und zwar für islamistische Terroristen. Das hat er sogar so weit getrieben, dass er es in seinem Freundeskreis verbreitet hat. Sein Ziel war nämlich, sich bei diesen Leuten einzuschleusen, damit sie ihn akzeptieren und als Freund anerkennen. Dann wollte er offenbar einen Artikel über sie schreiben und damit groß herauskommen. Er wollte wohl Journalist werden, sah aber auf normalem Wege offenbar keine allzu großen Chancen dazu. Schade, dass Heiko nicht da ist. Aber wo der Bursche nun schon wieder herumschwirrt, das kann ich im Moment auch nicht sagen."
„Dann war mein Vater niemals ein Terrorist?", wollte Moses wissen.
„Nein", sagte Wolfgang, „ganz bestimmt nicht. Er hat nur durch seine Dummheit, denn anders ist der Leichtsinn, den er begangen hat, nicht zu bezeichnen, er hat durch diese Dummheit einen riesigen Fehler gemacht: sich selbst nämlich in eine unmögliche Situation und die größte Gefahr gebracht. Die Terroristen haben ihn

offenbar enttarnt und erkannt, worum es ihm ging. Dass er da noch lebend herausgekommen ist, scheint mir schon ein Wunder. Die Gegner der Terroristen haben ihn aber wiederum für einen solchen gehalten und ihn verfolgt und wahrscheinlich ins Gefängnis gesteckt. Nun sitzt er bis über den Hals in der Scheiße – und das vermutlich schon seit Jahren! Genau wissen wir es ja nicht, die Stelle, an der das Datum auf das Kuvert gedruckt war, ist nicht mehr da." Wolfgang holte kurz Luft und zeigte den Jungen den Briefumschlag mit der Lücke an der entsprechenden Stelle.
„So ist das alles gewesen", sagte Moses abwesend und: „So ist das alles gewesen", wiederholte Michel, der entschlossen hinzufügte: „Und genau deshalb müssen wir jetzt was tun!"
„Natürlich müssen wir was tun", antwortete Wolfgang. „Aber was, das will gut überlegt sein. Diese ganze Sache ist für Jungs wie euch sehr gefährlich!"
„Wir sind keine Jungs, wir sind Jugendliche", sagte Michel beleidigt.
„Ich weiß", antwortete Wolfgang grinsend, sagte „Entschuldigung" und strich dem Kleinen über den Kopf.
„Ich will es noch mal durchgehen lassen", kam die Antwort zurück.
„Nun lasst uns nicht streiten", schaltete sich Moses wieder ein. „Wir müssen beraten, was zu machen ist."
„Gut so", sagte Wolfgang. „Aber ich meinte es wirklich so: Diese Geschichte ist nicht nur für euch, sondern auch für mich und für jeden Erwachsenen sehr gefährlich."
„Aber was sollen wir nur tun?", fragte Michel.
Wolfgang rieb sich das Kinn: „Zunächst einmal denke ich, dass ihr

beide so schnell wie möglich wieder nach Hause fahren solltet. Hier findet ihr nicht die Lösung, denn ihr werdet einsehen, dass unser Marik überall, nur nicht mehr in Hannover ist."

Moses stand der Mund offen: „Wir sollen jetzt, wo wir so weit sind, zurückfahren?"

„Es gibt keine andere Möglichkeit", sagte Wolfgang. „Wollt ihr denn, dass es noch mehr Unruhe gibt und euch die Polizei sucht? Ich kann mir doch denken, was Sache ist." Wolfgang zwinkerte den Jungs dabei zu.

Moses und Michel wanden sich hin und her:

„Das mag ja alles sein", sagte Moses, „aber jetzt, wo wir so kurz vor dem Ziel sind, sollten wir doch nicht aufgeben!"

„Wer spricht denn von aufgeben?", fragte Wolfgang. „Manchmal ist es nur besser, umzukehren und zu überlegen. Denkt doch mal nach: Was könnt ihr hier denn noch tun? Zu Hause könnt ihr euch dagegen an den Computer setzen und recherchieren. Ich nehme doch an, dass Internet kein Problem für euch ist?!"

Moses dachte nach. So Unrecht hatte Wolfgang tatsächlich nicht. Auch Michel war anzusehen, wie sehr es in ihm arbeitete.

„Seht doch mal, was ihr von zu Hause aus alles bezwecken könntet", wiederholte ihr neuer Freund. „Ihr seid dort vernetzt, habt Internet und Telefon. Was dagegen habt ihr hier?"

Moses tat es zwar nicht gern, aber er musste eingestehen, dass Wolfgang Recht hatte.

Auch Michel nickte schließlich: „Wenn es so ist, sehe ich das, glaube ich, ein."

Moses schwieg noch ein wenig. Dann sagte er: „In Ordnung, du hast mich überzeugt. Wir fahren nach Hause. Aber den Brief, den nehmen wir mit!"

„Natürlich sollt ihr das", sagte Wolfgang. „Wenn ich mir nur eine Kopie machen darf ... für Heiko?"

„Aber natürlich darfst du das! Ohne dich und ihn wären wir ja nie so weit gekommen!"

Moses schlug Wolfgang auf die Schulter wie ein Erwachsener.

Der Mann musste lachen: „Und wenn ihr Glück habt, haben eure Eltern noch nichts gemerkt!"

„Da müssten wir aber schon viel Glück haben", antwortete Michel und grinste verlegen.

Moses sah sich um: „Und wenn Heiko vielleicht doch noch mal auftaucht?"

„Dann rede ich mit ihm", beruhigte ihn Wolfgang. „Ihr könnt jedenfalls nicht darauf warten, bis es so weit ist. Das kann Tage dauern."

Moses nickte. Gemeinsam gingen sie zurück. Wolfgang lud sie ein in seine Wohnung, aber die Jungs lehnten ab: „Wenn, dann müssen wir so schnell wie möglich zurück!"

Wolfgang bat darum, noch schnell die Kopie machen zu dürfen: „Um die Ecke ist ein Geschäft, dessen Inhaber ich kenne. Er lässt mich ganz bestimmt an sein Kopiergerät."

Die Jungs warteten vor dem Haus. Moses war ganz merkwürdig zumute. Hier also war sein Vater ein- und ausgegangen. Er nahm sich in diesem Moment ganz fest vor ihm zu helfen.

Es dauerte eine Ewigkeit, bis Wolfgang zurückkam.

„Entschuldigung, dass es so lange gedauert hat", sagte er. „Aber der Kopierer funktionierte erst nicht."

Wolfgang gab Moses den Brief zurück: „So, dann mach was

draus!"

„Das werde ich bestimmt", antwortete der Junge.

Der neue Freund bot an, dass er sie zum Bahnhof bringen würde: „Ich muss sowieso in die Stadt – meinen Termin nachholen."

Die Jungs waren froh für dieses Angebot, denn der Verkehr machte ihnen – ohne dass sie dies zugegeben hätten – richtig Angst. Beide nickten sie darum heftig.

„Dann lasst uns losziehen!"

Wolfgang übernahm die Führung. Gemeinsam gingen sie zur Straßenbahnstation, die sie schon kannten, und stiegen in die nächste Bahn ein.

„Wir fahren schon wieder schwarz", raunte Moses Michel zu.

„Na und?!", antwortete der cool. „Dann haben wir doch noch ein kleines Abenteuer erlebt!"

„Ich finde, das war auch so schon genug!" Diese Bemerkung kam Moses aus tiefstem Herzen. Er war richtig erschöpft.

Während der Fahrt unterhielten sie sich über den Brief und dass sich jetzt vielleicht wirklich die Möglichkeit bot, Moses' Vater zu helfen. Dass sie von einem Kontrolleur erwischt werden könnten, daran dachten sie gar nicht.

Tatsächlich hatten sie Glück und stiegen zufrieden am Bahnhof aus.

„Ich bringe euch noch zu eurem Zug", sagte Wolfgang.

„Nicht nötig", antwortete Moses, aber es klang so halbherzig, dass Wolfgang gar nicht darauf reagierte, sondern einfach mitging.

Mithilfe der Anzeigetafel machten sie sich kundig, wann der nächste Zug zurückfuhr. Sie hatten Glück: Es dauerte nicht mal zwanzig Minuten und sie würden unterwegs sein in Richtung Heimat. Wolfgang ging mit ihnen zum Fahrkartenschalter. Jetzt, wo er dabei war, mussten sie nicht einmal dumme Fragen des Personals fürchten. Moses bestand lediglich darauf, dass die Karten von seinem Geld gekauft wurden. Danach brachte Wolfgang sie noch zum richtigen Bahnsteig, wo der Zug bereits wartete.

„Ihr seid schon prima Burschen!", sagte er zum Abschied und boxte beiden freundschaftlich in die Seite. Die Jungs bedankten sich und drückten Wolfgang fest die Hand. Dann stiegen sie ein. Eine Sekunde später winkten sie ihm aus dem Fenster des Abteils zu, das sie sich in aller Schnelle ausgesucht hatten. Dann fuhr der Zug an. Michel und Moses atmeten durch: Diesen Teil ihres Abenteuers hatten sie bestanden. Nun musste nur noch zu Hause alles gutgehen.

Im Zug waren sie zunächst ganz still. Sie sahen den vielen Häusern nach, die allmählich verschwanden und einer flachen Wiesenlandschaft wichen. Moses gingen tausend Gedanken durch den Kopf. War das ein Tag gewesen! Dann fiel ihm fast das Wichtigste ein:

„Wie spät haben wir's eigentlich?", fragte er Michel.

„Im Bahnhof eben war's halb drei."

„Dann könnten wir's ja noch schaffen!"

„Was?"

Moses war genervt. Manchmal stand Michel schon etwas auf der Leitung: „Na, nach Hause zu kommen, ohne dass einer was merkt!"

„Aber sie haben doch unsere Briefe gelesen!"

„Vielleicht noch nicht. Meine Mama macht die Betten immer erst abends!"

„Du kannst Recht haben. Meine Mama macht in letzter Zeit überhaupt keine Betten mehr!"
„Da, siehst du!"
„Und in der Schule?" Moses wusste sofort, was Michel meinte.
„Na, so eine Entschuldigung, das müsste sich doch machen lassen ...!" Er grinste Michel breit an. Der verstand in diesem Fall sofort.
„Mamas Schrift ist ganz leicht nachzumachen!" Michel schien richtig begeistert.
„Die Unterschrift meiner Mutter ist zwar auch ganz easy", spielte Moses jetzt den Obercoolen, „aber vielleicht lege ich ihr auch einfach nur was hin. Die unterschreibt alles – schon weil sie's nicht lesen kann." Als er Michels fragenden Blick bemerkte, fügte er hinzu: „Mum bräuchte dringend eine Brille, geht aber nicht zum Augenarzt. Dazu ist sie zu eitel."
Jetzt fiel bei Michel der Groschen und er lachte laut.
Dann überlegten sie eine Weile, was man Moses' Mutter noch alles zum Unterschreiben unterschieben könnte. Über ihren witzigen Einfällen vergaßen die Jungs fast, was sie zu Hause vielleicht erwartete. Die lustige Stimmung ließ erst nach, als sie sich der Heimat allmählich näherten.
Obwohl sie sich gegenseitig zu beruhigen versuchten, wurde ihnen doch etwas mulmig. Was wäre, wenn ihre Mütter die Briefe längst entdeckt hatten? Was, wenn jemand von der Schule bei ihnen zu Hause angerufen hatte? Moses konnte es plötzlich nicht mehr abwarten, bis der Zug endlich am Ziel war. Er wollte einfach nur wissen, was auf sie zukam.
Dazu mussten sich die Jungs aber noch über eine Stunde gedul-

den. Moses stand manchmal auf und lief vor Ungeduld hin und her, Michel sah nur angestrengt aus dem Fenster. Endlich, nach einer Ewigkeit, rollte der Zug in dem kleinen Bahnhof ein, den sie am Morgen erst verlassen hatten.

„Nun aber nichts wie raus und nach Hause", sagte Moses, als der Zug endlich stoppte.

Sie stürmten regelrecht aus dem Abteil. Dabei stießen sie eine alte Dame fast um.

„Ihr Rüpel!", rief diese mit hochgezogener Nase.

„Tschuldigung", murmelte Moses nur, und Michel hob ihr noch den Hut auf, der beim Zusammenstoß auf den Boden gefallen war.

Vor dem Bahnhofsgebäude verabschiedeten sie sich.

„Nun wird's spannend", sagte Moses.

Michel nickte: „Aber so spannend wie heute den ganzen Tag über kann es auch nicht mehr werden."

Danach ging jeder von ihnen in seine Richtung. Moses sah Michel nach. Was hatte er plötzlich für einen tollen Freund! Hoffentlich bekam der zu Hause nicht so viel Ärger! Fast machte er sich mehr Sorgen um Michel als um sich selbst.

Als der Freund verschwunden war, wandte er sich jedoch dem zu, was ihn selbst erwarten konnte. Was war, wenn Mama den Brief schon gefunden hatte? Wenn die Polizei ihn bereits suchte? Wenn sie im Fernsehen schon sein Bild zeigten?

Plötzlich hätte er sich vor Angst fast in die Hose machen können.

Kurz darauf sah er auch schon das Haus. Ein Schock durchfuhr ihn, denn ein fremder Wagen stand davor. Moses wusste nicht, ob er weitergehen oder umkehren sollte. Mit einem Ruck entschied er sich für die Flucht nach vorn.

Die Haustüre war nur angelehnt. Das war nichts Besonderes, denn wenn Peter zu Hause war, machte er das meistens so.

Moses drückte die Tür auf, hörte aber nichts. Vorsichtig ging er die Stufen zu seinem Zimmer hinauf. Als er die Tür öffnete, wusste er gleich, woran er war: Sein Bett war noch ungemacht. Mit einem Sprung stand er davor und zog den Brief unter der Decke hervor. Den hatten sie schon mal nicht gesehen! Er konnte sich also irgendeine Geschichte ausdenken, wo er gewesen war – falls das überhaupt notwendig war.

Sofort verstaute Moses den Brief in seiner Hosentasche, und es war ihm völlig wurscht, dass er ihn dabei total zerknitterte. Nun kam der nächste Schritt – er musste sehen, ob er Peter irgendwo fand. So lässig wie möglich schlenderte er die Treppe hinunter. Im Keller hörte er jetzt Stimmen. Zwei Männer unterhielten sich über Autos. Moses atmete durch, denn er wusste nun, dass der Wagen vor dem Haus einem Kunden gehörte.

Vor Anspannung bemerkte er einen Blecheimer nicht, der auf einer der unteren Stufen stand. Moses stieß dagegen, und der Eimer fiel scheppernd die Treppe hinunter. Sofort öffnete sich die Kellertür. Peters Kopf erschien.

„Ach du bist's!", sagte er zur Erleichterung des Jungen.

„Was hast du denn sonst gedacht?", gab er so locker wie möglich zur Antwort.

„Ach, nichts. Wir haben dich schon vermisst. Deine Mutter wollte erst gar nicht zur Schicht fahren, weil du nicht zum Essen da warst. Als ich ihr dann sagte, du kämest schon noch, ist sie dann doch gefahren. Ich muss ihr jetzt nur Bescheid geben."

„Ich war noch bei einem Freund – wegen der Hausaufgaben", antwortete Moses rasch.

Die Tür schloss sich wieder und er atmete tief durch. Das war geschafft! Sie hatten nichts gemerkt. Fast wollte Moses ein wenig stolz auf sich sein: Er war in Hannover gewesen mit seinem besten Freund, hatte dort die interessantesten Dinge über seinen Vater erfahren – und niemand hier zu Hause hatte davon etwas mitbekommen! Nun musste er nur noch eine Entschuldigung für die Schule kriegen, aber das würde er schon irgendwie schaffen.

Moses ging erleichtert nach oben. In der Küche klingelte das Telefon. Als er abhob, war zu seiner Überraschung Michel am anderen Ende der Leitung.

„Und, alles gutgegangen?", wollte der Freund wissen.

Moses bejahte und stellte die Gegenfrage: „Bei dir auch?"

„Kein Problem! Als ich heimkam, lag hier ein Zettel, dass ich zu Oma essen gehen soll. Mama würde heute erst sehr spät nach Hause kommen. Alles in Ordnung also, und mein Brief war auch noch da."

Michel tat Moses etwas leid. War denn da niemand, der sich um ihn Sorgen machte? Fast verstand er, dass der Freund so gerne abhauen wollte.

Er ließ sich aber nichts anmerken, sondern fragte nur: „Wie machst du's mit der Entschuldigung?"

„Computer und dann – die übliche Methode", war die klare Antwort.

Moses verstand. Er selbst hatte noch nie eine Unterschrift gefälscht, auch wenn er Michel gegenüber einen anderen Eindruck erweckt hatte. Ihn beschlich ein schlechtes Gefühl, weil er den

Freund durch sein cooles Gehabe vielleicht erst so weit gebracht hatte.

Als Moses wieder in seinem Zimmer war, räumte er auf. Er zog den Abschiedsbrief aus der Hosentasche, riss ihn in hundert Schnipsel und warf ihn in den Papierkorb. Dann holte er das Schreiben von seinem Vater hervor. Was hatte er heute alles erfahren! Er machte es jetzt wie Heiko und steckte den Brief in sein Lieblingsbuch: Es war ein Buch, in dem es um ferne Länder ging. Auch die Briefe, die Heiko einst an Moses' Mama geschrieben hatte, und das Karnevalsfoto mit dem Zettel, auf dem sein Name stand, legte er dazu.

Dann dachte er darüber nach, wie er die Entschuldigung formulieren und sie dann seiner Mum unterjubeln könnte. Ihm wollte einfach nichts einfallen, denn trotz seiner Späße im Zug tat er sich schwer damit, seine Mutter zu betrügen.

Irgendwann drehte sich der Schlüssel unten im Schloss. Mama kam. Moses ging ihr entgegen: Man muss der Gefahr ins Auge sehen, sagen die harten Männer in den Fernsehserien immer. Mama war schwer bepackt und sie hatte auch noch einige Sachen im Auto, sonst hätte sie die Haustüre nicht offen gelassen.

„Ich helfe dir", sagte Moses.

„Da bist du ja!", rief Mama erleichtert. „Ich habe dich heute Mittag vermisst. Ich war nur für ein paar Minuten zum Essen da, weil ich heute Morgen einen solchen Stress hatte, aber ich habe dich nicht gesehen."

In diesem Moment hatte Moses die rettende Idee. Von einem auf den anderen Moment war sie da, und er beschloss, jetzt alles auf eine Karte zu setzen: „Mir war so schlecht. Ich lag im Bett."

„Aber da war ich doch ...", sagte Mama.
„Vielleicht war ich da gerade auf der Toilette. Ich hatte Durchfall!"
„Ach du Ärmster!" Mama streichelte seinen Kopf. „Dann warst du etwa gar nicht in der Schule?"
„Ich konnte nicht. Es tut mir leid." Moses versuchte seiner Stimme einen möglichst wehleidigen Ton zu geben. Dann fügte er kleinlaut hinzu: „Aber bitte nichts Peter sagen. Ich habe ihm erzählt, ich wäre bei einem Freund gewesen. Du weißt, er kommt dann immer mit seinen Tabletten!"
Mama musste lächeln: „Jaja, Peter mit seinen Tabletten. Die sollen gegen alles helfen. Ich weiß ja, wie sehr du Tabletten hasst."
Moses atmete durch. Wie gut, dass er schon als kleiner Junge immer Theater gemacht hatte, wenn er Tabletten einnehmen musste!
„Ach du Ärmster", nahm Mama ihn in den Arm. „Was bin ich nur für eine Mutter! Mein Sohn liegt im Bett und ist krank – und ich merke es nicht einmal!"
Moses kam sich abgrundtief schlecht vor in diesem Augenblick, aber was sollte er anderes machen, als sich die Umarmung gefallen zu lassen?
„Das macht doch nichts", versuchte er seine Mutter zu beruhigen, „und so schlimm war es überhaupt nicht." Ihm war im gleichen Moment bewusst, dass ihn das schlechte Gewissen vermutlich bis an sein Lebensende quälen würde. Als Mama ihn nach einer Weile wieder losließ, sah sie ihm fest in die Augen: „Versprich mir, dass wir beide uns in Zukunft alles sagen werden!"
Moses schluckte und nickte gleichzeitig.
Als Mama gegangen war, kam Moses ins Grübeln. Wie kam er aus dieser Nummer wieder heraus? Er wollte jetzt alles, aber bloß

nicht verhätschelt werden.
Am besten würde er einfach einmal schlafen. Er war schrecklich müde und die Augen fielen ihm fast von selbst zu. Ganz beruhigt konnte er in der sicheren Gewissheit einschlummern, dass seine Mama später denken würde, er wäre nur so erschöpft von der Krankheit.

Als Moses am nächsten Morgen nach unten kam, war zum Glück alles wie immer. Peter war nicht da, vermutlich lag er noch im Bett und schlief seinen Rausch aus.
Mama hatte ihm in der Küche sein Frühstück hingestellt und einen Zettel danebengelegt:

„Ich hoffe, es geht dir besser. Muss arbeiten. Bis nachher!
PS: Vergiss nicht die Entschuldigung!"

Moses war zufrieden. Dank seiner gelungenen Vorstellung brauchte er nichts mehr zu unternehmen. Mama hatte die Entschuldigung auf seinen Rucksack gelegt.

Nachdenklich machte er sich eine halbe Stunde später auf den Weg. Sein schlechtes Gewissen plagte ihn, aber dann sagte er sich, dass alles anders gewesen wäre, wenn Mama ihm nur von Papa erzählt hätte. Zwei Straßen vor der Schule wartete Michel auf ihn.
„Und? Alles gutgegangen?", grinste er ihn an.
„Alles im Lot", antwortete Moses der Wahrheit gemäß und erzählte auch von seiner Entschuldigung.
„Ich habe auch eine", sagte Michel, „gute alte Handarbeit! Aber

ich will erst mal abwarten. Vielleicht haben die ja vergessen, uns einzutragen. Dann können wir uns das sparen."

Sie gingen eine Weile wortlos nebeneinander her.

„Treffen wir uns heute Nachmittag?", fragte Michel.

„Auf jeden Fall!" Auch Moses hatte ein großes Bedürfnis, den Freund bei sich zu haben. Wieder schwiegen sie, vielleicht waren sie einfach noch zu erschöpft.

Es stellte sich heraus, dass alles anders verlief als gedacht. Ihre Klassenlehrerin war krank, und sie hatten Vertretung bei einem Lehrer, den sie nicht besonders mochten. Von den Mitschülern sagte niemand etwas dazu, dass sie gestern gefehlt hatten. Sie waren alle zu sehr mit sich selbst beschäftigt.

In der Pause hielt Michel Moses am Ärmel zurück.

„Lass uns einen Blick ins Klassenbuch werfen", sagte er nur. Moses verstand sofort.

Leider erfüllten sich die Hoffnungen seines Freundes nicht. Dick und fett standen da für gestern ihre beiden Namen eingetragen.

„Dann legen wir die Entschuldigungen einfach aufs Pult", schlug Moses vor. Während er selbst diesen Vorschlag sorglos ausführen konnte, zögerte Michel zunächst ein wenig, legte sein Blatt dann aber ebenfalls auf den Lehrertisch.

„Mach dir keinen Kopf!", sagte Moses und der Freund bemühte sich, möglichst unbekümmert zu nicken.

Der Vormittag in der Schule zog sich wieder hin wie Kaugummi.

Moses war in Gedanken nur in Hannover, war bei seinem Vater, bei Heiko und Wolfgang.

Irgendwie mussten sie seinem Papa doch helfen können!

„Kommst du nach der Schule zu mir?", wollte Michel in der

nächsten Pause wissen.
Moses stimmte gleich zu.

Das Mittagessen schlang er an diesem Tag nur so in sich hinein.
„So, dann hast du also Angst, wenn der liebe Peter dir mit Tabletten helfen will?!", kam nach einer Weile eine ironische Bemerkung vom anderen Ende des Tisches. Moses spürte, dass er rot wurde: Hatte Mama also doch geplaudert! Wenn sie nur dagewesen wäre, aber sie war schon wieder irgendwohin, wahrscheinlich arbeiten.
Er sagte gar nichts und hoffte, dass Peter jetzt nur den Mund halten würde. Zum Glück klingelte in diesem Augenblick das Telefon. Peter ging ran – offenbar war es einer seiner seltsamen Kunden.
Als das Gespräch fertig war, hatte dieser unangenehme Kerl zum Glück vergessen, womit er ihn eben aufgezogen hatte.
Moses beeilte sich mit dem Essen fertig zu werden und brachte seinen Teller in die Küche.
„Du kannst alles stehen lassen", sagte er zu Peter, „ich mache heute Küchendienst."
„Was hast du denn für Anwandlungen? Bist du krank? Ach ja, ich vergaß, du bist ja wirklich krank." Peter konnte den spöttischen Ton einfach nicht sein lassen.
„Ich war krank", antwortete Moses und betonte das „war" ganz deutlich. „Jetzt bin ich wieder fit, aber wenn du willst, kann ich das mit dem Küchendienst auch sein lassen."
„Nein, nein!", wehrte Peter rasch ab. „Wenn man ein solches Angebot schon mal bekommt, muss man es auch annehmen!"
Moses erwiderte nichts mehr, sondern ging erst einmal in sein

Zimmer.

Er wartete ein paar Minuten, bis er hörte, dass Peter sich aus der Küche verzogen hatte. Dann lief er nach unten und machte den Abwasch. Er mochte diesen Typen einfach nicht! Warum hatte Mama nicht mit Papa zusammenbleiben können?!

Moses beschloss aber, sich über diese Dinge jetzt keine großen Gedanken zu machen. Vielmehr sah er so rasch wie möglich zu, dass er fertig wurde, und brach dann zu Michel auf.

„Ich habe schon gedacht, du kommst gar nicht mehr", empfing ihn der Freund ungeduldig.

„Es ist doch noch früh!" Unwillkürlich sah Moses dabei auf seine Armbanduhr und war selbst überrascht: Es war fast drei Uhr! Wo die Zeit geblieben war, konnte er auch nicht sagen.

Als sie in Michels Zimmer waren, stellte er die Frage, die ihm so sehr auf dem Herzen lag:

„Was meinst du, ob wir das mit meinem Vater hinbekommen?"

Michel nickte zuversichtlich: „Ganz bestimmt. Wir müssen uns nur was Richtiges einfallen lassen. So etwas will vernünftig angegangen sein."

Moses hatte ein gutes Gefühl: Mit einem solchen Freund würde er alles schaffen! Michel legte sich auf sein Bett und sah an die Decke: „Komm auch, so kann ich immer am besten nachdenken."

Moses tat ihm den Willen. Schweigend lagen sie eine Weile nebeneinander, doch eine Lösung wollte nicht von dieser alten, weißen Zimmerdecke fallen.

„Wir müssten das in die Zeitung bringen!", sagte Michel plötzlich. „Oder ins Fernsehen!"

„Habe ich auch schon dran gedacht, aber wenn meine Mama das mitbekommt?" Moses war tatsächlich sehr skeptisch. Es machte die Sache so schwierig, dass niemand davon wissen durfte. Wie sollten zwei Jungen von 12 und 13 Jahren das alleine hinbekommen?

„Wir können doch nicht rund um die Welt fahren", meinte Michel dann nachdenklich.

„Ganz bestimmt nicht", meinte Moses nur. Er war ziemlich frustriert.

Der Nachmittag verging, und sie waren kaum klüger als vorher. Natürlich tröstete sich Moses damit, dass sie so schnell auch keine Lösung finden konnten. Ein so festgefahrener Karren ließ sich nicht von einem auf den anderen Augenblick aus dem Dreck ziehen. Auf der anderen Seite sagte ihm etwas, dass da Gefahr in Verzug war. Was wäre, wenn sein Vater in der Haft vielleicht gefoltert wurde? Wenn er vielleicht sogar starb?

Nachdenklich ging er an diesem Nachmittag nach Hause. So ratlos war er schon lange nicht mehr gewesen.

Am Abend machte er sich rasch zwei Brote und verkroch sich in seinem Zimmer. Mama war nicht da, und wo Peter war, das interessierte ihn nicht. Jetzt, wo er seinen Vater plötzlich so greifbar nahe hatte, konnte ihm dieser Typ gestohlen bleiben!

Moses setzte sich vor den Fernseher. Die Nachrichten kamen. Anders als sonst drückte er diesmal nicht um. Vielleicht hoffte er insgeheim darauf, dass der Herr im feinen Anzug eine Lösung für ihn hatte.

Natürlich war das, was er erzählte, langweilig. Wie immer verstand Moses nur die Hälfte. Dann gab es plötzlich einen Bericht, der ihn aufhorchen ließ. Es ging um Gefangene und es ging um den amerikanischen Präsidenten.

Moses starrte wie gebannt auf den Fernseher: Sie sprachen von politischen Häftlingen, die von den USA festgehalten wurden, ohne dass man ihnen eine vernünftige Gerichtsverhandlung gemacht hatte. Jetzt, und das war das Wichtigste, sollten sie freigelassen werden – der amerikanische Präsident selbst wollte das so.

Moses durchfuhr es wie ein Stromstoß: Ob nun sein Vater auch freikommen würde? Schon malte er sich in den schönsten Bildern aus, wie sein Papa von weither zurückkommen würde, wie er an ihrer Tür klingeln und wie sich seine Eltern wieder versöhnen würden.

Doch dann holten ihn wieder Bedenken ein. Wenn das nun alles nicht so war? Wenn er etwas falsch verstanden hatte? Wenn die Politiker wieder nur redeten? Peter sagte das fast immer, wenn er einen auf dem Bildschirm sah.

Mit einem Schlag wusste Moses dann, was er tun musste. Er kramte den Brief seines Vaters hervor und las ihn zum hundertsten Mal durch. Ja, die Idee war da! Er würde jetzt aktiv werden, denn er konnte sich nicht darauf verlassen, dass man seinen Papa von selbst freiließ.

Der Plan, den Moses hatte, war einfach: Er würde dem amerikanischen Präsidenten diesen Brief zuschicken, und dann mussten sie seinen Vater einfach freilassen. Was gab es für einen besseren Beweis für seine Unschuld als diesen?

Moses war total gefesselt von seiner Idee. Er konnte es kaum mehr abwarten, bis der nächste Vormittag kam und er Michel davon erzählen konnte. Er bedauerte es nur, dass Heiko und Wolfgang nicht da waren, denn er hätte zu gern gewusst, was die beiden von dem Gedanken hielten.

Völlig aufgewühlt legte er sich an diesem Abend ins Bett, und trotzdem schlief er so ruhig und fest, wie er dies schon seit langem nicht mehr getan hatte.

Am nächsten Morgen wachte er ausgeruht auf, und er hatte immer noch die Idee im Kopf, die er heute umsetzen würde.

Er würde mit Michel reden, sie würden sich am Nachmittag bei dem Freund treffen und dann würden sie den Brief an den amerikanischen Präsidenten auf die Reise schicken! Nichts einfacher als das! Er konnte es kaum abwarten, bis er endlich Michel traf.

Als er ihn dann endlich sah, sprudelte es nur so aus ihm heraus: „Wir müssen an den Obama schreiben, der hilft uns bestimmt!"

Völlig atemlos redete er auf Michel ein.

Der verstand zunächst kaum etwas. Erst allmählich dämmerte es ihm.

„Du weißt doch, der neue amerikanische Präsident. Der lässt meinen Vater bestimmt frei!" Moses redete immer weiter.

Michel nickte bedächtig. „Da kannst du Recht haben! Die Idee hätte jedenfalls von mir sein können!"

Sie kamen nicht dazu, große Pläne zu schmieden, denn dazu war ihr Schulweg einfach zu kurz. Schon betraten sie das Schulgebäude, als Michel plötzlich ein ganz anderes Thema ansprach.

„Ob sie die Entschuldigung gefressen hat?"

„Bestimmt", gab Moses nur zur Antwort. Inständig hoffte er, dass es so war, denn ohne sein Gerede hätte der Freund die Unterschrift vielleicht nicht nachgemacht.

Kurze Zeit später fiel ihm ein Stein vom Herzen. Michels Fäl-

schung flog nicht auf. Die Klassenlehrerin, die heute wieder da war, heftete sie sorgfältig ab. Sie hatte nichts gemerkt.
Bei Moses sagte sie ohnehin nichts.

Am Nachmittag trafen sie sich bei Michel.
„Wie spricht man so einen Mann an?", fragte Moses.
„Mit Hochwürden oder mit Durchlaucht", schlug Michel vor.
„Vielleicht auch mit Majestät! Weniger geht nicht!"
Moses war sich nicht sicher: „Sollen wir nicht einfach ‚Herr Präsident' zu ihm sagen?"
Michel war so schnell nicht einverstanden.
„Du musst solchen Leuten schon die richtige Ehrerbietung zeigen, sonst sind sie schnell beleidigt."
Moses fand zwar, dass er da nicht so Unrecht hatte, doch schien ihm ‚Hochwürden' oder ‚Durchlaucht' aber wirklich etwas zu hochtrabend. Schließlich einigten sie sich darauf, die Anrede erst einmal wegzulassen.
Sie feilschten lange an dem Text, und nach zwei Stunden hatten sie einen Entwurf, mit dem sie halbwegs zufrieden waren. Moses las vor:

„Lieber, sehr verehrter ...,
mein Name ist Moses, und ich suche seit langem meinen Vater. Nun weiß ich, wo er ist. Er ist in einem amerikanischen Gefängnis, weil man ihn für einen Terroristen hält. Das ist aber nicht wahr. Ich kann es beweisen. Deshalb lege ich einen Brief meines Vaters bei. Bitte: Sie haben neulich im Fernsehen gesagt, dass Sie alle Gefangenen freilassen wollen, die ohne Gerichtsprozess im Ge-

fängnis sitzen. Bitte machen Sie das auch mit meinem Vater so. Ich wäre Ihnen richtig dankbar dafür.

Ihr Moses

PS: Und eine Bitte hätte ich noch: Sagen Sie meiner Mutter nichts von diesem Brief, denn sie will nichts mehr von meinem Vater wissen. Deshalb war das ja so, dass er sich nach der Scheidung mit so komischen Leuten abgegeben hat. Aber Terrorist ist er deshalb wirklich keiner."

Immer wieder lasen sie den Brief durch. Schließlich hielt Michel dem älteren Freund die Hand entgegen zu ‚Gib ihm fünf'.
„Das haben wir gut gemacht", meinte der Kleine. „Kurz und knapp, aber alles drin!"
„Finde ich auch", nickte Moses.
„Nun müssen wir nur noch wissen, wie wir den Mann anreden sollen."
Moses rieb sich nachdenklich das Kinn.
„Ich hatte dir ja meine Vorschläge gemacht", sagte Michel, „aber die waren dir alle nicht gut genug."
Moses dachte nach. Er wollte seinen Freund auch nicht beleidigen. Deshalb einigten sie sich nach einer Weile auf die Anrede: „Sehr geehrter Herr Präsident, hoch verehrte Majestät!"
Das konnte man stehen lassen, fand auch Moses.
„Nun fehlt uns bloß noch die Adresse", sagte Michel dann, als er den Brief in ein Kuvert stecken wollte.
„Präsidenten wohnen immer im Weißen Haus", meinte Moses.
„Und das ist in Amerika!"

„Ob das ankommt, wenn wir schreiben: Weißes Haus, Amerika?"
Jetzt war es an Michel, sich die Nase zu reiben.
„Lass uns im Internet nachsehen", sagte der Freund schließlich und Moses hielt dies ebenfalls für eine gute Idee.
Unter „White house" fanden sie einiges, auch eine Kontaktadresse.
„Ob wir's einfach mailen sollen?", fragte Michel.
„Und der Brief meines Papas?"
„Den tippen wir ab!"
Moses war einverstanden. Sogleich zog er das Schreiben aus der Tasche, und sie machten sich an die Arbeit.
Eine Viertelstunde später war alles erledigt. Die Mail war samt Anhang unterwegs Richtung Weißes Haus.
Zufrieden klatschten die Jungen ein.
„Jetzt kommt er frei", sagte Michel.
„Hoffen wir's", erwiderte Moses nicht ganz so zuversichtlich.
Als er gegen Abend nach Hause ging, beschloss er, dass er den Freund niemals im Stich lassen würde.

Beim Abendessen war Moses sehr wortkarg. Zu viele Gedanken schwirrten ihm durch den Kopf.
„Was ist dir denn über die Leber gelaufen?", wollte Peter wissen.
Moses gab keine Antwort, so dass Peter noch einmal fragte.
„Nichts", antwortete er nur, „ich will einfach meine Ruhe!"
„Was für ein sensibles Mimöschen", versuchte Peter ihn aufzuziehen.
Moses sagte gar nichts, sondern stellte sich nur vor, wie es wäre, wenn statt Peter sein Vater dort sitzen würde. Der würde ihn be-

stimmt nicht immer ärgern.

„Lass den Jungen!", sagte Mama endlich. „Du siehst doch, dass es ihm nicht gut geht. Er war schließlich krank."

Moses warf ihr einen dankbaren Blick zu. Er verstand immer weniger, warum sie sich mit so einem Idioten eingelassen hatte.

Nach dem Essen ging er in sein Zimmer und wartete, bis es unten ruhig geworden war. Dann ging er ins Arbeitszimmer und checkte seine Mails. Nichts war gekommen. Er rechnete sich aus, wie lange die Mail brauchen würde, bis sie über die verschiedenen Stellen zu Barack Obama weitergeleitet wurde, bis der Präsident sie gelesen hatte und bis er dann wieder Antwort erhielt.

Er kam zu dem nüchternen Schluss, dass er sich schon einige Wochen gedulden musste. Eine spannende Zeit stand ihm bevor! Zum Glück musste er nicht alleine warten, sondern hatte einen Freund!

In den nächsten Tagen passierte nichts Besonderes. Moses sah jeden Mittag in sein Mailpostfach, doch war nichts dabei. Peter machte weiter an seinen alten Autos rum und Mama war wie immer die meiste Zeit weg. An den Nachmittagen traf sich Moses meistens mit Michel. Manchmal schafften sie es sogar, nicht über Moses' Vater zu reden. Das kam so: Sie hatten in der Nähe des Bahnhofs einen Platz entdeckt, an dem die Leute ihren Schrott entsorgten. Es war klar, dass man das nicht durfte, und die Freunde hatten sich auch sehr darüber aufgeregt. Trotzdem trieb sie die Neugier immer wieder zu dem Platz. Teile von alten Autos lagen da, Reifen, Kotflügel, und dann hatten sie plötzlich einen alten Spielautomaten gefunden. Moses und Michel schleppten den Apparat in eine nahegelegene Böschung, so dass ihn niemand mehr finden konnte. Dann traten sie darauf herum, bis das Glas zersprang. Es machte riesigen Spaß. Michel hantierte irgendwann an der Rückseite des Gerätes herum und hatte plötzlich mehrere Geldscheine in der Hand.

„Guck' mal, das sind noch D-Mark! Das ist das Geld, das es früher bei uns gab!"

Moses betrachtete die Scheine neugierig: Tatsächlich, es waren mehrere 10-Mark-Scheine.

„Ob man dafür noch was bekommt?", fragte Michel.

„Wir können es versuchen."

Doch dann entschieden sie sich gegen den Vorschlag von Moses: Sie wollten die Scheine lieber aufbewahren und warten, bis sie richtig viel wert waren. Sie würden reich sein und konnten selbst nach Amerika fahren, um mit dem Präsidenten zu sprechen.

Und schon waren sie doch wieder bei ihrem Thema.

Kurz darauf ereignete sich etwas, das sie völlig aus der Bahn warf. Ohne Vorwarnung wurde ihr Leben auf den Kopf gestellt!

Moses traf Michel eines Morgen wieder vor der Schule. Der Freund sah ganz anders aus als sonst. Auch wenn er es nicht zugeben wollte: Moses sah sofort, dass er geweint hatte.

„Was ist los?"

„Nichts." Die Antwort war kaum zu hören.

„Nun erzähl' schon, ich sehe es doch!", drängte Moses.

Dann begann Michel auch schon zu weinen: „Wir ziehen weg von hier! Mama hat eine andere Wohnung für uns!"

Moses konnte sich nicht rühren – er war wie vom Blitz getroffen!

„Aber ..." – ihm stand vor Staunen nur der Mund offen.
„Ja, wir gehen weg. Nächsten Monat schon!" Michel bemühte sich nicht mehr, die Tränen zurückzuhalten.
„Aber warum denn so schnell?" Moses wollte einfach nicht verstehen.
„Mama hat einen neuen Freund, und der will, dass wir zu ihm ziehen!" Michel zog die Nase hoch.
„Aber könnt ihr nicht einfach hierbleiben?" Moses wusste, dass seine Frage völlig sinnlos war. Er erwartete auch keine Antwort. Trotzdem gab Michel ihm eine: „Da musst nicht mich fragen. Du weißt doch: Wir Kinder werden nie gefragt!"
Moses' Staunen wich langsam der Wut.
„Das machen wir nicht mit!", sagte er. „Dann ziehst du eben zu mir!"
Michel lächelte nur.
Moses fiel ein, dass er das Wichtigste noch gar nicht gefragt hatte.
„Wohin zieht ihr eigentlich?"
„In eine kleine Stadt oder ein Dorf, etwa dreißig Kilometer von hier. Den Namen habe ich mir nicht gemerkt. Das Kaff kennt eh keiner!"
Moses stockte der Atem: „Da kannst du ja nicht mal mehr in unsere Schule gehen!"
„Natürlich nicht", antwortete Michel. „Sie haben mich schon umgemeldet!"
Moses spürte plötzlich, dass ihm die Tränen kamen. Er versuchte, dagegen anzukämpfen, doch es gelang nicht.
Michel nahm den großen Freund in den Arm wie ein kleines Kind: „Siehst du, jetzt musst du auch weinen! Aber nicht wahr – die

besten Kumpel bleiben wir trotzdem!"
Moses nickt: „Ja, wir bleiben die besten Kumpel – für immer!"
Die letzten Worte gingen fast im Schluchzen unter.
„Lass uns nachher weiterreden", schlug Michel vor. Man merkte, wie sehr er mit sich kämpfte. „Da vorne ist die Schule, und die andern sollen doch nichts mitbekommen."
Wieder nickte Moses nur. Er wischte sich rasch die Tränen ab und ging mit seinem Freund in das Schulgebäude. Er kam sich vor wie in einem falschen Film. Was Michel da erzählte, das durfte einfach nicht wahr sein!
Die ersten Stunden zogen an ihm vorbei wie ein Kinofilm: Moses sah nur teilnahmslos zu, wirklich anwesend war er aber nicht.
In der Pause suchte er die Nähe von Michel. Ihm war etwas eingefallen! Es gab nur diese eine Möglichkeit und die sprach er gleich an:
„Du hast mich doch verarscht, nicht wahr?"
„Nein", sagte der Freund, „ich hab' dich nicht verarscht!"
„Aber ... das geht doch nicht!" Moses konnte nichts anderes sagen.
„Es geht alles – jedenfalls, wenn unsere Eltern es wollen!"
„Aber ... !"
„Wie oft willst du heute eigentlich noch ‚aber' sagen?" Michel grinste ihn an und auch Moses musste trotz seiner Traurigkeit lachen.
„Das ist wahrscheinlich das Wort des Tages! Aber das geht doch auch alles nicht!"
„Schon wieder ‚aber'!" Michel lachte und auch Moses lachte mit.
„Wir müssen uns da was einfallen lassen", bemühte sich Moses, einen Satz ohne ‚aber' zu sagen.

„Ich habe mir auch schon den Kopf zerbrochen, aber mir ist noch keine Idee gekommen!"

„Wir müssen zusammen überlegen", schlug Moses vor. „Sehen wir uns heute Nachmittag?"

„Gerne", kam sofort die Antwort. „Ich hoffe nicht, dass Mama was mit mir vorhat! Sie hat was von ‚Klamotten kaufen' gefaselt."

„Es muss gehen!", beschwor Moses den Freund.

„Ich nerve einfach so, dass sie mich daheim lässt. Sonst will sie mich ja auch nie dabeihaben!"

Die Antwort klang halbwegs beruhigend.

Dann klingelte es auch schon und die Pause war vorbei.

In der nächsten Stunde mussten sie sich trennen. Das Fach Religion stand an, und die beiden Jungs hatten schließlich unterschiedliche Konfessionen.

Wieder saß Moses einfach da und war mit den Gedanken völlig woanders. Einmal sprach ihn die Lehrerin an. Sie hatte offenbar etwas gemerkt, aber er konnte einfach keine Antwort geben.

„Moses, was ist los?"

„Nichts", sagte er nur ziemlich schroff, obwohl es seine Lieblingslehrerin war.

Dann kam sie zu ihm und flüsterte ihm ins Ohr: „Ich weiß schon – Michel!"

Sie wusste also tatsächlich Bescheid. Somit war es bereits amtlich, dass der Freund wegging. Moses kämpfte mit den Tränen. Die freundliche Frau strich ihm über den Kopf, und er hoffte nur, dass sie damit aufhörte, sonst würde er noch losheulen.

Schon wurden die anderen aufmerksam.

Die Lehrerin fand, dass sie etwas erklären musste:

„Hört einmal alle zu", rief sie deshalb in die Klasse. Augenblicklich wurde es so leise, dass man eine Stecknadel hätte fallen hören können.

Dann setzte sie in wesentlich leiserem Ton an: „Ihr habt wahrscheinlich alle mitbekommen, dass Moses heute sehr traurig ist. Das kommt manchmal vor bei Kindern und auch bei Erwachsenen. Nun, Moses hat heute einen guten Grund, traurig zu sein, denn sein bester Freund geht fort von hier: Michel."

Ein Raunen ging durch die Klasse. Die Lehrerin redete weiter, doch kamen ihre Worte nicht mehr bei Moses an. Als er sie sagen hörte, dass Michel fortginge, wurde ihm einmal mehr klar, dass dies alles kein böser Traum, sondern bittere Realität war. Es interessierte ihn nicht, wie sie versuchte, ihn zu trösten: Dass man im Leben manchmal Abschied nehmen musste, dass dreißig Kilometer keine weite Strecke sei, dass wahre Freundschaft auch über diese Entfernung anhalte – er wollte nichts wissen davon. Warum konnte nicht einfach alles so bleiben, wie es war?

Moses war erleichtert, als dieser Schultag endlich zu Ende war. Er ging nach Hause und kam sich noch immer vor wie in einem miesen Film. Kaum achtete er auf die Autos, Leute, die er kannte, grüßte er einfach nicht, auch wenn Mama ihm dies immer anbefahl. Zu Hause angekommen, war er nur heilfroh, dass niemand da war. Sein Essen stand in der Mikrowelle, daneben lag ein Zettel, auf dem stand, was er machen sollte.

Aber Moses ging sofort in sein Zimmer. Er hatte keinen Hunger. Als er auf dem Bett lag, kreisten wieder nur diese beiden Worte in seinem Kopf: Michel weg! Dann stand er wieder auf und lief im Haus umher: Sie durften sich das nicht gefallen lassen! Plötzlich war er wild entschlossen, dem Schicksal einen Streich zu spielen! Zum Glück war die Zeit bald da und er konnte zu seinem Freund gehen. Die Hausaufgaben waren ihm heute gleichgültig. Sollten sie ihm doch einen Strich geben!

Lange vor der verabredeten Zeit machte sich Moses auf die Socken. Sie brauchten heute viel Zeit, um sich zu besprechen!

Leider aber schien sich an diesem Tag die ganze Welt gegen ihn verschworen zu haben: Als er vor Michels Haus stand, zeigte sich, dass niemand da war.

Moses klingelte mehrere Male, doch ihm wurde nicht geöffnet.

Er wunderte sich: Der Freund hatte doch gesagt, dass er auf ihn warten würde. Er würde sich doch wohl gegen seine Mutter durchgesetzt haben, falls die ihn wirklich mit zum Einkaufen schleppen wollte!

Moses lief um das Haus: Nichts. Michels Fenster war verschlossen – ein sicheres Zeichen, dass er nicht im Zimmer war, denn sonst hatte er es immer geöffnet.

In Moses stieg Verzweiflung hoch: Was sollte er nun machen? Er musste doch unbedingt mit dem Freund reden!

Vor dem Haus stand eine alte Bank, die ihm früher nie aufgefallen war. Er setzte sich darauf und versuchte die tausend Gedanken zu sortieren, die ihm durch den Kopf gingen. Wenn Michel nun schon weg war? Wenn seine Mutter und ihr Freund mitbekommen hatten, dass er sich gegen den Umzug wehren wollte, ihn in ein Auto gesteckt und entführt hatten?

Die dunkelsten Ahnungen stiegen in Moses hoch. In der Nähe war eine Kirchturmuhr, die ihm durch ihre Schläge anzeigte, dass Michel schon eine halbe Stunde zu spät war.

Immer wieder lief Moses hinters Haus, aber nichts tat sich.
Schon eine Stunde wartete er. Was sollte er machen? Das war so gar nicht Michels Art. Ob er gleich zur Polizei gehen sollte?
Dann verwarf er den Gedanken wieder. Die würden ihn da doch nur auslachen. Einen Jungen, der seinen Freund vermisst meldete, nur weil der nicht zu Hause war!
„Ausgerechnet heute!", fluchte Moses laut. Es hätte so vieles zu bereden gegeben!
Als er zwei Stunden gewartet hatte, war seine Geduld zu Ende und er ging nach Hause.
Moses hätte vor Wut platzen können.
Michel hätte doch wenigstens anrufen können! Er nahm sich vor, dass er dem Freund am nächsten Tag gehörig Bescheid sagen würde!
In der Nacht schlief Moses fast nicht. Viel zu ungeduldig war er, bis es endlich Tag war und er Michel endlich treffen würde.
Zeitig machte er sich auf den Schulweg, denn er wollte den Freund auf keinen Fall verpassen.
Zum Glück wartete Michel bereits an ihrem morgendlichen Treffpunkt. Er war also nicht entführt worden! Die Erleichterung machte jedoch gleich der Wut Platz, und Moses konnte nichts dagegen tun – sie musste heraus.
„Warum hast du mich gestern sitzengelassen?", schrie er den Freund an. „Ich habe Stunden gewartet!"
„Das war keine Absicht", antwortete Michel ziemlich kleinlaut. „Meine Mutter hat versprochen, pünktlich zurück zu sein, doch dann hat es ewig gedauert." Und machohaft versuchte er zu scherzen: „Du weißt doch, wie die Frauen sind!"

Moses ging nicht darauf ein: „Aber warum bist du denn überhaupt erst mitgefahren?"

„Ich sollte neue Schuhe bekommen, und das ging angeblich nicht ohne Anprobieren!"

Moses war immer noch nicht zufrieden mit der Antwort.

„Es tut mir wirklich leid", sagte Michel jetzt von sich aus, „und ich habe auch einen großen Streit mit meiner Mutter gehabt deswegen, aber was nutzt es?"

Moses beließ es dabei. Wenigstens hatte Michel sich auch geärgert. Wortlos gingen sie eine Weile nebeneinander her.

„Geht es denn heute?", fragte Moses dann.

„Heute müsste es eigentlich klappen", sagte Michel. „Ich habe jedenfalls nicht gehört, dass sie was mit mir vorhat."

„Dann lass dich nur nicht wieder einfach ins Auto packen!"

Michel musste lachen: „Ich geb' mir Mühe!"

An diesem Nachmittag trafen sie sich tatsächlich. Zwar nicht bei Michel zu Hause, denn da hätte seine Mutter noch auf dumme Gedanken kommen können, sondern auf der Wiese in der Nähe des Bahnhofs.

Es war wunderschönes Wetter, und die beiden Jungs lagen wieder wie früher im Gras und ließen sich die Sonne ins Gesicht scheinen.

Am Anfang sagten sie gar nichts, dann fing Michel mit dem leidigen Thema an: „Man kann auch über eine große Entfernung hinweg Freunde bleiben."

„Man kann sich aber auch wehren", konterte Moses gleich. „Noch bist du nicht umgezogen!"

„Aber ich weiß nicht, was ich tun soll! Soll ich etwa von zu Hause weglaufen?"

„Das wäre jedenfalls mal eine Maßnahme!" Moses setzte sich auf. „Wir laufen beide weg und suchen meinen Vater!"

Auch Michel stützte sich nun auf den Ellbogen: „Der Gedanke ist gar nicht schlecht. Aber du weißt, wie es neulich in Hannover war. Wir kennen uns doch gar nicht in der Welt aus!"

„Dann müssen wir das eben lernen", sagte Moses trotzig.

Nach einer Pause fiel Michel eine ganz andere Frage ein: „Hast du eigentlich was aus Amerika gehört? Ich meine vom Präsidenten?"

Moses schüttelte den Kopf: „Nichts, keine Mail gekommen."

„Wer weiß, ob er die Nachricht überhaupt bekommen hat?"

Moses sagte nichts dagegen, denn er hatte auch schon an diese Möglichkeit gedacht.

Eine Weile war es still, dann hatte Michel einen Geistesblitz, denn er fuhr hoch und schlug sich mit der Hand aufs Bein.

„Jetzt hab' ich's!", sagte er aufgeregt. „Jetzt weiß ich, wie wir's machen!"

„Was machen?" Moses verstand nicht gleich.

„Na, wovon haben wir denn die ganze Zeit geredet? Von deinem Vater natürlich! Du stehst vielleicht auf der Leitung!"

Moses entgegnete lieber nichts. Michel hatte ja Recht.

„Nun, weißt du, was wir machen? Wir treffen den Obama einfach persönlich und erzählen ihm alles!"

Moses wunderte sich: „Meinst du, das wäre so einfach?"

„Natürlich nicht", sagte Michel, „aber keine Sorge: Wir kriegen das schon hin!"

Moses hatte nach wie vor große Bedenken: „Wenn es so einfach wäre, den amerikanischen Präsidenten zu treffen, hätten das andere dann nicht auch schon getan?"

„Haben sie ja vielleicht", sagte Michel nur. „Und was kümmern mich schließlich die anderen? Hier geht es doch darum, dass du deinen Vater findest und nicht irgendein anderer. Oder habe ich da nicht Recht?"

Moses musste zugeben, dass Michels Logik etwas für sich hatte. Trotzdem wusste er immer noch nicht, wie sie es anstellen sollten, den – wie es immer hieß – wichtigsten Mann der Welt zu treffen. Michel, der offenbar Gedanken lesen konnte, bemühte sich, seine Zweifel auszuräumen:

„Wir kriegen das schon hin! Weißt du, wir müssen nur Zeitung lesen. Da steht doch drin, wann der mal auf Besuch ist hier in Europa. Und vielleicht kommt er bald auch nach Deutschland. Da stürzen wir uns dann auf ihn!"

Moses kam die Idee seines Freundes immer besser vor. Vielleicht konnte das tatsächlich funktionieren?!

Er dachte nach, und schon wieder stiegen leise Zweifel in ihm hoch: Er konnte es sich beim besten Willen nicht vorstellen, wie sie es anstellen sollten, zum Präsidenten vorzudringen – selbst wenn er in Europa oder sogar in Deutschland sein sollte! Michel wollte er aber lieber nichts davon sagen, denn der war Feuer und Flamme von seiner Idee und wäre sicher enttäuscht gewesen, wenn er schon wieder Bedenken geäußert hätte.

Aber auch jetzt war es der Freund, der diesen Einwand zu riechen schien.

„Und wenn der Präsident erst mal hier ist, dann kommen wir auch an ihn ran. Da gibt es tausend Tricks, glaub mir das!"

„Kannst du heute eigentlich Gedanken lesen?", staunte Moses.
„Gedanken lesen nicht, aber ich kenne doch meinen Kumpel. Komm, schlag ein!"
Michel hielt Moses die Hand hin zu ‚Gib ihm fünf' und er klatschte sofort ein. Ein wunderschönes Gefühl machte sich in seinem Bauch breit: Mit so einem Freund musste er seinen Vater einfach finden!
Es war ein herrlicher Nachmittag. Sie träumten und sprachen überhaupt nicht über das, was da in naher Zukunft auf sie zukam.
Hin und wieder kamen Moses die schlimmen Gedanken in den Sinn, doch er schob sie einfach weg: „Was sind schon dreißig Kilometer?!", sagte er sich dann. Nein, Michel und er würden sich nie auseinanderbringen lassen!

Am nächsten Tag in der Schule wussten es plötzlich alle, dass Michel wegging. Moses war es egal, woher sie das hatten: Einzig und allein die Tatsache, dass Michel bald fort sein würde, war wichtig, und dies entsprach nun mal leider der Wahrheit!
Vor allem ein paar Mädchen waren sehr traurig. Mit denen hatte sich Michel nämlich immer gut verstanden. „Ich bin halt ein Frauentyp", warf er sich manchmal eingebildet in die Brust, und Moses musste dann jedes Mal lachen.
Er konnte sich so gar nicht vorstellen, was die Mädchen an dem kleinen Michel fanden, aber irgendetwas musste es ja sein.
„Nicht wahr, du schreibst uns aber?!", jammerte Lena aus der Parallelklasse. Mit ihr ging Michel in den Pausen manchmal über den Schulhof.
„Und wenn du in der Nähe bist, besuchst du uns!", bat Anna, ein

Mädchen aus ihrer Klasse.

„Kein Problem", sagte Michel cool, „wir bleiben in Verbindung!"
Dann stellte Nils, der schlechteste Schüler der Klasse, plötzlich die alles entscheidende Frage: „Wann gehst du denn eigentlich fort?"
Es war mucksmäuschenstill. Niemand sagte etwas. Dann, nach einer langen Pause, meinte Michel so lässig, dass man merkte, wie sehr er sich dabei anstrengte: „Ach, erst nächste Woche! Bis dahin ist noch viel Zeit!"
Verstohlen sah er dabei zu Moses hinüber, der fast aus allen Wolken fiel.
„Nur noch eine Woche!", rief der. „Das kann doch nicht sein!"
„Ich hab's ja auch erst gestern erfahren", sagte Michel traurig.
„Das ist so gemein!", rief Moses, und er merkte, wie ihm die Tränen kommen wollten.
Plötzlich wollten ihn alle trösten. Es half aber erst, als Michel zu ihm kam und den Arm um seine Schultern legte.
„Wir bleiben doch immer gute Kumpel", sagte er leise, „das haben wir uns doch versprochen!"
Moses nickte und hatte dabei so viel Mühe, die Tränen zurückzuhalten, dass er keine Antwort geben konnte.
„Was soll nun werden?", fragte Moses nach einer Weile, und er fuhr sich mit dem Handrücken über die Augen. Es war ihm völlig egal, ob die anderen aus der Klasse es mitbekamen.
„Wir bleiben in Verbindung", sagte Michel. „Du weißt doch, wir haben ein wichtiges Ziel!"
Moses wusste gleich, was er meinte. Trotzdem wollte der Druck in seinen Augen einfach nicht nachlassen.
In der Stunde erlaubte es die Lehrerin sogar, dass Michel mit Mo-

ses ein paar Minuten vor die Türe ging. Offenbar tat es auch ihr mächtig leid, dass der Junge so traurig war.

Als sie über den Schulhof liefen, sagte Moses gar nichts. Nur Michel redete immer wieder auf ihn ein, sagte, dass es doch gar nicht so weit sei bis zu seiner neuen Schule und dass sie sich doch an den Nachmittagen besuchen konnten.

„Wir sind doch bis nach Hannover gekommen! Da werden wir die dreißig Kilometer wohl auch noch schaffen!"

Schließlich beruhigte sich Moses etwas. Vielleicht hatte Michel ja Recht. Sie warteten noch ein wenig und gingen dann in den Klassenraum zurück.

Auf den Unterricht konnte Moses sich allerdings nicht mehr konzentrieren. Er war nur froh, als der Vormittag endlich vorbei war und er nach Hause gehen konnte.

Beim Mittagessen lag wieder einmal nur ein Zettel. Moses nahm das Blatt und warf es ungelesen in den Papierkorb.

Sollten sie doch schreiben, was sie wollten! Was mit ihm war, interessierte sie doch sowieso nicht! Er rührte das Essen nicht an, obwohl es Spaghetti mit Hackfleischsoße war.

Den Nachmittag verbrachte er in seinem Zimmer, denn Michel hatte keine Zeit. Er musste jetzt oft seiner Mutter bei den Vorbereitungen zum Umzug helfen. Moses nahm sich vor, dass er krank sein würde an dem Tag, an dem es endgültig so weit war.

Die nächsten Tage waren schrecklich für ihn. Zwar traf er sich noch hin und wieder mit seinem Freund, doch waren das immer sehr traurige Nachmittage. Sie schafften es einfach nicht mehr, das schlimme Thema zu übergehen. Schließlich hatte Michel eine gute

Idee: „Weißt du überhaupt, wo ich wohnen werde? Vielleicht willst du mal mit uns dorthin fahren?"

Moses wollte zuerst nicht, stimmte dann aber zu. Er musste doch wenigstens wissen, wo sein bester Freund in Zukunft zu finden war!

Schon am nächsten Tag war es so weit: Moses fuhr mit Michel und seiner Mama zu deren neuer Wohnung. Der Weg dorthin kam Moses unendlich weit vor. Die Landschaft sah so aus wie neulich, als sie mit dem Zug gefahren waren. Überall waren Felder, wenig Wald, und ab und zu kam man durch kleine Dörfer.

Michel und Moses saßen gemeinsam auf dem Rücksitz. Moses war etwas übel, denn Michels Mama rauchte im Auto. Sie redete nicht viel, bemühte sich aber freundlich zu sein. Moses war froh, als die Fahrt zu Ende war.

Seinem Freund machte der Qualm offenbar nichts aus. Er schien daran gewöhnt zu sein.

Sie hielten mitten in einer Siedlung vor einem größeren Wohnblock an. Den Namen des Ortes hatte Moses bis jetzt nirgendwo gelesen. Er würde Michel später bitten, ihm die Adresse aufzuschreiben.

Besonders romantisch sah es hier nicht aus, fand Moses. Trotzdem log er: „Ist ja ganz schön hier bei euch."

„Naja", sagte Michel nur und erntete dafür einen bösen Blick seiner Mutter.

Er zog den Freund an der Hand ins Haus.

„Hier riecht es immer so komisch", sagte Michel dabei, „man kann immer froh sein, wenn man in der Wohnung ist."

Moses merkte gleich, was er meinte: Ein fremder Geruch drang im

Treppenhaus in seine Nase, von dem er nicht hätte sagen können, was es war.

„Nicht wahr, du riechst es auch?", grinste Michel.

„Mama sagt immer, das käme von den Russen. Die kochen hier jeden Tag Kraut!"

Moses konnte nichts dazu sagen, denn er hatte bisher nicht gewusst, wie es roch, wenn Russen Kraut kochten.

Michel wohnte im zweiten Stock. Sie mussten laufen, denn einen Aufzug gab es nicht. Moses war froh, als Michels Mutter eine Türe aufschloss, so dass sie endlich hoffen konnten, den aufdringlichen Geruch loszuwerden.

Als die Wohnungstür hinter ihnen ins Schloss fiel, war er dann auch tatsächlich verschwunden. Moses sah sich neugierig um: Überall standen schon Umzugskartons, so dass man auf den ersten Blick gar nicht sehen konnte, wie groß die Wohnung war. Erst als Michel ihn herumführte, zählte er drei Zimmer mit einer kleinen Küche und einem Bad.

„Platz habt ihr ja", bemühte sich Moses, der neuen Bleibe seines Freundes etwas Positives abzugewinnen.

„Das ist auch das Einzige", antwortete Michel traurig.

Sie gingen auf den kleinen Balkon, der etwas baufällig schien. Rundum waren nur Häuserblocks zu sehen.

„Schöne Aussicht!", sagte Moses.

„Nun reicht es aber", meinte Michel und puffte ihn in die Seite.

Was hätte Moses anderes sagen sollen? Er grinste: „So schlimm ist es ja doch auch gar nicht."

Michel meinte: „Ich weiß doch genau, was du denkst. Schließlich kenne ich dich ganz genau!"

Michel zeigte ihm das Zimmer, in dem er künftig wohnen sollte. Moses nickte wieder anerkennend und bekam dafür einen weiteren Klaps.

„Ich sag' jetzt gar nix mehr", meinte er nur. Das Zimmer sah genau so aus wie die anderen beiden.

„Aber ehrlich, Kumpel. Wenn das erst mal eingerichtet ist, sieht's doch bestimmt gar nicht so übel aus."

„Wenn du meinst", sagte Michel, der auch schon unterbrochen wurde. Seine Mutter schaltete sich in das Gespräch ein: „Hat er sich schon wieder beschwert?" Und zu Michel gewandt meinte sie: „Du bist wirklich undankbar. Du weißt gar nicht, was wir alles für dich tun!"

„Dann lasst mich doch einfach nur bei Moses bleiben! Dann würdet ihr was für mich tun!" Michel schrie zuletzt. Ihm standen die Tränen in den Augen.

„Schon wieder das", sagte seine Mutter nur, „ich kann es nicht mehr hören!" Sie drehte sich um und ging hinaus.

Nun war es an Moses, den Freund in den Arm zu nehmen, der jetzt hemmungslos weinte.

„Tut richtig gut", sagte er nur, als er Michel die Schulter streichelte. Der Kleine hob den Kopf: „Was?"

„Na dass du weinst! Ich habe immer gedacht, dir macht das Ganze überhaupt nichts aus. Nun weiß ich, dass alles in Ordnung ist."

„Natürlich macht mir das was aus! Und wie!" Michel begann wieder zu weinen, und Moses hatte den Eindruck, als gebe er sich überhaupt keine Mühe, damit aufzuhören.

Sie standen lange so in dem kalten und ungemütlichen Raum, der Michels Zimmer werden sollte. Als sie sich losließen, war Moses sicher, dass alles gut würde.

„Irgendwie kriegen wir das hin, Kumpel", sagte er.

„Ja, irgendwie kriegen wir das hin!", kam mit fester Stimme die Antwort zurück.

Dann klatschten die beiden Freunde wieder ein.

Als sie nach einigen Stunden zurückfuhren, hatte Moses noch immer dieses schöne Gefühl im Bauch: Michel und er würden Freunde bleiben, da konnten so ein paar lächerliche Kilometer nichts, aber auch gar nichts daran ändern!

An diesem Tag, so hatte er den festen Eindruck, waren sie sich noch nähergekommen, und wer konnte schon sagen, ob ihre Freundschaft über die Entfernung nicht vielleicht sogar noch tiefer wurde?

In der Woche, die jetzt kam, passierte zunächst nicht viel. Aber an ihrem Ende war Michel weg. Moses war eigentlich ganz froh, als es endlich so weit war, und doch tat ihm der leere Stuhl an seinem Tisch unendlich weh.

Sie hatten noch viel unternommen in diesen Tagen, waren noch ein paar Mal zur Wiese gegangen, hatten geträumt und überlegt, wie sie Moses' Vater finden konnten. Dann hatte Michel ihm den Tag genannt, an dem er wegfahren würde.

„Soll ich kommen und dir Tschüss sagen?", hatte Moses nur gefragt und Michel hatte „Nein, lieber nicht" gesagt.

Sie hatten gar nicht diskutiert, auch Moses war es im Grunde lieber so. Er wusste, dass sein Freund nicht für immer wegging.

Als es dann geschehen war, spürte Moses erst einmal gar nichts mehr. Nicht einmal Traurigkeit war da – in ihm war einfach nur eine große Leere.

In der Schule fragte jetzt Kevin, ob er sich neben ihn setzen durfte. Moses hatte nichts dagegen. Kevin war zwar kein Michel, aber er war ziemlich nett und manchmal auch ein bisschen lustig. Er bat ihn, noch einen Tag zu warten. Irgendwie hätte er das nicht richtig gefunden, wenn noch am selben Tag ein Ersatzmann auf Michels Stuhl gesessen hätte. Moses hatte das Gefühl, als sei sein Kopf vollkommen leer. Er konnte nicht einmal weinen an diesem Tag. Mama, der er von Michel erzählt hatte, versuchte ihn zwar zu trösten, aber das war wieder so ein Trösten im Schnelldurchlauf – zwischen Tür und Angel, wie sie immer alles machte.

Eine schöne Überraschung war es, als am selben Tag noch Michel anrief. Peter brachte ihm den Hörer und sagte mürrisch: „Hier ist jemand für dich. Hat sich mir aber nicht vorgestellt!"

Dann hörte er gleich die vertraute Stimme: „Hi Kumpel, alles klar?"

Moses hätte vor Freude aus dem Fenster springen können.

„Mama hat gesagt, ich soll dich mal anrufen. Na ja, ich war nicht so gut drauf", kam es aus dem Hörer.

„Das ist voll geil!", sagte Moses und wiederholte noch einmal: „Voll geil!"

Michel erzählte, dass er noch auf den Umzugskartons hockte. „Ich weiß gar nicht, wo ich diese Nacht schlafen soll!"

Moses musste lachen. „Leg dich doch auf den Balkon!", schlug er vor.

„Hab ich auch schon dran gedacht!"

Dann erzählte er ihm noch einen Witz: „Ein Arzt kommt zu einem Patienten und sagt: ‚Ich habe zwei Nachrichten für Sie, eine gute und eine schlechte. Die gute ist: Sie haben noch einen Tag zu leben. Die schlechte: Ich habe es gestern vergessen Ihnen zu sagen!'"

Moses kringelte sich vor Lachen.

„Wo hast du den her?"

„Habe ich neulich von Kevin gehört. Aber ich habe ihn mir extra für heute aufgehoben, du weißt schon warum."

Ja, Moses wusste warum.

Er fand, dass es ganz gut passte, wenn er jetzt erzählte, dass er ab morgen neben Kevin saß.

„Da hast du dir den Richtigen ausgesucht", meinte Michel, „der ist in Ordnung."

Moses überlegte einen Augenblick, ob Michel es nicht sogar eingefädelt hatte, dass Kevin sein Nachbar wurde, aber er fragte nicht nach. Er hätte es wohl doch nicht herausbekommen.

Sie redeten noch ein paar Minuten, Michel erzählte von der „wunderschönen Aussicht, die ich von hier oben habe", er wüsste gar nicht, welcher Block schöner wäre, und Moses versuchte nur abzulenken und das Thema auf seinen Vater zu bringen.

„Sobald ich was höre, melde ich mich."

„Das will ich aber hoffen", sagte Michel.

Er gab ihm noch die Telefonnummer und dann legten sie auf.

Moses fühlte sich, als wäre er bei einer Tankstelle gewesen, an der man Energie zapfen konnte: Das Gespräch mit Michel hatte ihn total aufgebaut.

„Wer war das?", wollte Peter wissen.

Moses war so gut gelaunt, dass er nicht anders konnte und sogar richtig freundlich zu ihm war: „Das war mein Freund Michel! Mein allerbester Freund Michel!"

„Da hat die arme Seele ja Frieden", sagte Peter muffig und ging nach unten.
In den nächsten Tagen rief Michel noch ein paar Mal an. Allerdings musste er es von nun an immer heimlich tun, denn seine Mutter und ihr Freund sahen das wohl nicht so gern. Angeblich würde ihnen das zu teuer.
Bei einem dieser Gespräche schlug Michel vor, dass sie sich bald treffen sollten.
„Jeder fährt mit dem Fahrrad einfach die Hälfte. Ich habe schon ausgerechnet, wo das ist. Genau in der Mitte ist ein kleines Dorf, das machen wir dann unsicher!"
Moses war ganz hingerissen von dem Gedanken. Doch musste er erst sehen, ob sein Fahrrad in Ordnung war. Er hatte es lange nicht mehr benutzt und sich immer ein wenig gescheut, Peter zu fragen, ob der ihm die Gangschaltung richtig einstellte. Dieses Mal blieb ihm nichts anderes übrig. Taktisch klug machte er den Vorstoß während einem der wenigen Mittagessen, bei denen sie alle zusammen waren. Wenn Mama dabei war, konnte Peter schlecht Nein sagen, und so war es auch. Er wunderte sich zwar, „dass Moses auf einmal Fahrrad fahren will", doch Mama meinte, es wäre doch gut, „wenn der Junge mal auf andere Gedanken kommt".
Moses wusste genau, was damit gemeint war.
Zum Glück machte sich Peter gleich ans Werk, so dass sein Fahrrad noch an diesem Nachmittag startklar war.
Am Abend telefonierte Moses kurz mit Michel, der aber leider am nächsten Tag nicht konnte.
„Meine Mutter hat sich was Nettes einfallen lassen für mich: Frisörtermin!"

Man hörte, wie das den Freund ankotzte.
Moses tröstete ihn und schlug vor, das Treffen um einen Tag zu verschieben.

Nach zwei langen Nächten war es endlich so weit: Moses schwang sich nach den flüchtig erledigten Hausaufgaben auf sein Fahrrad und strampelte los.
Er hatte sich den Weg vorher genau eingeprägt und schon überlegt, ob er Peters Navi mitnehmen sollte. Dann hatte er den Gedanken wieder verworfen, denn der Typ hätte ihm den Kopf abgerissen, wenn irgendetwas an das Gerät gekommen wäre. Er war da sehr kleinlich.
Moses trat kräftig in die Pedale. Er hatte ausgerechnet, dass er in einer halben Stunde am vereinbarten Treffpunkt sein konnte.
Leider hatte er da die Rechnung ohne die vielen Steigungen gemacht. Immer wieder musste er absteigen und manchmal hielt er auch einfach an, um die vielen Lastwagen vorbeizulassen. Sie überholten ihn oft so dicht, dass er es fast mit der Angst zu tun bekam. Auch wurde ihm richtig übel von ihren Auspuffgasen.
Moses zählte jetzt vier Orte, durch die er gefahren war. Noch drei lagen vor ihm. Allmählich ließ seine Puste nach. Er hätte doch besser vorher trainieren sollen. In ihrer kleinen Stadt brauchte man nun mal kaum ein Fahrrad.
Auch nervte ihn, je weiter er kam, seine Gangschaltung immer mehr. Ständig sprang der fünfte Gang rein, so dass sich das Rad nur sehr schwer treten ließ und er schon am kleinsten Hügel keine Chance hatte, im Sattel zu bleiben. Er schimpfte auf Peter, der auch so gar nichts konnte!

Einmal musste Moses sogar eine Pause machen, denn er konnte einfach nicht mehr: Vor allem sein Hintern tat ihm schrecklich weh. Dann setzte er sich wieder trotzig auf sein Fahrrad: Er wollte und er würde Michel heute sehen. Endlich, nach einer endlos langen Zeit, kam er in den Ort, in dem sie sich treffen wollten. Moses war völlig erledigt. Trotzdem schaffte er es noch bis zum Ortsausgangsschild, an dem sie sich verabredet hatten.

Keuchend hielt er an und sah sich um: Zu seiner großen Überraschung war Michel noch nicht da. Moses stieg vom Fahrrad, und während er sich den schmerzenden Hintern rieb, blickte er aufmerksam in die Richtung, aus der Michel kommen musste.

Obwohl die Straße hier auf einer fast geraden Strecke von mehreren hundert Metern in ein Tal abfiel, war vom Freund nichts zu sehen.

Moses wurde unsicher. Hatte er sich etwa vertan?

Aber Michel hatte ihm doch durchgegeben, wann er hier sein würde. Und Moses war doch nicht vergesslich!

Ob Michel etwas dazwischengekommen war? Ob seine Mutter ihn erwischt hatte? Ob sein Fahrrad kaputt war? Ja, es konnte nur so sein, dass er eine Panne hatte. Moses überlegte. Was sollte er tun? Er konnte Michel doch nicht entgegenfahren! Wie sollte er dann jemals wieder nach Hause kommen? Er war doch so schon fix und alle.

Dann sah er unten im Tal plötzlich einen Punkt, der in der Sonne glänzte.

Das konnte das Metall oder ein Spiegel von Michels Fahrrad sein. Moses sah genau hin, denn der Punkt wurde langsam größer, was bedeutete, dass er allmählich näher kam.

Das nächste Mal würde er sich ein Fernrohr mitnehmen, nahm er sich vor.

Wie gebannt starrte er auf den Punkt, wartete, bis dieser immer größer wurde.

Allmählich wurde die Ahnung zur Gewissheit: Es war wirklich Michel, der da unten mühsam den Berg heraufgestrampelt kam.

Sein Herz schlug einen Salto vor Freude!

Moses setzte sich wieder auf sein Rad und rückte sich auf dem Sattel zurecht. Er musste ganz cool wirken, wenn Michel kam.

Er sah, wie sehr sich der Freund anstrengte, doch dachte der umgekehrt wahrscheinlich ebenso wie Moses und wollte sich auf keinen Fall die Blöße geben, abzusteigen und zu schieben.

Es dauerte noch etwas und Michel war bis auf Rufweite heran.

„Hi Alter, was geht?", rief Moses so entspannt wie möglich.

„Hi", schnaufte Michel zurück, „scheiß steil hier!"

„Bei mir ging's", sagte Moses, doch dann überlegte er sich noch im gleichen Augenblick, dass Michel sein bester Freund war und dass er ihn nicht belügen wollte.

„Ehrlich gesagt, ich bin auch ziemlich geschlaucht!", fügte er deshalb sofort hinzu.

Als Michel endlich vor ihm stand, streckte er die Hand aus: „Schlag ein, Alter!"

Moses tat es. Es war ein herrlicher Augenblick. Nun wussten sie, dass nichts auf der Welt sie trennen konnte. Sie würden immer wieder einen Weg zueinander finden!

Michel musste so ähnlich denken, denn er nahm den Freund und drückte ihn fest an sich. „Wir sind schon Kumpels!", sagte er leise.

„Ja, uns kriegen sie nicht auseinander", antwortete Moses, ohne zu überlegen.

Sie verbrachten einen herrlichen Nachmittag: Im Dorf gab es eine kleine Gaststätte. Moses und Michel gingen hinein und bestellten sich eine Limo. Wie Männer saßen sie da, tranken und unterhielten sich.

Am Ende wollte Michel bezahlen, aber das ließ Moses nicht zu.

„Ich weiß genau, dass du nicht viel Geld hast", sagte er.

„Du denn etwa?", kam die Antwort zurück.

Beide mussten sie lachen. Schließlich einigten sie sich darauf, dass jeder für sich selbst bezahlte.

Sie gingen weiter durch das Dorf. Irgendwo fanden sie ein altes Scheunentor. Michel hatte Darts-Pfeile mitgebracht und warf sie auf das Tor. Dann zog er ein Stück Straßenkreide aus der Hosentasche und malte eine Zielscheibe auf. Immer wieder warfen sie die Pfeile in die Ringe, und es stellte sich heraus, dass Moses seinem Freund fast das Wasser reichen konnte.

„Bist gar nicht so schlecht", sagte Michel voller Anerkennung.

„Naturtalent", grinste Moses nur zurück.

Plötzlich öffnete sich neben dem Scheunentor ein Fenster, und eine alte Frau streckte den Kopf heraus.

„Was macht ihr hier?", keifte sie.

Die beiden Jungs zogen es vor, keine Antwort zu geben, sondern die Beine in die Hand zu nehmen.

„Das war knapp", keuchte Moses, als sie ein paar Häuser weiter waren.

Sie drückten sich an eine Wand und beobachteten dabei die alte Frau, die schimpfend ihre Zielscheibe begutachtete. Michel flüsterte, dass sie ihn an Frau Greulich in Hannover erinnerte, und fügte frech hinzu: „Sie kann doch froh sein: Wann war ihr olles Tor sonst schon mal so schön dekoriert?"

Moses musste lachen.

Dann kam ihm aber eine Sorge: „Hoffentlich schickt sie uns nicht die Polizei auf den Hals!"

„Ach was", sagte Michel, „lächerlich. Wegen so was kommen die nicht!"

Es hörte sich an, als hätte er da Erfahrung. Tatsächlich sahen sie noch eine Weile zu, wie die alte Frau mit einem Schwamm ihre Zielscheibe abwischte und dann wieder kopfschüttelnd im Haus verschwand.

„Siehst du, nichts passiert!"

Moses war erleichtert. Zum Glück hatte Michel Recht.

Unauffällig schlenderten sie aus ihrem Versteck hinaus und gingen langsam wieder zu der Stelle, wo sie ihre Fahrräder stehen gelassen hatten.

Der Blick zur Uhr sagte ihnen, dass es allmählich Zeit wurde, sich zu verabschieden.

Beide hatten sie es im gleichen Moment verstanden.

„Es wird Zeit", sagte Michel nur.

„Kein Problem, nicht wahr?", meinte Moses.

„Jetzt wissen wir ja, wie es geht." Michel grinste. „Sieh du nur zu, dass du da vorne an der Schwester von der ollen Greulich gut vorbeikommst!"

„Die sieht nur mein Rücklicht!", antwortete Moses so cool wie möglich.

Sie umarmten sich unwillkürlich. Schon lange war ihnen das nicht mehr peinlich.

Dann stieg jeder auf sein Rad und fuhr davon – natürlich nicht ohne einen Blick zurückzuwerfen. Moses winkte dem Freund noch kurz zu, dann war er auch schon um die nächste Ecke verschwunden.

Moses war in Gedanken versunken. Nur als er wenig später an der alten Scheune vorbeikam, blickte er kurz auf. Von der Besitzerin war weit und breit nichts mehr zu sehen.

Rasch fuhr er weiter und hing dann wieder seinen Gedanken nach. Nein, Michel und er würden sich niemals aus den Augen verlieren! Sie blieben für immer Freunde.

Die Rückfahrt war mindestens so anstrengend wie der Hinweg. Moses kam sich vor wie auf einer Berg- und Talbahn. Er dachte daran, wie Michel vor ein paar Stunden gekeucht hatte, und er hoffte, dass der Freund nun eine leichtere Tour vor sich hatte.

Es war sicherlich eine Stunde vergangen, als er endlich den Eingang seiner kleinen Stadt passierte. Er war nass geschwitzt. Schon machte er sich Sorgen, dass Mama und Peter etwas merkten, doch hatte er eine Ausrede schon längst parat.

Er war bei Kevin gewesen und hatte mit ihm eine Fahrradrallye gemacht. Mama wusste, dass er in der Schule jetzt neben Kevin saß. Moses kam der Gedanke, dass er sich tatsächlich einmal mit dem freundlichen Jungen verabreden könnte. Erst hatte er es beinahe noch als Verrat an Michel angesehen, doch jetzt, wo er die Gewissheit hatte, dass er den Freund jederzeit treffen konnte, war das anders.

Als er nach Hause kam, war alles wie immer. Peter wurstelte im Keller herum und Mama war nicht da. Niemand hatte ihn vermisst. Seine Ausrede konnte er sich also sparen.

Moses ging ins Arbeitszimmer und schrieb eine Mail an Michel.
Sie hatten sich eine Geheimschrift ausgedacht, die so raffiniert war, dass keiner dahinterkommen konnte. So waren sie sicher, falls ihre Mütter oder deren Freunde einmal in ihren Postfächern stöberten! In der Mail schlug Moses Michel vor, dass sie später vielleicht als Detektive arbeiten sollten.
Es gab so viele Fälle, die von ihnen gelöst werden mussten, zuerst natürlich der seines verschollenen Vaters.
In dieser Geschichte war Moses im Moment ziemlich ratlos. Aus Amerika kam einfach keine Antwort, und er wusste nicht, wie er sonst an den Präsidenten herankommen sollte.
Manchmal dachte er, dass er seinen Papa niemals sehen würde. Dies schrieb er aber nicht an Michel, denn der würde dann wütend werden. Michel mochte es nämlich nicht, wenn man einfach aufgab und den Kopf hängen ließ.
Nachdem Moses am Schluss noch einmal geschrieben hatte, wie schön dieser Nachmittag für ihn gewesen war, schickte er die Mail auf die Reise.
Im Gegensatz zum Präsidenten konnte er bei Michel wenigstens sicher sein, dass er auch eine Antwort bekam.
Er ging in die Küche und bemerkte zu seiner Überraschung, dass Mama da war.
„Ich habe dich vermisst heute Nachmittag. Warst du weiter weg?", wollte sie wissen.
Moses war von der Frage so überrascht, dass ihm nicht einmal die Ausrede mit Kevin einfallen wollte.
Ein wenig stotterte er deshalb, als er sagte: „Ich bin nur ein wenig um den Block gefahren!"

„Wenn's wenigstens Spaß gemacht hat", meinte Mama so, dass es sich anhörte, als würde sie ihm kein Wort glauben.
Moses sah zu, dass er Land gewann. Noch mehr Fragen konnte er gerade nicht verkraften.
Zum Glück ließ Mama ihn gehen.

In den nächsten drei Tagen geschahen zwei Dinge: Moses verabredete sich mit Kevin und dann kam eine Mail von Michel. Während der Nachmittag mit Kevin eher langweilig war, war das, was Michel schrieb, umso interessanter.
Moses las, nachdem er den Text entschlüsselt hatte:

„Hi Kumpel,
ja, das war ein schöner Nachmittag. Sollten wir öfters machen, obwohl mir ehrlich gesagt jetzt noch der Arsch wehtut. So viel Fahrrad fahren auf einmal ist nichts für einen alten Mann wie mich.
Aber etwas ganz anderes! Hast du eigentlich gehört, dass der amerikanische Präsident nach Deutschland kommt? In den nächsten Monaten soll er für ein paar Tage hier sein, und was denkst du, was wir da machen? Kommt dir eine Idee?
Michel"

Ja, und ob ihm eine Idee kam! Moses hatte gleich verstanden, was Michel meinte. Wenn der Präsident nach Deutschland kam, dann mussten sie ihn hier treffen! Irgendwie müssten sie das hinbekommen! Moses fluchte: Wenn Michel jetzt nur hier gewesen wäre! Zusammen wäre ihnen bestimmt was eingefallen.

Er schlief fast die ganze Nacht nicht. Immer wieder überlegte er sich, wie er es anstellen konnte, den Präsidenten zu sprechen. Ob man da ganz offiziell eine richtige Audienz bekam? Ob er dem Präsidenten, wenn der zu den Menschen auf der Straße ging, einen Zettel zustecken sollte?

Moses verwarf diese Gedanken alle gleich wieder. Es musste ihm etwas anderes einfallen. Schließlich schlief er schweißgebadet ein.

Am folgenden Tag ließen ihn die Gedanken nicht los. Eigentlich hatte er etwas mit Kevin unternehmen wollen, doch lief er am Nachmittag lieber ziellos durch seine kleine Stadt.

Immer wieder überlegte er, wie er es machen konnte, dass er Barack Obama traf. Zu Hause setzte er sich an den Computer und recherchierte, wie der Besuch verlaufen würde. Viel stand da noch nicht. Wahrscheinlich durften sie das auch nicht sagen, dachte Moses, denn sonst würden vielleicht gleich irgendwelche Terroristen kommen und würden den Präsidenten erschießen. So etwas war früher schon einmal passiert. Fest stand offenbar nur, dass der hohe Besucher nach Berlin kommen würde.

Moses musste unbedingt mit Michel sprechen. Eine Mail zu schreiben, brachte es im Moment einfach nicht. Da niemand im Haus war, ging er ans Telefon und wählte die Nummer. Michels Mutter meldete sich.

Sie sagte, dass ihr Sohn beim Fußball wäre.

„Wusste ich ja gar nicht, dass Michel Fußball spielt", sagte Moses unwillkürlich.

„Das ist auch ganz neu. Wir dachten, es sei gut für ihn, wenn er so ein paar neue Kontakte findet."

Moses spürte einen Stich in der Magengegend. Er bedankte sich und legte auf. Also sollte Michel ihn jetzt vergessen! Sie wollten nicht mehr, dass er mit ihm zu tun hatte! Bald würden sie nicht einmal mehr seine Gespräche annehmen!

Als er so alleine mit sich war, steigerte er sich immer mehr in diese Gedanken hinein und die Sorgen wurden immer größer. Wenn er den Freund nun ganz verlor?

Dann klingelte irgendwann nach einer fast endlos langen Zeit das Telefon.

„Hi", kam es aus dem Hörer. Es war Michel. Obwohl Moses im gleichen Augenblick wusste, dass er sich mit seinen Befürchtungen geirrt hatte, musste er die Frage einfach stellen: „Du spielst jetzt Fußball?"

„Ja, mach' ich, aber ich stehe meistens am Rand", antwortete Michel.

„Früher hast du nie Fußball gespielt ..." Seine Stimme klang misstrauischer, als sie sollte.

„Habe ich auch nicht, aber hier gibt's nichts anderes. Hey Alter, was ist los? Was ist so schlimm an meinem Fußball?"

Michel hatte ihn, wie so oft, gleich durchschaut. Deshalb lenkte Moses schnell auf ein anderes Thema.

„Wegen des Präsidenten", sagte er. „Ich weiß nicht, wie wir das machen sollen."

„Das weiß ich auch noch nicht genau. Ich weiß nur, dass wir es machen müssen." Michels Stimme klang so überzeugt, dass Moses es nicht gewagt hätte, einen Zweifel zu äußern.

„Nur eben wie, wie und wieder wie?", wiederholte er deshalb zaghaft.

„Wir müssen uns noch mal treffen", schlug Michel vor.

Moses hatte nichts dagegen. Sie machten einen Nachmittag in der kommenden Woche aus.

„So lange braucht mein Arsch noch, bis er sich erholt hat", scherzte Michel.

Als das Gespräch zu Ende war, ging es Moses wieder etwas besser.

Warum sollte Michel neuerdings keinen Fußball spielen? Er selbst verabredete sich ja auch mit Kevin.

In den nächsten Tagen dachte Moses viel nach. Über sich, über Michel und über Möglichkeiten, seinem Vater zu helfen. Mama gegenüber war er meistens ziemlich knapp angebunden und Peter, den übersah er einfach. Immer wieder stellte er sich vor, wie schön es wäre, wenn sein richtiger Vater bei ihnen wohnte.

Manchmal, wenn sich die Gelegenheit bot, sah er im Internet nach, was der amerikanische Präsident für ein Mann war. Er hatte zwei Kinder und schien sehr nett zu sein. Sie schrieben, dass er alles anders machte als andere Präsidenten. Er ging gerne in Fastfood-Restaurants, was ihn für Moses besonders sympathisch machte.

Er hatte deshalb große Hoffnungen, dass der Präsident seinen Vater freiließ. Dieser Obama musste eben nur davon wissen!

Nach schier endloser Wartezeit kam endlich der Tag, an dem sich Moses mit Michel verabredet hatte. Wieder stieg er nach den flüchtig erledigten Hausaufgaben auf sein Fahrrad und fuhr los. Die Strecke machte ihm dieses Mal schon viel weniger aus. Wegen der Gangschaltung hatte er Peter nicht mehr gefragt, er gewöhnte sich einfach daran, dass er meistens im fünften Gang fahren musste. Berghoch schob er eben. Moses hoffte, dass auch Michel gut

vorankam, denn er hatte Angst, dass sich der Freund wegen seines verbeulten Hinterns irgendwann gar nicht mehr mit ihm treffen würde. Moses war nach einer Dreiviertelstunde am vereinbarten Treffpunkt, der derselbe wie beim letzten Mal war.
Es dauerte wieder etwas, bis er Michel sich den Berg heraufquälen sah. Doch hatte er nun gleich die Gewissheit, dass der rasch größer werdende Punkt tatsächlich sein bester Freund war.
Moses fuhr ihm sogar ein wenig entgegen. Michel war wieder völlig außer Atem.
„Das letzte Stück ist das schlimmste", keuchte er.
„Das nächste Mal treffen wir uns ein Kaff weiter", bot Moses deshalb an.
„Dann hast du es aber viel weiter als ich", meinte Michel.
„Aber es geht auch nicht, dass du dich immer so kaputtmachst!"
Moses gab Michel einen leichten Klaps: „Wir harten Burschen werden da schon was finden!"
Michel war so erledigt, dass er nur müde grinsen konnte. Nach einigen Minuten waren sie beim Ortsschild, und erst jetzt begrüßten sich die Freunde richtig.
„Trotzdem schön, dass wir das wieder hingekriegt haben", sagte Moses, während er Michel umarmte.
„Find ich auch, alter Kumpel", sagte sein kleiner Freund nun schon wesentlich erholter. Ohne dass sie es abgesprochen hätten, bogen sie in die nächste Dorfstraße ein, die irgendwann in einen Feldweg mündete. Links und rechts waren Wiesen, so dass die beiden Jungs nach einigen Metern ihre Fahrräder stehen ließen und sich nebeneinander ins Gras warfen.
Am Anfang sagten sie nichts und betrachteten nur die Wolken.

Irgendwann meinte Michel: „Stell dir vor, du würdest auf so einem Teil liegen und einfach davonfliegen!"
„Das hatten wir schon mal", sagte Moses.
„Ich müsste nach Amerika fliegen ..."
„Warum, das kann ich mir ja denken!", meinte Michel.
Dann stützte er sich auf den Ellbogen: „Wie gesagt, vielleicht musst du gar nicht nach Amerika. Der Präsident kommt schließlich nach Deutschland."
„Ich weiß. Aber wie soll ich ihn da treffen?"
„Ich hab' auch schon darüber nachgedacht! Einfach zu sagen, dass du ihn sehen willst, das reicht sicher nicht. Ich habe gedacht, wir könnten uns da als Küchenjungen oder so was einschleichen ..."
Moses war skeptisch: „Gibt es so was überhaupt noch? Und dann: Wissen wir denn, in welchem Hotel er wohnt?"
„Das nicht", meinte Michel. „Aber ich weiß einen Ort, zu dem er bestimmt geht: nach Berlin zum Brandenburger Tor. Da gehen die Präsidenten immer durch! Und da wird er wohl auch irgendwo in der Nähe wohnen."
Moses hatte schon von dem Tor gehört. Trotzdem wusste er nicht, wie sie herausbekommen sollten, wo der Präsident untergebracht war.
„Dann müssen wir eben bei seinem Spaziergang mit ihm reden – das, was die im Fernsehen immer ,Bad in der Menge' nennen. Er muss doch mal eine halbe Stunde Zeit für uns haben!"
Moses sah das noch anders: „Wenn er nur schon eine Minute mit mir reden würde, würde mir das reichen!"
Lange überlegten sie, wie sie den Präsidenten treffen konnten, aber es wollte ihnen einfach keine richtige Lösung einfallen.

„Vielleicht müssen wir das wirklich mit dem Tor probieren", sagte Moses dann, um das Gespräch mit einem Ergebnis abzuschließen. „Vielleicht ist die erste Idee gar nicht immer die schlechteste."
„Das kommt mir auch so vor", meinte Michel.
„Nun müssen wir nur noch erfahren, wann er nach Berlin kommt." Moses hatte da nämlich noch nichts Genaues herausfinden können.
„Das weiß ich", sagte Michel. „Er kommt mitten in den Sommerferien, und das sind ja nur noch knapp zwei Monate!"
„Dann kann ja gar nichts mehr schiefgehen!" Moses hielt dem Freund die Hand hin. Als Michel eingeschlagen hatte, meinte er nur: „Wir werden das schon packen, Kumpel!"
„Ja, wir werden das schon hinkriegen", antwortete Moses, doch war er dabei gar nicht so zuversichtlich, wie er tat.
Sie träumten noch lange an diesem Nachmittag. Michel überlegte, wie er seine Familie dazu bekommen konnte, den Umzug rückgängig zu machen. In der neuen Stadt gefiel es ihm nämlich gar nicht. Vor allem das Wohnen in dieser bedrückenden Siedlung machte ihm schwer zu schaffen.
„Da sind gar keine Kinder", sagte er. „Eine Frau im Haus guckt mich immer ganz mürrisch an: ‚Ja, wenn wir gewusst hätten, dass ein Kind hier einzieht, dann hätten wir ganz bestimmt protestiert'", äffte er die Nachbarin böse nach. Moses tat sein Kumpel leid, und er überlegte laut, wie er ihm helfen könnte.
„Du müsstest in der Schule ganz schlecht werden", sagte er. „Vielleicht zieht das!"
Michel hatte sich das auch schon überlegt. „Aber nachher schicken sie mich nur zu einem Nachhilfeinstitut oder so etwas!"

Seine Bedenken waren nicht von der Hand zu weisen.
Dann überlegten sie, ob sie zusammen abhauen sollten.
„Wir hätten dann auch genug Gelegenheit, deinen Vater zu suchen", meinte Michel.
Moses dachte nach, doch dann fiel ihm wieder ihr Ausflug nach Hannover ein: „Du weißt, wie froh wir waren, als wir damals zurückgekommen sind und keiner hat was gemerkt!"
Michel musste dem Freund Recht geben. Trotzdem hatte Moses das Gefühl, als würde er den Gedanken wegzulaufen nicht so einfach fallen lassen.
Er schlug Michel deshalb vor, dass sie sich einfach häufiger trafen.
„Aber mein armer Arsch", jammerte der Freund nur.
„Dann mach dir irgendetwas Weiches auf den Sattel!" Moses war fast froh, endlich ein anderes Thema gefunden zu haben. Wenn es nur an Michels Hintern lag, konnte das Ganze doch nicht so schwierig sein!
Sie dachten eine ganze Weile darüber nach, wie sie dieses Problem in den Griff bekommen konnten.
Schließlich ging es aber noch einmal um den amerikanischen Präsidenten.
„Der muss deinen Papa einfach freilassen!", meinte Michel überzeugt.
Moses war nämlich die Sorge gekommen, dass es, selbst wenn sie es bis zu ihm geschafft hatten, immer noch nicht sicher war, ob Herr Obama ihnen auch helfen würde.
„Der ist schon okay", wusste Michel. „Glaub' mir, wenn wir ihn erst mal am Wickel haben!"
„Bis er kommt, muss uns was einfallen."

„Fahrt ihr eigentlich weg in den Ferien?", fragte Michel plötzlich. Moses durchfuhr ein Schrecken. Daran hatte er noch gar nicht gedacht. Er überlegte kurz, bis er eine Antwort gab: „Ich hoffe doch nicht. Bis jetzt sind wir höchstens mal für eine Woche an die See gefahren. Und ihr?"

„Da ist nichts geplant", antwortete Michel. „Die werden nach dem Umzug noch damit zu tun haben, die Wohnung in Ordnung zu bringen."

„Wenn Mama und Peter weg wollen, dann werde ich einfach krank!" Moses gefiel sein Vorschlag so gut, dass er schon einmal übte, wie es war, todkrank zu sein: Er ließ die Arme hängen und röchelte nur noch.

Michel musste lachen und steigerte sich immer mehr hinein.

„Jetzt hör schon auf. Mir tut schon der Bauch weh!"

Moses machte nun erst recht weiter. Eine ganze Weile noch mimte er den Kranken und Michel bog sich vor Lachen.

Moses war richtig stolz auf sich, dass er etwas gefunden hatte, um den traurigen Freund aufzuheitern.

Dann fuhr Michel plötzlich hoch: „Stopp! Ich hab's!"

„Was hast du?"

„Ich habe einen Onkel in Berlin! Meine Mutter erzählt manchmal von ihm! Ob wir den nicht besuchen sollen in den Ferien?"

Moses staunte: „Eine super Idee! Aber meinst du, du kriegst sie dazu?"

„Keine Ahnung. Viel Kontakt haben sie nicht zu ihm. Aber ich kann's ja versuchen."

Moses hatte plötzlich wieder ein prima Gefühl im Bauch, denn endlich schienen sie auf einem gangbaren Weg zu sein.

„Zur Not bitte ich Mama, ihn zusammen mit mir zu besuchen. Als Trost, weil ich in der neuen Wohnung immer so traurig bin. Und dich müssen wir natürlich mitnehmen, damit ich noch mehr getröstet werde!"

Moses lachte. Er fand die Idee ausgezeichnet. Wie er Michel kannte, würde ihm dieser Plan sogar gelingen!

Als sie sich wenig später verabschiedeten, stand jedenfalls fest: Dieser Nachmittag hatte sie auf dem Weg zu ihrem großen Ziel ein ganzes Stück weitergebracht!

Moses traf sich in den nächsten Tagen häufig mit Kevin. Natürlich konnte der kein Ersatz sein für Michel, und das lag in der Hauptsache daran, dass er keine einzige dieser irren Ideen hatte wie Michel. Trotzdem war er ganz nett und Freizeitbeschäftigungen wie Silvesterböller anzünden oder auch mal eine Runde Klingelmäuschen gingen mit ihm schon. Moses lenkten die Nachmittage mit Kevin jedenfalls ab, und so vergaß er manchmal sogar, in sein Mailfach zu sehen wegen der Antwort des amerikanischen Präsidenten.

Zu Hause ging es ganz gut: Peter ließ ihn meistens in Ruhe, und Mama gab sich Mühe, nett zu ihm zu sein. Sie versuchte ab und zu mit ihm über Michel zu reden und hatte offenbar ihre Freude daran, dass Moses in Kevin einen neuen Freund gefunden hatte. Wenn er ehrlich war, dann verabredete er sich manchmal nur wegen Mum mit ihm. Sie sollte sich keine Sorgen um ihn machen. Je mehr sie das tat, umso mehr machte sie sich Gedanken, und umso leichter konnte sie vielleicht etwas über seine heimlichen Pläne erfahren. Und die wurden immer besser!

Der Präsident kam, das konnte man jetzt schon in den Zeitungen lesen. Dass Moses ihn treffen würde, daran bestand für ihn nicht der geringste Zweifel. Immer deutlicher wurde der Plan, wie er dies anstellen würde.

Er würde sich in die Küche des Hotels einschmuggeln, in dem der Präsident übernachtete. Dann würde er zusehen, dass er beim offiziellen Essen das Präsidentenpaar bediente, würde mit dem Mann reden und ... das war's!

War das wirklich so einfach? In anderen Augenblicken überwogen die Zweifel: Was wäre, wenn man ihn erwischte? Er hatte keine Papiere, die er zur Not vorweisen konnte. Musste man nicht als Küchenjunge irgendwelche Zeugnisse haben?

Aber irgendwie musste er doch an diesen Obama herankommen! In den Nächten lag Moses oft lange wach und dachte nach.

Die verrücktesten Pläne schossen ihm durch den Kopf, und erst wenn er einen hatte, der ihm halbwegs durchführbar schien, drehte er sich beruhigt auf die Seite und schlief ein.

Ohne seinen Freund Michel war das alles nichts Richtiges. Moses musste sich unbedingt wieder mit ihm kurzschließen.

Am nächsten Tag schrieb er Michel eine Mail:

„Hi Alter,
muss dich unbedingt sprechen. Meld dich mal!"

Er hoffte, dass Michel auf seinem Handy anrufen würde. Es war ihm in der letzten Zeit trotz Geheimschrift einfach zu heikel, diese geheimen Dinge zu schreiben. Man hörte so viel, dass Informationen abgezweigt wurden, und Mum war schon sehr neugierig ...

Es dauerte nicht lange und eine SMS von Michel traf ein: „Rufe heute 20:30 Uhr an."

Das war doch mal was! Moses freute sich, denn ihm wurde wieder einmal bewusst, dass der Freund ihn nicht im Stich lassen würde. Am Abend zog er sich mit seinem Handy in sein Zimmer zurück und wartete.

Endlich war sein Klingelton zu hören.

„Hey Alter, was machst du?"

„Ich telefoniere", antwortete Moses.

„Hätt ich nicht gedacht", gab Michel trocken zurück.

Dann waren sie auch schon beim Thema. Michel hatte im Moment auch keine neue Idee, wie sie den Präsidenten treffen konnten.

„Aber mir fällt bestimmt noch was ein", sagte er dann zuversichtlich.

Er erzählte, dass ihr Internet-Empfang jetzt richtig gut funktionierte. Vorher hatte er nämlich manchmal gestreikt.

„Ich werde nun jede freie Minute vor der Kiste verbringen und nach deinem Vater stöbern", sagte er. „Das solltest du übrigens auch tun."

„Würde ich ja gerne", meinte Moses, „aber meine Mutter passt da tierisch drauf. Sie will nicht, dass ich viereckige Augen kriege, sagt sie immer."

„Dann musst du sie eben austricksen!"

„Mach ich doch schon", versicherte Moses. Sie verabschiedeten sich. Zuvor verabredeten sie noch, sich regelmäßig kurze verschlüsselte Mails zu schicken und sich danach mit den ausführlichen Informationen anzurufen.

Als das Gespräch zu Ende war, ärgerte sich Moses ein wenig. Er würde sich von Michel nie mehr vorwerfen lassen, dass er nicht genug an den Computer durfte. Sein Freund hatte ja Recht – er musste sich mehr durchsetzen, andere Kinder in seinem Alter hockten fast den ganzen Tag vor dem Bildschirm.

Da an diesem Abend ohnehin keiner da war, nutzte Moses die Gelegenheit und setzte sich an die Kiste. Er hatte ein gutes Gefühl, dass er in irgendeiner Richtung fündig würde.
Bei einer Suchmaschine gab er einfach den Namen seines Vaters ein. Natürlich kamen Hunderte von Einträgen, wobei bei vielen immer nur Teile des Namens stimmten. Aber auch die anderen waren nur wenig erfolgversprechend. Bei den meisten Einträgen wusste er gleich, dass es sich nicht um seinen Vater handeln konnte.
Wie er das früher schon getan hatte, tippte er jetzt wieder das Datum ‚11. September' ein. Natürlich kamen wieder Einträge in Hülle und Fülle. Er betrachtete die dazugehörigen Fotos. Die vage Hoffnung keimte in ihm auf, auf einem der Bilder vielleicht seinen Vater zu erkennen. Natürlich erfüllte sie sich nicht.
Moses wollte den Computer gerade enttäuscht ausmachen, als er unten im Hausflur Schritte hörte. Es musste Mama sein. Schon eilte sie die Treppe herauf. Moses konnte gar nicht schnell genug sein, als sie auch schon die Tür öffnete: „Wusste ich's doch!", keuchte sie. „Ich habe schon von draußen Licht gesehen!"
„Ich muss was für die Schule machen", verteidigte sich Moses.
„Was anderes hätte ich auch nicht gedacht", meinte seine Mutter grinsend, und Moses bemerkte erstaunt, dass sie gar nicht mal so

besonders böse war.

„Aber jetzt fahr das Ding runter", sagte sie fast freundlich, so dass er ihr ohne großes Murren diesen Gefallen tat.

In den nächsten Tagen saß Moses in jeder freien Minute am Computer. Immer wieder betrachtete er die furchtbaren Bilder vom 11. September.

Manchmal konnte er deswegen nachts nicht schlafen oder er träumte davon: Die beiden Türme brannten, er selbst war in einem davon. Ganz oben stand er, weit über der Stelle, an der das Flugzeug in das Gebäude gekracht war. Er versuchte andere Menschen zurückzuhalten, die sich aus dem Fenster stürzen wollten, doch gelang ihm das nicht immer. Eine verzweifelte Frau schlug eine Scheibe ein und stürzte sich hinab. Dann plötzlich ein gewaltiges Rumoren. Moses spürte, wie der Boden unter ihm nachgab. Er hatte keinen Halt mehr. Er wollte schreien, doch dann wachte er auf und saß schweißgebadet in seinem Bett.

„Was ist denn mit dir los?" Mum stand im Zimmer. Moses rieb sich die Augen. „Du schreist uns ja das Haus zusammen!"

„Hab' schlecht geträumt", sagte er nur und drehte sich zur Seite.

Am nächsten Morgen hielt Mama zum Glück den Mund. Das wäre Moses sonst auch zu peinlich gewesen, denn er war dreizehn! Peter hätte sich wahrscheinlich totgelacht über ihn.

Trotzdem ließ ihn sein Traum den ganzen Vormittag über nicht los. Immer wieder stellte sich Moses vor, wie es den hilflosen Menschen da oben in den Türmen ergangen war. Es konnte ihm einfach nicht einleuchten, dass es Leute gab, die zu so einem furchtbaren Anschlag in der Lage waren. Und dass sein Vater dazugehört haben sollte, das war für ihn geradezu unmöglich! Doch

blieb da die Ungewissheit, und Moses ließ die Sache keine Ruhe mehr: Er musste wissen, was damals mit seinem Papa gewesen war. Er musste wissen, ob der in irgendeiner Weise in die Anschläge vom 11. September verstrickt war.
Einige Tage später kam dann eine Mail, die ihn einen Riesenschritt nach vorne bringen sollte!
Es war eine Nachricht von Wolfgang aus Hannover.
Moses war völlig überrascht, denn er hatte nicht damit gerechnet, dass er so bald noch einmal von ihm hören würde. Was Wolfgang aber schrieb, zeigte ihm, dass er die Sache mit seinem Papa noch längst nicht abgehakt hatte.

„Hi Moses,
da wunderst du dich, von mir noch mal zu hören. Wenn ich mich nicht gerührt habe, heißt das nicht, dass ich deshalb nichts unternommen hätte. War noch mal im Keller und habe dort alles umgegraben. Mir ist dabei ein weiterer Brief deines Vaters in die Hände gefallen. Er hat ihn damals aus Amerika an Heiko geschickt. Er erzählt darin nicht viel, nur dass es ihm noch nicht gelungen ist, Fuß zu fassen, und dass er zum Glück Leute gefunden hat, die ihm helfen. Namentlich nennt er einen Joseph Bloomberg. Vielleicht hilft der dir weiter. Ich hab schon versucht, was übers Internet rauszukriegen, aber es ist mir bisher nicht gelungen. Ihr jungen Leute seid da ja besser.
Wir bleiben in Verbindung!
Dein Wolfgang"

Moses hätte an die Decke springen können. Endlich bewegte sich was! Er leitete die Mail sofort an Michel weiter.

Moses war völlig aufgewühlt. Wenn Michel nun wieder ewig nicht am PC war? Er musste dringend mit ihm telefonieren, rannte aus dem Zimmer und stieß auf der Treppe fast mit Peter zusammen.

„Verdammt, warum so eilig? Bist doch sonst nicht so temperamentvoll!"

„Aber heute", sagte Moses und ging schnell weiter.

„Entschuldigen könntest du dich trotzdem", meckerte Peter hinter ihm her.

„Tschuldigung", rief Moses und rannte weiter.

In der Küche nahm er das Telefon und wählte Michels Nummer. Es dauerte eine Ewigkeit, bis jemand abhob, und dann war es auch nur der neue Freund der Mutter.

„Michel spielt irgendwo Fußball", nuschelte der gleichgültig durch den Hörer.

„Können Sie vielleicht mal nachsehen, ob er vor dem Haus ist? Es ist sehr dringend!"

Moses hätte dem Typen am liebsten durchs Telefon in den Hintern getreten. Er sollte bloß mal hinmachen.

„Ich gehe auf den Balkon und sehe nach, ob er da unten ist." Der Mann versprach, dass Michel zurückrufen würde.

Als Moses aufgelegt hatte, hätte er am liebsten gleich wieder gewählt. Das dauerte ihm alles zu lange.

Endlose Sekunden vergingen, die zu Minuten wurden. Dann war schon eine Viertelstunde vorbei. Michel hatte noch immer nicht angerufen.

Gerade wollte Moses zum Hörer greifen, als das Telefon klingelte.

„Ich komme heute Abend später", meldete sich Mama. „Bitte sag das auch Peter. Hier gibt es so viel zu tun, da werde ich unmöglich bis Feierabend fertig."

Hektisch sagte Moses zu, Peter die Nachricht weiterzugeben. Mama sollte bloß nicht zu lange die Leitung blockieren.

In dem Moment, als er aufgelegt hatte, klingelte das Telefon erneut. Es war Michel – endlich hörte er die Stimme, auf die er an diesem Nachmittag so lange gewartet hatte!

„Was ist los, Alter? Du machst einen Stress!"

„Hast du meine Mail gelesen?"

„Wenn sie von heute ist, dann noch nicht", antwortete der Freund.

Moses sparte sich die Luft, um zu schimpfen, sondern erzählte von Wolfgangs Nachricht.

„Geil ist das, voll geil!", freute sich Michel. „Ich setz' mich auf den Arsch!"

„Das hab' ich auch gemacht", sagte Moses.

„Und jetzt? Was machen wir jetzt?" Michel ereiferte sich in der gewohnten Weise.

„Wir finden den Typen. Wir geben diesen Joseph Bloomberg bei sämtlichen Communitys ein. Wenn sich dann welche melden, schreiben wir sie an und erklären ihnen, was wir wollen. Da wird dann schon der richtige Mann darunter sein!"

Als das Gespräch zu Ende war, loggte sich Moses bei der ersten Community ein. Sie hatte weltweit Mitglieder, und er versprach sich hier den meisten Erfolg.

Er gab bei der Suche den Namen und das Land USA ein. Sofort wurde ihm eine Liste mit insgesamt 124 Joseph Bloombergs angezeigt. Moses wusste, dass ihm nun nichts blieb, als die Seiten dieser Leute durchzugehen und nach Hinweisen zu suchen, wer der Freund seines Vaters sein konnte. Die meisten Bloombergs waren zu jung, bei anderen stand kein Geburtsjahr und wieder andere hatten überhaupt keine Angaben gemacht.

„Das kann was werden", sagte er zu sich selbst, nahm sich aber vor, nicht so schnell aufzugeben.

Er schrieb – so gut er es konnte – in englischer Sprache eine kurze Nachricht, in der er sich vorstellte und fragte, ob der Angeschriebene einen Mann namens Marik kannte, der eigentlich Ägypter und aus Deutschland gekommen war.

Dann loggte er sich bei den anderen Communitys ein und machte es ebenso. Die Trefferquote war allerdings deutlich geringer.

Wieder schickte er seine Nachricht auf die Reise.

Bevor er den Computer herunterfuhr, schrieb er Michel noch eine kurze Mail:

„Hi Michel, alles erledigt. Ich bin fertig. Wie weit bist du?"

Die Antwort kam prompt:

„Bin auch durch. Warten wir's ab!"

Moses wäre am liebsten die ganze Zeit am Computer geblieben, aber das war leider nicht möglich: Zum einen sollte Mum nicht auf irgendwelche Gedanken kommen, und zum anderen muffelte Peter herum, dass er schließlich auch etwas zu arbeiten hätte und „dieses Kind nicht den ganzen Tag meinen PC in Beschlag nehmen kann".

Moses war sich zwar sicher, dass Mum den Computer gekauft hatte, sagte aber nichts: Sie hielt ja doch meistens zu ihrem Freund, der ach so viel zu arbeiten hatte. Dabei tat er doch nicht

mehr, als am Computer irgendwelche sinnlosen Ersatzteile zu ersteigern.
Am nächsten Morgen beim Frühstück erzählte er, dass heute Kevin zu ihm kommen würde. „Wir müssen was im Internet recherchieren. Referat für Erdkunde."
„Ich glaube, Peter ist heute sowieso nicht da. Da passt es und ihr geratet nicht wieder aneinander."
Moses atmete durch bei Mamas Antwort, und da ihr morgenmuffelnder Freund stumm blieb, war die Sache für ihn geritzt.

In der Schule fragte Kevin dann tatsächlich, ob Moses zu ihm kommen wolle, doch lehnte er mit der Ausrede ab, er müsse seiner Mutter beim Großeinkauf helfen.
Am Mittag schlang er das Essen hinunter, das Mama ihm hingestellt hatte, und ging an den Computer.
Tatsächlich hatten einige Joseph Bloombergs geantwortet, doch waren es immer die falschen.
Moses loggte sich bei weiteren Communitys ein und schickte seine Nachricht auf die Reise, doch tat sich an diesem Nachmittag nichts mehr.
Vorsichtshalber druckte er eine Seite über Vulkane aus, die er auf der Tastatur liegen ließ. Mit Bleistift schrieb er „für Erdkunde-Referat" darauf.
In den nächsten Tagen ließ Moses sich immer andere Ausreden einfallen, um ungestört am Computer recherchieren zu können.
Fieberhaft suchte er nach Joseph Bloombergs, doch wollte sich der Erfolg einfach nicht einstellen.
Fast eine Woche war vergangen, seit er von der Existenz dieses

Menschen erfahren hatte, als eine Mail von Michel ihn einen Luftsprung machen ließ:

„Hi,
habe ihn am Wickel. Der Typ da müsste es sein! Wollte ihm nicht schreiben, das ist dein Ding!"

Darunter hatte er eine Nachricht kopiert, in der ein Joseph Bloomberg aus New York einige Zeilen in deutscher Sprache schrieb:

„Lieber Michel,
ich bin, glaube ich, der Gesuchte. Ich habe Marik gekannt. Wenn dein Freund will, kann er gerne Kontakt zu mir aufnehmen."
Darunter stand eine Mailadresse.

Moses war aus dem Häuschen. Er versuchte Michel anzurufen, aber da meldete sich niemand.
Also schrieb er ein paar Zeilen an Joseph Bloomberg; schrieb, dass er Mariks Sohn sei und dass er seinen Vater schon seit langer Zeit suche. Er machte sich keine Mühe, dies zu übersetzen. Wenn der Mann deutsch schreiben konnte, war er auch in der Lage, es zu verstehen. Außerdem gab es Übersetzungsprogramme.
Als er die Nachricht gesendet hatte, sah er nach, wie spät es jetzt in New York war: Zehn vor neun, da konnte Herr Bloomberg am Computer sein.
Immer wieder sah er nach, aber keine Nachricht traf ein. Nach zwei Stunden wollte er den Computer ausschalten.

„Ich sehe jetzt noch einmal nach, dann ist es gut", sagte er sich.
Meistens kam doch nichts, wenn man so dringend darauf wartete.
Er hatte einen Satz im Kopf, von dem er nicht mehr wusste, wer ihn gesagt hatte: Alles kommt immer anders, als man sich das vorgestellt hat.
Dann war die Nachricht tatsächlich da.
Moses wurde es abwechselnd heiß und kalt, er wagte fast nicht, die Mail zu öffnen, schließlich tat er es doch. Er hatte sich nicht getäuscht: Die Mail war von Joseph Bloomberg, und als er einmal angefangen hatte, las er immer hastiger, was da in diesen Zeilen stand, die soeben den Sprung über den großen Ozean zu ihm geschafft hatten.
Als Moses fertig war, rieb er sich die Augen – das war doch alles etwas viel für ihn. Er holte tief Luft und las das Schreiben noch einmal. Dabei musste er viele Male absetzen, denn immer wieder wollten ihm die Tränen in die Augen schießen:

„Mein lieber Moses, (ich hoffe, ich muss nicht Sie sagen)
ja, ich bin der Freund deines Vaters! Wie wunderbar, dass unsere Wege sich endlich einmal kreuzen! Du glaubst nicht, wie sehr ich mich über deine Mail gefreut habe! Wir können uns übrigens auf Deutsch unterhalten. Du musst wissen, dass ich ebenfalls aus Deutschland komme, deinen Papa habe ich aber erst hier kennengelernt.
Du willst wissen, was aus deinem Vater geworden ist. Nun, er wollte hier in den USA ein neues Leben beginnen. Leider lief alles nicht so, wie er sich das vorgestellt hatte. Er war, obwohl er zunächst einen Job hatte, lange arbeitslos, und erst durch einen Tipp

von mir schien sich das zu ändern. Ich verwies ihn an meinen Arbeitgeber im World Trade Center, eine Bank. Man suchte damals einen Kurierfahrer, und ich hatte ein gutes Wort für deinen Vater eingelegt. Unglücklicherweise wollte er ausgerechnet am 11. September 2001 bei der Bank vorsprechen. Du weißt, was das für ein Datum war! Es kam, wie es kommen musste: Marik, alle meine Kollegen und ich selbst natürlich erlebten die Katastrophe hautnah mit. Nicht alle überlebten, aber dein Vater und ich schafften es. Kurze Zeit später wurde er festgenommen. Er war dunkelhäutig und Moslem – das hat der Polizei damals gereicht. Sie dachten, er müsse etwas mit den Anschlägen zu tun haben, denn ein Ägypter ohne Arbeit, der wie einige der Attentäter aus Deutschland kam und an diesem Tag im World Trade Center war, das waren einfach ein paar Zufälle zu viel!

Das war es dann auch schon. Meine Nachricht muss traurig enden, denn Marik und ich wurden damals auseinandergerissen. Ich habe ihn nie wiedergesehen!

Das für heute in aller Kürze. Wenn du willst, berichte ich dir gerne mehr Einzelheiten.

Dein Joseph Bloomberg oder für dich: Josef Blumberg"

Moses war völlig durcheinander. Da hatte er geglaubt, dass er so nahe am Durchbruch war und jetzt das! Zum Glück riss ihn das Telefon aus seinen schweren Gedanken. Es war Michel.

„Hast du ihm schon geschrieben?", wollte der ohne Begrüßung wissen.

„Hab ich, aber die Antwort ist Mist!" Moses las dem Freund die Nachricht vor.

„Egal", sagte Michel mit ungebremstem Eifer. „Jetzt müssen wir dranbleiben. Wir werden uns was überlegen!"
Eine Weile sagten beide gar nichts. Dann wagte Michel einen Vorstoß: „Ob du nicht vielleicht doch deine Mutter einschalten solltest? Ich meine jetzt, wo du weißt, dass dein Vater kein Attentäter ist? Das würde doch vieles leichter machen!"
Moses war entsetzt: „Du meinst wirklich ...? Ausgerechnet du? Ausgerechnet sie?"
„Ist nur so ein Gedanke. Nur weil es immer so viele Schwierigkeiten gibt, wenn wir etwas unternehmen. Auch wenn wir 12 und 13 sind – wir zählen eben noch als Kinder, und uns nimmt keiner für voll!"
„Da magst du Recht haben. Aber wenn ich meiner Mutter davon erzähle, kann ich's gleich vergessen. Schließlich ist die Unschuld meines Vaters noch nicht erwiesen. Bisher haben wir nur das, was er selbst sagt. Das muss ja nicht stimmen!"
„Glaubst du das im Ernst?"
„Natürlich nicht. Aber wer sagt denn, dass meine Mutter ihm glauben würde? Oder andere Leute!"
Michel war restlos überzeugt und der Gedanke damit auch vom Tisch. Sie überlegten noch gemeinsam, was Moses nach Amerika zurückschreiben konnte. Zuerst musste es darum gehen, mehr zu erfahren. Wenn sie mehr Einzelheiten wussten, konnten sie damit auch die Leute besser überzeugen.
„Stell dich einfach doof", schlug Michel vor. „Tu so, als würdest du nicht verstehen, worum es überhaupt geht. Du bist ein dummer Jugendlicher, der den ganzen Tag am Computer spielt, aber keine Ahnung von der Welt hat. Man muss dir das alles erst

gründlich erklären. Je mehr du dann in der Hand hast, umso mehr Argumente sind auch für die Unschuld deines Vaters dabei."
Moses fand, dass Michel richtiglag. Genau so würde er das machen! Der Kleine, der in letzter Zeit ein ganzes Stück gewachsen war, schien noch etwas größer zu werden: Er freute sich sichtlich, dass seine Idee beim Freund ankam.
Als sie sich verabschiedet hatten, zögerte Moses keinen Augenblick und schrieb nach Amerika:

„Lieber Herr Blumberg!
Ich habe mich riesig über die Mail gefreut. Nun weiß ich nicht, wie es weitergehen soll. Gerne würde ich meinem Vater helfen und so schnell wie möglich mit ihm in Kontakt treten. Allerdings scheint dies nicht so einfach zu sein. Wäre es deshalb möglich, dass Sie mir kurz schildern, was genau geschehen ist? Ich muss – ehrlich gesagt – zugeben, dass ich mich noch nie so besonders für Politik interessiert habe. Sicher habe ich von den Anschlägen am 11. September 2001 gehört. Aber so ganz verstehe ich das noch nicht. Was soll mein Vater damit zu tun haben? Wenn er doch an diesem Tag im World Trade Center gesehen worden ist, dann kann er doch nicht gleichzeitig mit einem Flugzeug hineingeflogen sein? Warum aber wurde er dann festgenommen? Er hat doch niemandem was getan! Bitte schreiben Sie mir mehr über das, was geschehen ist.
Ihr Moses"

Er schickte die Mail gleich los. Hoffentlich zog sich dieser Blumberg jetzt nicht zurück! Nicht dass er ihn für einen dummen Jungen hielten, der nichts von der Welt verstand! Trotzdem fand Moses, dass er keine andere Möglichkeit hatte. Außerdem war alles mit Michel besprochen. Er fand, dass er sich doof genug gestellt hatte. Er schickte dem Freund noch eine Kopie der Nachricht und fuhr den Computer herunter. Man konnte sich nie sicher sein, ob Peter nicht plötzlich in der Türe stand!

Den Rest des Tages verbrachte er in gespannter Erwartung. Zwar nahm er sich fest vor, erst am nächsten Morgen wieder seine Mails zu checken, doch hielt er das nicht aus. Am späten Abend sah er noch einmal nach. Eine Nachricht war gekommen – sie war von Michel: „Gut gemacht", schrieb der nur.

Herr Blumberg hatte noch nicht geantwortet.

Am nächsten Morgen schlich Moses bereits sehr früh zum Computer. Mama und Peter schliefen noch, so dass er sich halbwegs sicher fühlen konnte.

Als er sein Mailverzeichnis aufrief, sah er, worauf er gewartet hatte: „1 ungelesene Mail", die unter „unbekannt" stand.

Er rief die Nachricht nicht sofort auf, sondern ging zur Tür und lauschte ins Treppenhaus: Alles war ruhig. Vorsichtig zog er die Zimmertür zu – nun konnte er sich in Ruhe der neuen Mail widmen.

Moses wurde nicht enttäuscht – die Mail war aus Amerika. Sie war viel länger als die erste, und er brauchte fast eine Viertelstunde, bis er sie gelesen hatte:

„Lieber Moses,
dies wird nun aber eine ziemlich ausführliche Mail, denn um das, was geschehen ist, auch nur im Ansatz zu verstehen, muss ich dir

einige Hintergründe erklären. Was ich dir geschrieben habe, ist richtig: Dein Vater war am 11. September 2001 im World Trade Center, und er erlebte die Anschläge unmittelbar mit. Zum Glück für uns lag die Bank, von der ich dir geschrieben habe, in einem der tieferen Stockwerke. Zum Zeitpunkt des Einschlags stand ich neben deinem Vater. Ich weiß noch, dass er unruhig von einem Bein aufs andere hüpfte, denn gleich sollte mein Chef ihn zu sich bitten. Dann hörten wir plötzlich eine gewaltige Explosion. Das ganze Gebäude wurde erschüttert, Teile fielen aus der Decke. Dass Terroristen mit einem gekaperten Passagierflugzeug in das Gebäude gerast waren, war für uns nicht zu erkennen. Zuerst dachten wir, es sei eine Bombe. Erst auf der Treppe hörten wir, dass es ein Flugzeug gewesen war, weil einige Leute das in den Nachrichten gesehen hatten. Panik erfasste uns, wir rannten los, brauchten aber eine ganze Stunde, um die Treppen hinunterzulaufen. Als wir endlich unten waren, kamen uns Feuerwehrleute entgegen, die riesige Mengen an Ausrüstung mit sich schleppten. Die Treppenhäuser und Flure waren völlig verqualmt. Endlich erreichten wir die Eingangshalle. Wir sahen, dass sie völlig zerstört war. Überall waren nur Trümmer und Glassplitter. Große Wasserlachen standen im Raum, überhaupt war alles nass. Unsere größte Angst war, dass das ganze Gebäude in den nächsten Augenblicken einstürzen würde. Schmutzig und durchgeschwitzt stiegen wir über die Trümmer und hetzten dem Ausgang entgegen. So gelang es uns, das Gebäude rechtzeitig zu verlassen. In einer Entfernung von vielleicht 200 Metern hielten wir an und drehten uns um. Jetzt erst sahen wir, was die Flugzeuge angerichtet hatten. Als wir auf das brennende World Trade Center blickten, sprangen verzweifelte Menschen aus unserem Turm in die Tiefe, es war vielleicht vom 80. Stockwerk aus. Dein Papa und ich sahen, wie zwei auf der Straße aufprallten. Es war furchtbar! Wir kamen uns vor wie im Dritten Weltkrieg! Die Menschen, die überlebt hatten, schauten wie wir nur zu und wussten nicht, was sie tun sollten. Es war das reinste Horrorszenario: Alles war mit Staub bedeckt, überall lagen brennende Papiere und Kleidungsstücke auf der Straße. Vom Asphalt war nichts mehr zu sehen.

Dann fiel der erste Turm! Wir rannten weiter, schrien mit den anderen Menschen um Hilfe, liefen um unser Leben! Als ich mich umdrehte, sah ich eine riesige Staubwolke. Dein Vater hielt mich am Arm, er brüllte, dass wir umkehren müssten, um zu helfen. Wir versuchten dies auch, mussten aber nach wenigen Metern einsehen, dass es keinen Sinn hatte. Der Staub war so dicht, dass er uns die Luft nahm. Plötzlich hielt dein Vater einen kleinen Jungen im Arm. Später erzählte er mir, dass der Kleine schnurstracks auf ihn zugelaufen sei und ihn fast umgerannt habe. Das Kind blutete im ganzen Gesicht und war völlig orientierungslos. Mit dem Jungen in den Armen rannte dein Vater los. Er hielt nicht eher an, als bis er die Brooklyn Bridge überquert hatte. Dies ist eine berühmte Hängebrücke in New York, die den East River überspannt und die Stadtteile Manhattan und Brooklyn miteinander verbindet. Viele Leute retteten sich an diesem Tag hierhin.

Ich hatte große Mühe ihm zu folgen, zumal sich die Menschen in Strömen in diese Richtung bewegten. Irgendwann blieb dein Vater stehen, und ich sah ihm an, dass er kurz vor dem Zusammenbruch war.

Trotzdem ließ er das Kind nicht los, das sich umgekehrt ebenfalls noch immer an ihn klammerte. Erst Minuten später brachte ich ihn dazu, den Jungen auf den Boden zu setzen. Der Kleine weinte, aber bis auf ein paar Schnittverletzungen war er in Ordnung. Auch dein Papa weinte jetzt, streichelte dabei aber unablässig das Kind. Als wir es versorgt hatten, fragte ich ihn vorsichtig, ob er den Kleinen vielleicht kenne. ‚Nein, ich kenne den Jungen nicht. Aber es hätte ebenso gut mein Junge sein können.' So erfuhr ich an diesem furchtbaren 11. September 2001 inmitten all der verängstigten Menschen und angesichts des zerstörten World Trade Centers von deiner Existenz.

Einen Tag später war dein Vater verschwunden. Niemand wusste, wo er geblieben war. Er hatte mir erzählt, dass sein Sohn in Deutschland lebt, so dass ich zunächst dachte, er wäre dorthingeflogen.

Vielleicht hatte ihm das Erlebnis mit dem kleinen Jungen einen solchen Schock versetzt, dass er dich nun unbedingt sehen musste? Bis heute weiß ich nicht, wo er in diesen Tagen wirklich war.

Für den Moment lasse ich es gut sein. Ich kann nicht mehr! Bekomme, wenn ich an all das denke, einen Heulkrampf nach dem anderen. Es kostet sehr viel Kraft, von diesen Dingen zu berichten. Ich verspreche, dass ich mich wieder melde – vielleicht morgen schon.

Dein Josef Blumberg"

Moses konnte den Mann in Amerika gut verstehen. Er hatte den Eindruck, als würde ihn schon das Lesen der Mail unglaublich viel Kraft kosten. Wie musste es da erst Herrn Blumberg gehen? Er las die Mail noch einmal: Sollte er nun heulen oder lachen? Hier hatte er den Beweis, dass sein Vater unschuldig war, doch wurde leider auch immer klarer, dass er ihm nicht helfen konnte. Er wusste nicht einmal, wo er war!

Das Schönste aber für ihn war, dass er selbst in dieser Nachricht vorgekommen war! Sein Papa hatte ihn nie vergessen! Selbst in dieser lebensgefährlichen Situation hatte er an ihn gedacht! Moses hätte weinen können, und er merkte gar nicht, dass er das auch tat.

Er leitete die Mail an Michel weiter.

Danach ging er ins Bad und wusch sich die roten Augen aus.

Wie er den Tag, der doch erst begann, überstehen sollte, wusste er nicht. Doch ging es irgendwie. Er funktionierte wie ein Roboter: mechanisch, gleichgültig, ohne jegliches Interesse an seiner Umwelt. Der Vormittag in der Schule verging, der Nachmittag zu Hause ebenfalls. Wenigstens hatte er dort wieder Internetzugang. Immer wieder sah er in sein Postfach, doch nichts tat sich. Dann las er wieder die Mails von Herrn Blumberg durch. Selbst in der Nacht ging Moses noch zweimal an den Computer und sah nach. Noch immer war nichts gekommen.

Am nächsten Morgen wurden ihm dann zwei neue Nachrichten angezeigt.

Eine war von Michel, die andere von Herrn Blumberg.

„Geil! Kannst stolz sein auf deinen Papa", schrieb sein Freund.

Die zweite Nachricht war eben erst eingegangen. Sie war wesentlich länger.

„Lieber Moses,

ich hoffe, ich habe dich mit meiner letzten Mail nicht zu sehr aufgeregt. Ich selbst bin seither jedenfalls völlig fertig. Ich habe versucht zu schlafen – es ist hier später Abend –, aber es geht nicht. Deshalb kann ich dir jetzt auch den Rest meiner traurigen Geschichte erzählen.

Was genau geschehen ist, weiß ich nicht. Ich weiß auch nicht, welche Beweise man gegen deinen Vater hatte, wenn man überhaupt welche brauchte, und ich weiß auch nicht, wie die Umstände seiner Verhaftung waren. Als ich ihn am 12. September besuchen wollte, war er nicht da. Ich versuchte es danach jeden Tag, aber immer ohne Erfolg. Ich ging unseren ganzen Bekanntenkreis durch und fragte nach deinem Vater. Keiner wusste etwas. Dann brachte jemand eine Möglichkeit ins Spiel, die wir aber für ein dummes Gerücht hielten: Dein Vater sei verhaftet worden. Das war so absurd, dass wir es nicht glauben konnten. Ich wusste doch selbst, wie heldenhaft er sich am 11. September verhalten hatte! Das Gerücht von seiner Verhaftung hielt sich hartnäckig. Im Januar 2002 wurde diese verrückte Vermutung dann zur unverrückbaren Wahrheit. Ich erhielt eine Postkarte von deinem Vater. Sie war aus Guantanamo und liegt in diesem Moment hier vor mir. Dein Vater schrieb damals nicht viel, der Postverkehr wurde ganz bestimmt überwacht.

‚Mein lieber Freund,
nun weißt du, wo ich bin. Hoffentlich kann ich bald meine Unschuld beweisen und zurück zu euch kommen. Ich muss schon für meinen Jungen frei sein. Man wird mir glauben, und dann sehen wir uns wieder. Ganz bestimmt. Ich liebe euch alle, betet für mich.
Marik.'

Danach habe ich nichts mehr von deinem Papa gehört. Die Jahre gingen ins Land, Jahre, in denen dein Vater überleben musste in der schrecklichen, rechtlosen Welt von Guantanamo.

Wir bemühten einen Anwalt, doch auch der war machtlos und kam nicht an deinen Vater heran. Wir schrieben Briefe an alle möglichen Stellen – kein Erfolg. Da ich nichts Gegenteiliges gehört habe, gehe ich zumindest davon aus, dass dein Vater noch lebt. Von einer Freilassung habe ich aber auch noch nichts gehört. Wie auch? Dein Vater ist nicht reich, er kann also mit Geld nichts machen und hat deshalb auch keine einflussreichen Freunde. In dem Gefängnis geht es einzig und alleine ums Überleben, da kann er wahrscheinlich nicht einmal einen Gedanken an eine Verteidigungsstrategie oder gar ein Entkommen verschwenden.

Inzwischen ist viel Zeit vergangen. Sicher hat der neue Präsident versprochen, das Lager aufzulösen. Doch dies kann lange dauern, zumal sich viele Länder schwertun, die Gefangenen aufzunehmen. Sie wollen sich keine Terroristen ins Land holen. Hoffentlich hat dein Vater die Kraft, die er dringend braucht. Was er in seinem einzigen Schreiben an mich wünschte, kann ich heute nur an dich weitergeben: Bete für ihn!

Es tut mir leid, dass ich dir keine bessere Nachricht geben kann. Doch sollst du, sein mittlerweile schon großer Junge, die Wahrheit erfahren über deinen Vater, und du sollst erfahren, dass er ganz bestimmt kein Terrorist ist.

Dein Josef Blumberg"

Als Moses fertig gelesen hatte, rieb er sich die Augen – vor Anstrengung und weil Tränen darin standen. Hatte er nun seinen

Vater gefunden, und würde es trotzdem niemals die Hoffnung geben, dass er ihn wiedersähe? Das Leben konnte so gemein sein! Guantanamo – ihm fiel ein, dass irgendjemand den Namen im Zusammenhang mit seinem Vater schon einmal erwähnt hatte. Er wusste nicht mehr wer.
Unwillkürlich gab er Guantanamo in die Suchmaschine ein. Die Informationen strömten nur so auf ihn ein. Er las, dass hier Leute eingesperrt wurden, die als die obersten Feinde der USA galten. Gerichtsurteil war keines nötig. Die Gefangenen wurden in winzige Käfige aus Maschendraht gesperrt. Für Terrorverdächtige galten ganz besondere Verhörmethoden. Schlafen in Fesseln, Schlafentzug, Isolationshaft. Das erste Mal las Moses den Begriff „waterboarding": Dabei wurde dem Gefangenen so lange Wasser über das Gesicht geschüttet, bis er glaubte ertrinken zu müssen. Es gab noch viele andere Foltermethoden, zum Beispiel ‚fear-up' oder ‚ego-down', mit denen den Gefangenen massiv Furcht eingeflößt wurde.

Plötzlich wurde Moses unterbrochen: Im Flur war ein Geräusch. Moses hatte sich nicht verhört, denn ihm blieb gerade noch die Zeit, sich auszuloggen, als Mama auch schon in der Türe stand:
„Was wird das denn hier?" Sie schlug die Hände über dem Kopf zusammen.
„Ich musste noch was für die Schule nachsehen." Moses hatte sich diese Ausrede schon vorher überlegt, denn in diesem Augenblick wäre sie ihm nicht eingefallen.
„Was für die Schule nachgesehen! Morgens um halb sechs!"
Moses hatte keine Lust zu diskutieren. Zu niederschmetternd war

das, was er eben erfahren hatte.

„Ich bin durch, ich leg mich noch mal hin", sagte er nur und stand auf, als der Computer fertig heruntergefahren war.

Im Vorbeigehen packte seine Mutter ihn an der Schulter: „Was ist los mit dir, Moses? Seit Tagen bist du schon so komisch!"

„Ich bin nicht komisch!" Moses war völlig egal, was sie von ihm dachte. Er riss sich los und lief aus dem Zimmer. Wie schön wäre es gewesen, wenn er gerade jetzt mit Mama hätte sprechen können! Sein Kopf war zum Platzen voll! Aber nichts war möglich – Mum und er waren in diesen Sekunden noch weiter voneinander entfernt als Deutschland und dieses verfluchte Guantanamo!

Moses warf sich auf sein Bett und hoffte nur, dass Mama ihm nicht nachkam. Er wollte jetzt einfach nicht mit ihr reden.

Zum Glück ließ sie ihn in Ruhe und er konnte seinen Gedanken nachhängen. Nein, er würde es nicht beim Beten belassen. Er würde seinen Vater aus dieser Hölle holen, und wenn es sein Leben kosten sollte!

Moses gingen die schlimmsten Bilder durch den Kopf – von seinem Vater, den man mit dieser Ertrinkmethode quälte, von der er heute zum ersten Mal gehört hatte.

Er konnte kaum einen klaren Gedanken fassen. Die Zeit war so wahnsinnig knapp! Schon in diesem Augenblick konnte sein Vater sterben. Dann sagte er sich wieder, dass dies schon längst hätte passiert sein können, und er holte tief Luft, so dass es ihm allmählich gelang, sich halbwegs zu beruhigen.

Jetzt hätte Michel da sein müssen! Dem wäre bestimmt etwas eingefallen. Moses würde dem Freund noch vor der Schule eine SMS schicken, das stand fest. Dann fuhr er auf. Warum nicht sofort?

Ihm fiel ein, dass sein Rucksack mit dem Handy im Flur stand. Er hätte an Mama vorbei gemusst, und das wollte er unbedingt vermeiden. Also blieb ihm nichts anderes übrig, als zu warten, bis sie entweder das Haus verließ oder sich wieder ins Bett legte. So genau wusste er nicht, ob sie heute früh einen ihrer vielen Putzjobs machen musste.

Als er glaubte, dass die Luft rein war, steckte er den Kopf aus der Türe: Nichts war zu hören. Moses sah in den Schlüsselkasten: Mama war weg, ihr Schlüssel fehlte. Da Peter zu dieser Zeit ohnehin noch im Bett lag, konnte er nun sorglos in die Küche gehen.

Er hatte sich nicht geirrt – es stand nur die Tasse von Mama auf der Spüle, Peter schlief also noch.

Moses holte das Handy aus seinem Rucksack und drückte Michels Nummer: „Alles überschlägt sich. Melde dich so schnell wie möglich!"

Er hoffte, dass Michel die SMS noch vor der Schule abrief.

So dringend wie heute früh hatte er noch nie jemanden zum Reden gebraucht.

Moses verzichtete auf sein Frühstück und lief unruhig in der Küche auf und ab. Immer wieder sah er auf sein Handy, zum Schluss schüttelte er es vor Verzweiflung: Nichts tat sich. Michel hatte sein Gerät offenbar ausgeschaltet.

Ihm blieb deshalb nichts anderes, als in die Schule zu gehen. Unterwegs wurde ihm klar, dass dies heute nicht möglich war. Er konnte einfach nicht. Er konnte nicht tun, als sei nichts gewesen! Es war Moses egal, wie er zu einer Entschuldigung kam, aber Schule war heute nicht drin. Unruhig lief er durch die Straßen, ein Ziel hatte er nicht, in seinem Gehirn schien sich Mamas Küchen-

mixer zu drehen. Einmal dachte er, dass ihn die Leute auf der Straße schief ansahen: Er hatte gehört, dass Schulschwänzer von der Polizei verhaftet und zurück in die Schule gebracht würden. Dann kam ihm die beste Idee dieses Morgens: Er musste zu Michel!
Selbst wenn der Freund anrief, er musste ihn heute einfach sehen. Moses überlegte, ob er mit dem Fahrrad zu ihm fahren sollte. Diesen Gedanken verwarf er aber gleich, denn einerseits war die Strecke viel zu weit – bisher hatten sie sich ja immer nur auf der Hälfte getroffen! –, und andererseits konnte er es nicht riskieren, zurück nach Hause zu gehen, um das Fahrrad zu holen und dort am Ende Peter in die Arme zu laufen. Moses entschied sich darum dafür, mit dem Zug zu fahren. Ein Blick in sein Portemonnaie zeigte ihm, dass das Geld reichen musste. Mehr als zwanzig Euro konnte eine Fahrt nicht kosten.
In wilder Entschlossenheit trat er den Weg zum Bahnhof an, nichts würde ihn aufhalten können.
Aber dann hielt ihn doch etwas auf! Es war sein Sportlehrer. Bevor sich Moses noch auf dem Absatz umdrehen konnte, hatte der Mann ihn auch schon gesehen und kam auf ihn zu.
„Heute keine Schule?" Der Lehrer hatte also bereits Lunte gerochen. Moses war so überrascht, dass er eine Antwort nur stammeln konnte. Er faselte etwas von Arzt und Bauchschmerzen, doch er sah gleich, dass sein Gegenüber ihm nicht glaubte.
„Wenn du jetzt sofort in die Schule gehst, habe ich dich nicht gesehen", sagte der Mann nun in fast mildem Tonfall. „Was du dann dort erzählst, ist mir egal."
Moses nickte nur verlegen, drehte sich um und ging in Richtung Schule. Was hätte er auch anderes tun sollen? Sein Lehrer hatte

ihn ziemlich in die Enge getrieben. Zu viele Gedanken waren in seinem Kopf an diesem Morgen, als dass er sich über die Folgen seines Verhaltens große Gedanken hätte machen können. Er ging deshalb einfach in die Schule und sagte, dass er verschlafen hätte.
Die Klassenlehrerin verlangte eine schriftliche Entschuldigung für die beiden Stunden, die er versäumt hatte. Moses zuckte nur mit den Schultern: Ihm war das alles egal, sollten sie ihn doch von der Schule werfen.
Den Rest des Vormittags war er nun zwar anwesend, allerdings nur körperlich. Er lief den anderen nach, wenn ein Raumwechsel stattfand, ging hinter ihnen her in die Pause, und wenn er während der Stunde etwas gefragt wurde, sagte er entweder nichts oder gab die falsche Antwort.
Einmal sprach ihn Kevin an: „Was ist heute nur los mit dir? So merkwürdig warst du noch nie."
Moses zuckte nur mit den Schultern.
Was hätte er sagen sollen? Dass sein Vater in einem Gefangenenlager in Amerika schmorte und dass er fieberhaft nach einer Möglichkeit suchte, ihm zu helfen?

Als er nach der Schule nach Hause kam, war nur Mama da. Die übliche Frage, wie es war, beantwortete er wie immer mit einem gleichgültigen „Schön".
„Was ist los mit dir?" Mama stand plötzlich vor ihm und fasste ihn an den Schultern. Offenbar war sein „Schön" noch weniger überzeugend gewesen als sonst.
„Nichts", sagte Moses nur und versuchte sich freizumachen.
Aber Mama ließ nicht locker: „Du bleibst jetzt hier und redest mit

mir!"
Moses sagte gar nichts und blickte zur Seite.
Dann versuchte sie es auf die sanfte Tour: „Bitte, Moses, Junge, was ist denn los? Du warst noch nie so merkwürdig wie in der letzten Zeit! Und heute ganz besonders."
Moses machte sich los und ging davon.
„Nichts ist", sagte er nur, „nichts und wieder nichts!" Dann drehte er sich um, denn ihm fiel etwas ein, auf das es jetzt auch nicht mehr ankam: „Und dass du es gerade weißt: Ich brauche für heute eine Entschuldigung!"
„Hast du blaugemacht?" Mutter kam einen Schritt auf ihn zu.
„Nein, verschlafen!"
„Das konnte ich mir denken", Mamas Stimme klang erleichtert.
„So früh, wie du heute aufgestanden bist!" Mama war immer froh, wenn es für alles eine einfache Erklärung gab.
„Für welche Stunden soll ich dir eine Entschuldigung schreiben?", wollte sie deshalb nur wissen.
„Für die ersten beiden."
Mama sagte, dass sie die Entschuldigung am Nachmittag schreiben werde. Sie müsse dann sowieso an den Computer.
Moses wäre vor Wut fast geplatzt! „Da muss aber ich ran, dringend!"
„Nun reg dich mal nicht so auf", sagte Mama erschrocken. „Ich habe ja keine Ewigkeit daran zu tun. Und außerdem geht's ja auch um deine Entschuldigung."
Immer noch wütend ging Moses in sein Zimmer, warf sich aufs Bett und vergrub das Gesicht im Kopfkissen. Was sollte er nur machen?

Er hatte nicht lange so gelegen, als Mama anklopfte: „Telefon für dich!"

Moses fuhr hoch und war mit einem Satz bei der Tür, die Mama schon geöffnet hatte. Er riss ihr den Hörer förmlich aus der Hand: Es war Michel!

„Mensch, dass du mich so hängenlässt!", schimpfte Moses in den Hörer, nachdem er die Tür hinter sich zugezogen hatte.

„Nun mal langsam", kam die Antwort zurück. „Wenn ich mein Handy nicht anhabe, lasse ich dich noch lange nicht hängen!"

„Ist schon gut, Alter. Ich hätte dich nur mal dringend gebraucht!"

Er erzählte Michel, dass er heute fast zu ihm gefahren wäre.

„Da muss die Kacke aber ganz schön am Dampfen sein!"

„Davon darfst du ausgehen!" Dann holte Moses tief Luft und berichtete in aller Ausführlichkeit von der neuen Mail aus den USA.

Als er fertig war, blieb es still am anderen Ende, so dass er schon nachfragte, ob Michel überhaupt noch dran sei.

„Bin ich, aber das haut einem wirklich die Füße weg! Sorry noch mal, dass es heute früh nicht mit uns geklappt hat."

„Schon okay", meinte Moses, „jetzt geht es um andere Dinge!"

Einige Augenblicke war es still. Beide suchten sie fieberhaft nach einer Idee. Es war Michel, der den ersten Gedanken hatte. „Wir sollten das tun, was wir neulich schon wollten: den Obama anhauen! Wenn der deinem Vater nicht helfen kann …?! Was hat sich denn geändert, außer dass wir es jetzt genau wissen?"

Moses hatte Zweifel: „Der Typ hat ja nicht mal geantwortet. Meinst du, der lässt mich an sich ran?"

„Das kommt nur auf uns drauf an. Wir müssen es eben clever anpacken. Wenn wir mit dem quatschen wollen, quatschen wir mit ihm! Und wenn Obama dir nicht geantwortet hat, muss das nichts heißen: Deine Mail kann schließlich in seinen Spams gelandet sein oder sonst was. Außerdem wird er am Tag nicht nur die eine kriegen."

Moses dachte nach. So Unrecht hatte Michel nicht, und schließlich hatte er auch keine Alternative.

Michel dagegen ereiferte sich richtig: „Neulich waren wir doch schon mal dran an dem Burschen! Denk nur mal an meinen Onkel in Berlin!"

Moses erinnerte sich. Trotzdem hatte er immer noch Zweifel, ob sie den Präsidenten auch wirklich sprechen könnten.

„Der hat doch bestimmt tausend Bodyguards", meinte er deshalb.

„Wir müssen uns eben einen Trick einfallen lassen. Die Idee mit dem Küchenjungen war doch gar nicht so schlecht!"

Moses schüttelte den Kopf und war froh, dass Michel dies nicht sah. Er hielt den Gedanken inzwischen für Kinderkram.

„Vielleicht fällt uns auch noch was anderes ein", sagte er deshalb nur. Sie verabredeten, dass Michel mit seiner Mutter sprechen sollte wegen eines Ferienaufenthaltes beim Berliner Onkel. Moses fiel die Aufgabe zu, mehr Einzelheiten über den Besuch des Präsidenten herauszubekommen.

Sie beendeten das Gespräch und machten für den nächsten Morgen einen Handytermin aus. Sie würden dann freier sein als am Festnetz, bei dem man doch nie wusste, ob die Eltern nicht gerade ein dringendes Gespräch führen mussten.

„Und? Geht's dir jetzt besser?" Seine Mutter sah ihn fragend an, als er das Telefon zur Station zurückbrachte.

„Ja, alles wieder im Lot", meinte Moses nur, um sie zu beruhigen.
„Kann ich jetzt an den Computer?"
„Bevor du wieder einen Anfall bekommst, geh nur." Mama hatte offenbar wirklich große Angst, dass die Stimmung wieder kippen würde.
Moses zwang sich zu einem Grinsen und ging ins Arbeitszimmer. Nach einer Stunde wusste er alles, was er wissen musste. Der Termin für den Besuch des Präsidenten stand bereits fest, und es wurden auch ein paar Orte genannt, die er besuchen würde. Das Brandenburger Tor war selbstverständlich darunter.

Am Abend legte sich Moses halbwegs zufrieden ins Bett. Noch wenige Wochen, und er würde Barack Obama treffen. Er war sich absolut sicher: Dann würde es nicht mehr lange dauern, bis sein Vater frei war.
Am nächsten Morgen war er wieder zeitig wach. Michel und er hatten sich für sechs Uhr verabredet.
Moses konnte es nicht abwarten: Obwohl Michel anrufen wollte, drückte er seine Nummer. Die Dame sagte nur, dass der Gesprächsteilnehmer nicht erreichbar sei. Michel hatte sein Gerät wieder einmal nicht eingeschaltet. Moses hätte schon wieder aus der Haut fahren können. Seine Nerven machten diesen Stress nicht mehr lange mit! Unruhig lief er im Zimmer auf und ab. Dann piepte plötzlich sein Handy.
„Du hattest das Ding ja schon wieder aus", fauchte er ins Telefon.
„Nachts immer, aber jetzt bin ich doch da!"
Moses verbiss sich eine böse Antwort und fragte nur, ob Michel mit seiner Mutter geredet hätte.

„Hab ich", gab der wortkarg zur Antwort.
„Und?"
„Nichts und. Das wird nichts."
Moses fuhr aus allen Wolken: „Wie, ‚wird nichts'? Das muss was werden!"
„Aber Mama ruft den Onkel nicht an. Das wäre ein Arsch, mit dem sie nichts zu tun haben wolle."
„Na wunderbar! Hast du denn versucht, sie zu überreden?"
„Was denkst du denn! Aber es hat nichts gebracht. Mama blieb stur!"
Fast spürbar stieg die Verzweiflung in Moses hoch. Die Tränen standen ihm in den Augen. „Was sollen wir denn jetzt bloß machen?", fragte er nur. Hoffentlich merkte Michel nicht, dass er weinte.
„Ich find' schon was, Kumpel", sagte der nur und wieder: „Ich find' schon was!"
„Na klar, du kannst ja auch nichts dafür." Moses wollte jetzt auf jeden Fall vermeiden, dass Michel am Ende noch sauer auf ihn war. Stress mit dem Freund war das Letzte, was er gebrauchen konnte.
Der Freund spürte das offenbar und sagte zu seiner Beruhigung: „Wir beide sind Kumpels und wir werden das Ding schon hinbiegen."
Moses nickte nur und dachte gar nicht daran, dass Michel dies ja nicht sehen konnte.
Vielleicht auch deshalb legte der Freund nach: „Weißt du was?"
„Was?"
„Dachte schon, du bist weg. Also weißt du was?"

„Sag schon!"
„Ich habe mir immer so einen Freund gewünscht wie dich!"
„Und ich mir so einen wie dich!"
Sie machten aus, dass sie am nächsten Morgen um die gleiche Zeit wieder telefonieren würden und legten auf.
Moses setzte sich aufs Bett: Ihm wurde ganz warm ums Herz! Michels Satz war in seinem Ohr: „Ich habe mir immer so einen Freund gewünscht wie dich!"
Mit einem solchen Satz konnte man schon den Tag beginnen, fand er. Dass die Botschaft des Gespräches, was seinen Vater betraf, nicht sehr positiv gewesen war, vermochte er dadurch fast zu verdrängen.

24 Stunden später sah dann auch in dieser Hinsicht alles viel besser aus. Michel und Moses hatten einen Plan ausgeheckt, wie sie auch ohne den Onkel nach Berlin kommen könnten.
Natürlich war der Plan wieder von Michel, der bei ihrem Handytelefonat am nächsten Morgen mit der Tür ins Haus fiel: „Wenn das mit meinem ollen Onkel nichts wird, machen wir es eben so: Wir werden einfach abhauen. Keine Sorge, nicht so, wie du dir das vorstellst. Nein, wir sind doch jetzt schon recht große Herren, so dass unsere Eltern bestimmt nichts dagegen haben, uns ein paar Tage gemeinsam zelten zu lassen. Hier irgendwo in der Nähe!"
Moses begann zu verstehen, sagte aber noch nichts.
„Und dann sind wir eben weg. Sagen wir mal so: Wir werden eine größere Tages- oder auch Zwei-Tages-Tour vom Zeltplatz aus unternehmen. Wohin uns diese führt, kannst du dir denken! Und wenn wir zurückkommen, ist alles geritzt!"

Moses leuchtete der Plan nicht nur ein, er war sogar begeistert davon. Bevor er das zugab, wollte er aber noch eine Frage geklärt haben: „Und wo sollen wir in Berlin unterkommen?"
„Mein Gott, mach dir keinen Kopf: Zum einen haben wir da genug zu tun, so dass wir gar nicht so sehr an Schlaf denken können. Zum anderen ist Sommer: Wir nehmen unsere Schlafsäcke mit und hauen uns zur Not unter eine Brücke!"
Nun war Moses restlos überzeugt. Weil er nichts sagte, meinte Michel nur: „Gibt es Einwände?"
„Absolut keine!"
„Dann ist das hiermit beschlossene Sache!" Michel klopfte mit dem Finger auf sein Handy, so dass es sich anhörte wie der Hammer eines Richters.
Als das Gespräch zu Ende war, ging es Moses richtig gut. Er hatte beim Frühstück sogar ein paar nette Worte für Mama übrig. Trotz ihrer Auseinandersetzungen lag ihm sehr viel an ihr, und er wusste, dass das auch umgekehrt so war. Sie hatte nur oft Stress – bei ihren Jobs, aber vor allem auch wegen und mit Peter!

In den nächsten Tagen passierte nicht viel: Moses schickte ab und zu eine Mail an Michel und erhielt auch stets prompt Antwort, offensichtlich hatte der Freund sich gemerkt, wie sauer Moses sein konnte, wenn jemand nicht zuverlässig war. Moses saß viel am Computer und recherchierte über die Anschläge vom 11. September 2001. Er sah wieder diese Bilder, auf denen Menschen zu sehen waren, die sich aus den Zwillingstürmen stürzten, und er sah auch Bilder von einer angeblichen Verschwörungstheorie. Dort hieß es, die Türme seien vielleicht gezielt gesprengt worden. Die vermeintlichen Explosionen waren eingekreist. Vielleicht hatte man es deshalb auf seinen Vater abgesehen, der ja nun nachweislich nicht in einem der Flugzeuge gesessen hatte.

Moses verstand immer noch nicht, warum Menschen so etwas tun konnten. Zumal er las, dass auch Muslime bei den Anschlägen ums Leben gekommen waren. Warum sprengten sie denn ihre eigenen Leute in die Luft?

Einmal wurde er in der Schule hellhörig: In Sozialkunde kam das Gespräch auf den amerikanischen Präsidenten und auf seinen bevorstehenden Besuch in Deutschland. Moses passte genau auf, ob da vielleicht eine brauchbare Information für ihn dabei war. Ihr Lehrer sagte, dass Obama ein sehr lockerer Mensch sei und dass er den Sicherheitskräften schon hin und wieder Probleme bereitet habe. Er halte sich nämlich nicht immer an das Protokoll, so nannte man den genau vorgeschriebenen Ablauf bei den öffentlichen Auftritten des Präsidenten. Natürlich sei damit auch ein gewisses Risiko verbunden. Mehr erfuhr Moses aber leider nicht.

Bei einem der Gespräche, die sie jetzt meistens morgens gegen sechs Uhr führten, sagte Michel, dass er noch nicht wegen des Zeltens im Sommer gefragt hätte: Er meinte, dass er erst noch warten müsse, „bis Gras über die Sache mit Berlin gewachsen ist. Wenn ich jetzt mit der Zeltaktion ankomme, wittert Mama gleich etwas."

Moses verstand das, doch da bei ihm nichts von Berlin gefallen war und ihre Mütter keinen Kontakt hatten, meinte er getrost schon einmal fragen zu können.

Zu seiner Freude hatte Mama nichts dagegen. Allerdings kam dann gleich die Ernüchterung: Sie wollte nämlich die Nummer von Michels Mutter haben.

„Ich möchte doch erst mal sehen, was die meint, und überhaupt, was das für Leute sind."

Moses musste den Kontakt unbedingt noch verzögern. Er vertröstete sie, sagte, dass er die Nummer auch nicht griffbereit hätte. Zum Glück hakte seine Mutter später nicht mehr nach, so dass ihr Wunsch im Augenblick noch kein größeres Problem darstellte.

Die nächsten Tage zogen ins Land, ohne dass Mama wieder auf die Sache zu sprechen kam. Dann rief Michel an: „Ich hab's nicht mehr ausgehalten und gefragt. Meine Mutter hat's gleich erlaubt. Sie machte noch ein Witzchen: ‚Solange ihr nicht in Berlin zeltet', sagte sie. Ich musste mich ganz schön zusammennehmen!" Auch Moses musste grinsen.

Er wollte noch ein paar Tage warten, bis der Rest von Berlin aus dem Hirn von Michels Mutter getilgt war. Dann würde er selbst noch einmal die Rede auf das Thema bringen und Mum notfalls die Telefonnummer geben.

Wenn er abends im Bett lag, bastelte er in Gedanken an seinem Schlachtplan herum. Die Geschichte mit den Küchenjungen war nichts, da war er sich mittlerweile sicher. So etwas geschah im Fernsehen, aber mit der Wirklichkeit hatte es nichts zu tun.

Vielleicht sollte er sich um ein Autogramm des Präsidenten bemühen und ihm dabei einen Zettel zustecken? Vielleicht konnte er einen Bodyguard überreden, damit der ihn zu Obama vorließ?

Tausend Möglichkeiten spielte er in seinem Kopf durch, aber keine schien ihm durchführbar. Möglich, dass man es auf die Situation ankommen lassen musste! Vielleicht ergab sich spontan eine Möglichkeit, zu Herrn Obama vorzudringen. Wenn er Michel bei sich hatte, konnte er da eigentlich ziemlich zuversichtlich sein.

Die Sommerferien näherten sich, und Moses zählte nicht mehr die Wochen, sondern die Tage. Es waren noch 29. In der Schule strengte er sich mächtig an, und er versuchte im Endspurt noch wettzumachen, was er in den ersten Wochen des Halbjahres versäumt hatte. Mum sollte nur nicht auf die Idee kommen, ihm am Ende noch wegen schlechter Leistungen das Zelten mit Michel zu verbieten. Da er sich fast überall im Dreierbereich bewegte, machte er sich darum aber keine allzu großen Sorgen. Mathematik war noch nie seine Stärke gewesen, doch das war bekannt, und Mama würde da bestimmt auch ein erneutes „Ausreichend" schlucken. Am Tage 21 hielt er die Zeit für gekommen, sie noch einmal wegen des Zeltens anzusprechen.
„Gut, dass du mich daran erinnerst. Natürlich habe ich nichts dagegen", war die Antwort, die er hören wollte. Auch dass Mama jetzt wieder nach der Nummer von Michels Mutter fragte, hatte er erwartet.
Am nächsten Morgen sagte sie dann auch, dass sie mit ihr telefoniert hätte. Es sei ja wohl eine ziemlich vernünftige Frau, so dass sie nichts gegen das Vorhaben der beiden Jungs hätte.
„Hat sie sonst noch was gesagt?", wollte Moses wissen.
„Nichts, was dich was anginge!" Mama tat so geheimnisvoll, dass Moses schon etwas neugierig wurde. Aber sie blieb dabei und sagte ihm nichts.
„Du hast auch deine Geheimnisse!", gab sie ihm nur zur Antwort.
Was war das jetzt schon wieder? Hatte sie etwa doch Lunte gerochen? Am nächsten Morgen, als sie noch schlief, telefonierte

Moses mit Michel: „Hast du dich etwa verquatscht?"
„Nichts hab ich, ich hab meinen Mund nicht aufgemacht!"
Moses erzählte Michel, wie er zu dieser Vermutung kam. Der Freund musste lachen. „Sie glauben hinter ein Geheimnis gekommen zu sein, ein Geheimnis, in dem es um Frauen geht", sagte er. Da Moses so erstaunt war, dass er nicht antworten konnte, fuhr er fort: „Mama hat mich immer mit dieser einen Blonden aus unserer Klasse aufgezogen – ich weiß schon nicht mehr, wie sie heißt. Nun, da hab ich sie einfach auf diese Fährte geschickt und herumgedruckst, dass ich dieses Mädchen eigentlich hätte haben wollen, doch jetzt wäre ich ja weg und du hättest sie mir wahrscheinlich weggeschnappt!" Moses blieb fast die Luft weg angesichts von so viel Dreistigkeit.
„Du bist ja ...!"
Michel lachte weiter: „Nichts bin ich: Es geht noch weiter. Ich habe meiner Mutter gesagt, dass du wohl ein schlechtes Gewissen hättest und deshalb mit mir zum Zelten fahren wolltest. Aus diesem Grund ist sie jetzt richtig froh, dass wir beide das zusammen machen – sie will doch nur, dass ihr Kleiner nicht mehr so unglücklich ist!" Bei den letzten Worten ahmte er die Stimme seiner Mutter nach.
Moses konnte nicht anders – er musste laut lachen. „Was bist du denn für ein durchtriebener Typ?!", brachte er dann nur hervor.
„Das hat damit nichts zu tun. Aber ich musste Mama doch auf jeden Fall ablenken, und da ist so eine Geschichte gerade richtig."
Moses fand, dass sein Freund dies tatsächlich ganz prima gemacht hatte. So würden die Frauen niemals auf den Gedanken kommen, dass hinter dem Zelturlaub eine ganz andere Absicht stecken

konnte.

Moses konnte sich nun beruhigt auf die Ferien freuen. Zwar wusste er, dass ihm da eine große Aufgabe bevorstand, und er hatte deshalb auch die eine oder andere schlaflose Nacht, doch redete er sich ein, dass Michels Einfälle sie schon ans Ziel führen würden. Eigentlich hatte er noch einmal nach Amerika schreiben wollen, doch Michel redete ihm das aus: „Wir dürfen nicht das Geringste tun, was unseren Plan verrät!" Er solle sich nur mal vorstellen, man würde aus falsch verstandener Fürsorge ihre Mütter informieren!

Auch den Umgang mit Kevin vermied Moses. Zu groß war die Gefahr, dass er sich vielleicht doch einmal verplapperte, denn wenn man eine Sache so sehr im Kopf hatte wie er, konnte das leicht passieren. Schon im Unterricht hatte er sich ertappt, dass er einmal zu viel nachgefragt hatte, als es wieder um Präsident Obama und den Irak-Krieg ging.

Im Fernsehen passte Moses jetzt genau auf, wenn das Thema auf dieses umstrittene Gefangenenlager kam. Einmal wurde gesagt, dass Präsident Obama das Lager auflösen wollte und dass alle Gefangenen freikommen würden. Moses hätte fast einen Luftsprung gemacht, wenn nicht gleich danach ein Kommentator gemeint hätte, dass dies so rasch gar nicht machbar wäre, denn schließlich müssten erst noch Länder gefunden werden, die die ehemaligen Häftlinge aufnähmen. Viele hätten schließlich Angst vor ihnen, denn sie wollten sich ja keine angeblichen Terroristen ins Land holen. Auch seien viele Abgeordnete in Amerika gegen eine Freilassung der Gefangenen, so dass es schwer werde für Obama sich durchzusetzen.

Moses fürchtete schon, dass er erst noch mit der deutschen Bundeskanzlerin reden musste, doch Michel beruhigte ihn: „Wenn der Obama will, dass dein Vater kommt, dann kommt der auch. Außerdem kann er ihr ja auch den Brief zeigen, den uns Wolfgang mitgegeben hat!"
Manchmal malte Moses sich aus, wie er nach der Befreiung seines Vaters mit ihm nach Hannover fahren und dort seine neuen Freunde treffen würde, die ja auch die Freunde seines Papas waren. Das waren die Bilder, mit denen er abends immer gleich einschlafen konnte.

Moses kam es vor, als zögen sich die Tage hin wie Gummi. Obwohl dann alles doch sehr schnell ging. Als der letzte Schultag endlich da war, hätte er jubeln können. Noch wenige Stunden, und es war so weit. In den letzten Tagen hatte er an jedem Morgen mit Michel gesprochen. An die Handyrechnung dachten sie dabei nicht. Hauptsache, sie kamen ihrem großen Ziel mit jedem Gespräch ein Stück näher. Und dies schien tatsächlich so zu sein: Immer mehr Details wurden sichtbar. Den Fahrplan hatten sie schon fast verinnerlicht, mögliche Zeltplätze in Berlin aus dem Netz geholt, selbst an Proviant hatten sie gedacht. Daneben hatten sie immer wieder Nachrichten geschaut und sich überzeugt, dass der Besuch des Präsidenten auch wirklich stattfand.
Am Zeugnistag spielte dann sogar das Wetter mit. Strahlender Sonnenschein. Ihre Mütter würden nicht einmal auf dieses Argument zurückgreifen können, um ihnen ihre Zeltferien zu verderben. Moses hoffte nur, dass seine Noten einigermaßen waren – eine Fünf in Mathe hätte er nun nicht gebrauchen können. Doch

da der Lehrer in den letzten Tagen nichts gesagt hatte, war er zuversichtlich. Alle anderen Noten waren ihm bekannt. Als die Zeugnisse ausgeteilt wurden, hielt er dann doch für einen Augenblick den Atem an, aber dann war die Aufregung auch schon wieder vorüber: Der Mathelehrer hatte ihm wirklich die Gnadenvier gegeben! Moses nahm sich vor, im nächsten Schuljahr schon für ihn etwas mehr zu arbeiten.

Als die vierte Stunde vorbei war, verabschiedete er sich rasch von einigen Mitschülern, bei Kevin hielt er sich etwas länger auf.

„Was machst du in den Ferien?"

„Ich zelte ab morgen mit Michel."

„Ach so ... Michel", die Enttäuschung war deutlich zu hören.

Moses konnte darauf im Moment keine Rücksicht nehmen.

„Im nächsten Jahr zelten wir beide auch einmal", sagte er nur und ließ den Jungen stehen.

Wenn die Zeit gekommen war, würde er Kevin alles erklären.

Moses rannte nach Hause – so eilig hatte er es seit Jahren nicht mehr gehabt. Peter war zum Glück nicht da. Nur Mum saß zu seiner Überraschung in der Küche.

„Ich habe gedacht, wir essen zusammen ... zur Feier des Tages!"

Michel schluckte zwar, sagte aber so freundlich wie möglich nur: „Tolle Idee!"

Mama hatte tatsächlich sein Lieblingsessen gekocht: Hähnchen mit Pommes. Nach dem Zeugnis fragte sie erst, als sie aufgetischt hatte. Moses zeigte es ihr.

Sie las es gründlich durch und meinte dann: „Ist doch gar nicht so übel. Das hatten wir schon schlimmer."

Moses atmete auf. Davon, dass die Vier in Mathe vermutlich sehr knapp war, musste er ja nichts sagen. Es stand schließlich auch nichts unter „Bemerkungen".

Fast hatte er ein schlechtes Gewissen, dass er Mama so belog. Aber es ging eben nicht anders – und sie wollte es doch auch schließlich so haben!

Am Nachmittag telefonierte er mit Michel.

„Giftblatt okay?", fragte der nur.

„Alles im grünen Bereich", sagte Moses nur. „Und bei dir?"

„Ein bisschen an der Grenze war's schon. Aber das haben sie auf den Umzug geschoben. Hab denen gesagt, dass sie selber schuld sind."

Moses konnte sich denken, dass es in Deutsch nicht gereicht hatte. Früher hatte er Michel da manchmal geholfen, während der ihn in Mathematik abschreiben ließ.

Sie redeten nicht weiter über die Schule, sondern über den nächsten Tag. Sie wollten angeblich an einem Bach in der Nähe eines Dorfes zelten, das zwischen ihren Wohnorten lag – auf ihrer heimlichen Fahrradroute! Da sonst alles klar war, machten sie es kurz und verabredeten sich für zehn Uhr am Vormittag.

Den Jungs wäre ein früherer Zeitpunkt zwar lieber gewesen, aber sie wollten nicht den geringsten Verdacht aufkommen lassen. Als Moses seiner Mutter erzählte, was sie ausgemacht hatten, war sie dann auch zufrieden. Am Abend sah er zur Sicherheit noch einmal Nachrichten. Zum Glück blieb es dabei: In zwei Tagen würde der amerikanische Präsident nach Deutschland kommen. Es hieß, dass sein Gefolge zum Teil schon da war. Moses atmete auf: Es konnte bei diesen Leuten immer sein, dass sie im letzten Moment absagten. Allerdings hatte man in den vergangenen Tagen von keinem neuen Krieg oder einer anderen Katastrophe gehört, so dass es eigentlich keinen Grund gegeben hätte.

Er legte sich am Abend früh ins Bett. Seine Sachen hatte er schon am Tag gepackt. Hier konnte nichts mehr anbrennen. Wieder beschäftigte ihn nur die Frage, wie er es anstellen konnte, Barack Obama zu begegnen. Sicher – ein dickes Kuvert mit dem Schreiben seines Vaters, den Mails von Herrn Blumberg und den paar Zeilen, die sie ihm bereits ins Weiße Haus gemailt hatten, lag parat.

Aber was war, wenn er nicht an den Mann herankam? Noch immer hatten sie keinen richtigen Schlachtplan entworfen. Michel sagte immer nur, dass ihm im richtigen Moment schon das Richtige einfallen würde. Moses war da etwas skeptisch, behielt dies aber für sich.

In der Nacht konnte er kaum schlafen, doch war ihm dies völlig egal. Seine Gedanken kreisten um das, was sie vorhatten, und immer wieder sah er das Bild seines Vaters vor sich – so wie er sich ihn vorstellte: Ein dünner dunkelhäutiger Mann, dem sie im Gefängnis eine Glatze geschoren hatten. Auch der Schnurrbart fehlte. Dann quälte er sich wieder mit dem Gedanken, wie es seinem Vater wohl gerade in diesem Augenblick gehen mochte, in dem er selbst in seinem warmen Bett lag: Hockte er in einem dieser Stahlkäfige, die er im Internet gesehen hatte, ausgestellt wie eine Henne von einem dieser Geflügelzuchtvereine? Peter interessierte sich für so etwas und hatte ihn schon das eine oder andere Mal dorthin mitgenommen. Oder lag er in einem dunklen Loch, in dem man ihn nicht schlafen ließ und immer wieder mit Wasser begoss?

Es war fast Morgen, als Moses endlich einschlief. Trotzdem war er gleich munter, als sein Wecker ertönte. Es war sieben Uhr. Noch einmal spielte er in Gedanken durch, was er machen würde, wenn er den Präsidenten traf.

Beim Frühstück machte Peter seine üblichen Scherze.

„Hat der Kleine denn keine Angst, wenn er alleine im Zelt liegt?"

„Pass auf, dass du dir nicht nachts in die Hose machst, wenn dein Kumpel dabei ist!"

Moses konnte den Unsinn nicht mehr hören. Er trank den warmen Kakao aus, den es heute ausnahmsweise gab, und ging in sein Zimmer.

Anders als sonst kam Mama ihm nach.

„Nimm ihm das nicht übel – er meint das nicht so."

„Doch, er meint das so", antwortete Moses böse. „Der soll mich einfach in Ruhe lassen!"

„Nun bist du uns ja erst mal ein paar Tage los", sagte Mama und machte Anstalten, ihm über den Kopf zu streichen. Michel drehte sich aber rasch weg.

„Es wäre schön, wenn ich wiederkäme und er wäre endlich weg", fasste er seinen ganzen Mut zusammen.

„So was darfst du nicht sagen!" – Mamas Erschrockenheit war echt.

„Aber es ist so!"

Wortlos ging Mum aus dem Zimmer. Moses tat überhaupt nicht leid, was er gesagt hatte, im Gegenteil: Wenn die Dinge gutliefen, würde hier sowieso schon bald kein Platz mehr für Peter sein!

Zu seiner Freude fuhr Mama ihn alleine zum verabredeten Ort. Er hatte zwar vorgeschlagen, dass er das Fahrrad nehmen könnte, doch war Mama strikt dagegen gewesen: „Das ist viel zu weit für dich. Außerdem, bei allem, was man heute so hört ..."

Moses lachte in sich hinein. Wenn sie nur wüsste ... Zum Glück ließ sie sich darauf ein, sein Fahrrad im Kofferraum mitzunehmen. „Du weißt doch, Mama, wenn mal was ist ...", hatte er einfach die Worte gebraucht, die sie so oft benutzte. Ihr war es nicht aufgefallen, sie hatte gleich zugestimmt.

Am verabredeten Treffpunkt war von Michel noch nichts zu sehen.

Die Jungs hatten sich bei drei großen Bäumen an einem Bach verabredet. Sie kannten die Stelle, denn der Bach floss an der Wiese vorbei, auf der sie neulich gelegen hatten. Mum wäre nicht Mum gewesen, wenn ihr nicht wieder Bedenken gekommen wären: „Ob man hier überhaupt wild zelten darf? Was ist, wenn der Bauer kommt, dem die Wiese gehört?"

„Keine Sorge, da kommt schon keiner."

„Was macht dich da so sicher? Woher kennst du den Platz überhaupt?"

Moses schluckte kurz, obwohl er eigentlich mit dieser Frage gerechnet hatte – nur eben zu einem anderen Zeitpunkt. Er brauchte deshalb einen Moment, um die Antwort abzurufen, die er sich für diesen Fall zurechtgelegt hatte: „Wir waren mal bei einem Wandertag hier, Michel und mir hat die Stelle gleich gefallen."

Zum Glück gab sich Mama damit zufrieden.

Dann sahen sie den Freund kommen. Moses entdeckte ihn zwischen den letzten Häusern des Dorfes: Michel kam alleine mit dem Fahrrad, damit hatte er nun nicht gerechnet.

Schließlich war er noch jünger als er. Als er bei ihnen war, hielt er

Moses noch ganz außer Puste die Hand entgegen.
Als dieser eingeschlagen hatte, gab Michel auch Moses' Mutter artig die Hand.
„So weit bist du mit dem Fahrrad gefahren?", wunderte sich diese.
„Mama hat einen Termin beim Arbeitsamt."
„Und ihr Freund?"
„Den hat sie nicht mehr – seit vorgestern!" Moses glaubte ein leichtes Grinsen in Michels Gesicht zu erkennen.
Er war im Grunde nicht böse, dass dessen Mutter nicht hier war. So konnten sich die beiden Frauen wenigstens nicht über unangenehme und vielleicht peinliche Dinge austauschen.
Wenn Moses allerdings hoffte, dass seine Mama jetzt rasch wegfahren würde, dann hatte er sich geirrt. Sie schien mit der Situation gar nicht zufrieden zu sein.
„Mir ist das alles auf einmal gar nicht recht", sagte sie und wiegte den Kopf hin und her.
Nun war wieder der Einsatz von Michel gekommen: „Jetzt machen Sie sich mal keine Sorgen, Sie können ja mit meiner Mutter telefonieren. Nicht dass Sie denken, ich wäre am Ende noch abgehauen!" Michel lachte so scheinheilig dazu wie nur er, dieser unverschämte Schauspieler, es konnte. Moses biss sich fast die Lippe blutig.
„Außerdem können Sie ja morgens und abends mit ihrem Sohn telefonieren. Das mache ich mit meiner Mutter auch so."
Die Besorgtheit seiner Mum schien langsam zu schwinden, stellte Moses endlich zufrieden fest. Als sie ihr noch versprachen, mit dem Bauern zu reden, dem die Wiese gehörte, war sie schließlich vollständig überzeugt.

„Dann können wir uns ja jetzt verabschieden", meinte Moses. Seine Mutter stimmte ihm zu und wollte ihn doch tatsächlich an sich drücken! Moses war so überrascht, dass er dies erst im letzten Moment abwehren konnte.

„Entschuldige, dein Freund ist ja hier", lächelte Mum verständnisvoll und fing sich einen bösen Blick ein.

Dann setzte sie sich ins Auto und fuhr winkend davon.

„Das hätte böse ausgehen können", meinte Michel erleichtert.

„Was, das Knutschen?"

„Quatsch, das macht meine auch immer. Nein, ihre Angst. Ich dachte schon, die lässt uns nicht hier."

Moses nickte und machte eine abfällige Handbewegung.

Als das Auto außer Sicht war, lud Moses seine Sachen aufs Fahrrad und sie setzten sich Richtung Dorf in Bewegung.

„Ob wir nicht besser doch das Zelt aufbauen sollten? Nur als Alibi?", schlug Moses plötzlich vor.

Michel überlegt einen Moment, dann stimmte er ihm zu.

„Hast Recht, kann sein, dass sie Kontrollfahrten machen, dann steht wenigstens was da. Wir sehen dann nur in Berlin ein bisschen alt aus – so ohne Zelt."

„Glaube nicht, dass wir da Lust hätten, unsere Zeit mit so was zu verschwenden. Außerdem hätten wir da nur noch mehr zu schleppen. Irgendwo werden wir schon pennen. Unsere Schlafsäcke können wir ja mitnehmen."

Michel war einverstanden. Sie drehten um und schoben ihre Räder bis zu der Stelle, an der sie die nächsten Tage angeblich verbringen wollten.

Eilig packten sie das Zelt aus und bauten es auf.

„So, jetzt können sie schon mal da hinten vorbeifahren und gucken", grinste Michel. „Hierher kommen sie sowieso nicht, aber sich aus der Ferne vergewissern, ob es ihren lieben Kleinen noch gut geht – das könnte ich mir schon vorstellen."
Als sie fertig waren, zogen sie den Reißverschluss des kleinen Zeltes zu und verstauten alle Sachen in ihren großen Rucksäcken. Dann setzten sie sich auf ihre Fahrräder.
„Jetzt aber nichts wie weg", meinte Michel.
Sie mussten sich nicht mehr großartig besprechen. Der Plan war klar – so intensiv hatten sie in den letzten Wochen daran gefeilt, dass sie alle Details im Schlaf abspulen konnten.
Die beiden Jungs fuhren mit ihren Rädern zurück zum Dorf und von da aus zurück Richtung Stadt.
Nach einer knappen halben Stunde waren sie am Ziel. Moses freute sich, dass seine Sorge, ein Bekannter könnte ihnen vielleicht über den Weg laufen, offenbar grundlos gewesen war. Sie waren bis jetzt nur auf fremde Gesichter getroffen.
Am Bahnhof stellten sie ihre Räder ab und schlossen sie an. Dann nahmen sie die Rucksäcke und gingen in das Gebäude.
Abfahrtszeit und Gleis hatten sie aus dem Internet, nun mussten sie nur noch die Tickets kaufen. Dem Schalterbeamten erzählte Michel die Geschichte von seinem Onkel, der in Berlin lebte und den sie unbedingt noch einmal besuchen müssten. Moses fand, dass der Freund sich selbst übertraf, denn an dieser Stelle schluckte er und machte ein Gesicht, als müsse er gleich losheulen: „Sie müssen wissen. Mein Onkel ... er ist krank, sehr krank, er wird Weihnachten nicht mehr ..." Michel tat so, als könne er nicht weitersprechen.

„Ist ja schon gut", meinte der Mann auf der anderen Seite freundlich und stellte ihnen problemlos die Fahrkarten aus.

„Dieses Mal hast du aber dick aufgetragen", sagte Moses, als sie zum Gleis gingen.

„Scheißegal, Hauptsache, es kommt nichts dazwischen!" Abgebrüht zuckte Michel nur mit den Schultern.

Manchmal machte Moses die Coolheit seines Freundes richtig Angst. Dann sagte er sich, dass der wohl schon so einiges durchhatte.

Moses blieb aber keine Zeit zum Nachdenken, denn sie waren bereits am Bahnsteig angekommen. Der Zug hielt schon dort.

Erleichtert atmete er auf: Da mussten sie wenigstens nicht noch hier warten und Gefahr laufen, letztlich doch noch von einem Bekannten gesehen zu werden.

Rasch stiegen sie ein und suchten sich wieder ein Abteil aus, das sie für ziemlich abgelegen hielten. Michel ließ sich auf die Sitze fallen und streckte die Füße nach oben. „So, Berlin, wir kommen!" Moses lachte, auch wenn ihm durchaus etwas mulmig zumute war: Sie hatten doch eine sehr weite Zugfahrt vor sich, mussten insgesamt fünfmal umsteigen, und dann sah es mit ihrem Budget auch nicht zum Besten aus: Der Preis für die Fahrkarten hatte schon einen beträchtlichen Teil davon verschlungen. Trotzdem wollte Moses nicht wieder derjenige sein, der immer nur Bedenken hatte, und so hielt er den Mund. Endlich setzte sich der Zug in Bewegung und es sah so aus, als blieben sie alleine. Immer wenn jemand stehen blieb und Anstalten machte, die Tür zu öffnen, zogen sie die übliche Prügel-Show ab. Bis jetzt hatte es noch immer geholfen.

Wenn die Leute dann wieder weg waren, sprachen sie über ihr großes Vorhaben. Michel sprühte vor Eifer und sah alles viel einfacher als der Freund: „Wenn wir den Obama sehen, dann nix wie drauflos, ihn angequatscht und den Brief in die Hand gedrückt!"
Moses verbiss sich eine Bemerkung, er wollte den Freund nicht bremsen.
Als es eine Weile still war, meinte Michel plötzlich ziemlich ernst: „Nicht wahr, du machst dir wieder Sorgen. Ich kenne dich doch!"
Moses wand sich hin und her, hielt es letztlich aber doch für besser, die Wahrheit zu sagen: „Ich mache mir halt so meine Gedanken. Und dazu gehört nun mal auch, dass wir den Mann vielleicht gar nicht zu Gesicht kriegen."
„Wenn man immer nur daran denkt, dass etwas nicht klappen kann, dann kann es ja nichts werden!" Michel machte eine kleine Pause, holte tief Luft und fuhr dann beruhigend fort: „Jetzt sieh das mal alles nicht so negativ! Wir werden das schon hinkriegen, und wenn es dir Sorgen macht, dass wir noch keinen festen Plan haben, dann lass dir nur eines sagen: Gerade darin liegt ja vielleicht unsere Stärke. Was hilft die beste Strategie, wenn sich nachher irgendetwas ändert und wir sie nicht umsetzen können? Nein, wir müssen in der Situation entscheiden, und da kennst du doch deinen Kumpel: Dem fällt immer was ein!"
Michel hielt ihm die Hand hin, und Moses schlug wie immer ein. Wahrscheinlich sollte er dem Freund wirklich vertrauen, dachte er bei sich. Dass Michel nicht der Typ war, der gleich die Brocken hinschmiss, wenn sich Hindernisse in den Weg stellten, das hatte er mehr als einmal bewiesen.
Nach dem ersten Umsteigen stieg Moses' Zuversicht mit jeder

Minute. Er hatte das sichere Gefühl, dass jeder Kilometer Schiene, den der Zug verschlang, ihn nicht nur näher an die Hauptstadt, sondern auch näher an seinen Vater brachte.

Stunde um Stunde verging, inzwischen waren sie schon zum dritten Mal umgestiegen. Mehr als die Hälfte der Strecke lag schon hinter ihnen, und bisher war noch nichts passiert, was sie am Erfolg ihrer Mission hätte zweifeln lassen.

Gegen Abend aßen sie die letzten Brote, die die Mütter ihnen gemacht hatten. Vielleicht war das der Grund, dass Moses an sein Versprechen erinnert wurde: „Ich muss gleich zu Hause anrufen", sagte er. „Du solltest das auch tun!"

„Ich habe mit meiner Mutter nichts verabredet. Das hab ich doch nur deiner gegenüber so gesagt", entgegnete Michel grinsend. „Aber wenn du willst, bitte schön!"

Moses schüttelte den Kopf, beschloss aber, bis zum nächsten Umsteigen zu warten, denn während der Fahrt war es viel zu gefährlich – Mama hätte am Ende noch die Zuggeräusche im Hintergrund gehört. Es dauerte noch eine halbe Stunde, bis sie erneut den Zug wechseln mussten. Für Moses zog sich die Zeit qualvoll in die Länge, denn er konnte sich vorstellen, wie kribbelig Mum schon am Telefon wartete. Gewiss hatte sie schon ein paarmal seine Nummer gewählt – aber da hatte sie Pech, denn sein Handy war ausgeschaltet.

Endlich erreichten sie den Zwischenstopp und Moses eilte zur Toilette. Michel folgte ihm wie ein treuer Hund. Als sie sich vergewissert hatten, dass außer ihnen niemand in dem schmutzigen und stinkigen Raum war, zog Moses sein Handy hervor. Er wählte die Nummer und es dauerte keine zwei Klingeltöne, bis Mamas

aufgeregte Stimme zu hören war: „Moses! Was ist los? Ich hab die ganze Zeit versucht dich anzurufen!"
Er versetzte sich gedanklich an den Bach: „Nichts. Was soll denn los sein? Hat nur etwas gedauert, bis wir alles richtig aufgebaut hatten."
„Aber doch nicht so lange ...?"
„Nein, so lange nicht. Aber wir mussten doch erst noch mit dem Bauern reden. Und dann war der nicht da. Wir mussten stundenlang warten."
Allmählich schien Mama etwas beruhigt. „Ich dachte schon, es wäre was. Noch eine halbe Stunde, und ich wäre gekommen!"
Moses blieb fast das Herz stehen.
„Nur das nicht!", sagte er. „Verdirb uns bitte nicht den Spaß!"
„Ist ja schon gut. Aber so was darfst du nicht mehr mit mir machen. Bitte ruf mich ab jetzt immer pünktlich an!"
„Ich werde mir die größte Mühe geben."
Dann beendeten sie das Gespräch.
„Und, hat sie was gemerkt?" Michel konnte seine Neugierde nicht zurückhalten.
„Keine Spur", entgegnete Michel. „Aber sie wäre fast zum Zeltplatz gefahren."
Michel fasste sich mit der Hand an die Gurgel.
„Scheiße", sagte er. „Dann musst du darauf achten, dass du sie in Zukunft immer zur richtigen Zeit anrufst."
Moses nickte.
„Hat sie was gesagt, ob sie mit meiner Mutter gesprochen hat?"
„Nein, habe ich auch vergessen zu fragen."
Längst schon hatten sie die Toilette verlassen. Darin war es ein-

fach zu eklig gewesen.

„Die Mütter werden uns schon noch ein bisschen Stress machen", sagte Michel und lachte. „Aber mit denen werden wir fertig!"

Auch Moses grinste zuversichtlich. Wenn er sich immer an die vereinbarte Zeit hielt, würde Mama ganz bestimmt keine komischen Ideen haben. Und sie wusste schließlich, wie böse er werden konnte, wenn sie sich in seine Angelegenheiten einmischte.

Sie gingen zum Bahnsteig, an dem ihr nächster Zug abfuhr. Eine Viertelstunde mussten sie sich noch vertrödeln, dann ging die Fahrt weiter.

Die Jungs wurden immer aufgeregter. Gebannt sahen sie auf die Landschaft, die draußen vorbeiflog. Noch einmal kam ein Schaffner ins Abteil, der ihre Fahrkarten kontrollierte.

„Na, die Herren, alleine auf großer Fahrt?"

„Ganz alleine, wir sind schon groß! Nur unsere Mütter sehen das leider nicht so: Haben uns zu Hause in den Zug gesetzt und dafür gesorgt, dass wir in Berlin wieder abgeholt werden. Das ist vielleicht peinlich!" Moses staunte nur. Michels Schlagfertigkeit war einfach nicht zu toppen!

„Na, dann ist ja alles klar", sagte der Mann, grüßte mit der Hand an der Mütze und ging.

„Was du den Leuten so alles erzählst! Ich muss mich immer wieder wundern!" Moses meinte das total ehrlich.

„Wenn man ein bisschen kleiner ist als die anderen, muss man sich eben mit dem Mund wehren", antwortete Michel.

Moses behielt eine Entgegnung für sich, denn er wollte nicht in diesem wunden Punkt wühlen. Gerne hätte er etwas Nettes gesagt, doch war er da anders als sein Freund und ihm fiel so rasch nichts

ein. Also hielt er lieber den Mund.
Wortlos saßen sie einander gegenüber und sahen nach draußen. Wiesen, Wälder und Häuser, immer das gleiche Bild.
Moses spürte, dass er müde wurde, aber er sagte nichts. Wenn sie erst in Berlin waren, verging das von selbst, da war er sich sicher.
Dann wurden die Siedlungen immer häufiger, schließlich verdichteten sie sich, so dass nur noch ab und zu ein Stück Natur zu sehen war. Manchmal kamen sie durch richtig noble Gegenden – feine Villen standen hier auf Grundstücken mit uralten Bäumen. Wieder etwas später waren sie plötzlich von einem Meer von Häusern umgeben – den Übergang hatten sie gar nicht bemerkt.
„Ich glaube, wir sind da", meinte Moses.
„Wir müssen da sein – das ist Berlin!"
Etwas unheimlich wurde es Moses schon zumute, doch behielt er dies für sich. Staunend sahen sie durch das Fenster, sahen Hochhaussiedlungen, Einfamilienhäuser, riesige Reklametafeln und Wände, die über und über mit Graffiti besprüht waren. Schließlich fuhren sie über einen Fluss.
Es dauerte aber noch etwas, bis der Zug endlich hielt: „Berlin Hauptbahnhof", tönte es blechern durch einen Lautsprecher, den sie nicht entdecken konnten.
Michel und Moses stiegen fast ehrfürchtig aus.
„Oh Scheiße", sagte der Kleine. „Wo sind wir denn hier gelandet?!"
Jetzt konnte auch Moses ehrlich sein: „Wenn das mal gut geht!"
Die Tatsache, dass Michel keine Antwort gab, zeigte ihm, dass er mit seiner Befürchtung so ziemlich ins Schwarze getroffen hatte.
Der Bahnhof war riesig. Am liebsten wären sie am Bahnsteig ste-

hen geblieben, doch ließ ihnen der Strom der Menschen keine Chance dazu. Sie wurden regelrecht mitgerissen.
Unwillkürlich fassten sie sich an den Händen.
„Nicht dass wir uns verlieren", sagte Michel nur und Moses nickte wortlos.
Sie ließen sich einfach treiben und kamen auf etlichen Rolltreppen durch verschiedene Ebenen mit zahllosen Geschäften und Bars. Schließlich standen sie in einer gewaltigen Schalterhalle. Alles war aus Glas, aus unzähligen Lautsprechern ertönten Ansagen, und der Schilderwald, der zur Orientierung dienen sollte, bewirkte nur das Gegenteil – er erdrückte sie förmlich.
„Ich weiß gar nix mehr!", brüllte Moses dem Freund ins Ohr.
„Wir müssen den Ausgang finden!", schrie Michel ebenso laut zurück. Eine Minute später hatte er offenbar etwas entdeckt, denn er zog Moses zielstrebig in eine Richtung. Dann sah auch dieser das Schild, das auf einen der vielen Ausgänge hinwies. Mit großen Schritten eilten sie darauf zu – dann standen sie endlich im Freien. Zu ihrem Schrecken bemerkten sie, dass es langsam dunkelte.
Ihr Blick wurde unwillkürlich auf zwei riesige Gebäude gelenkt, die in fast greifbarer Nähe standen. Während das eine sehr modern aussah, war das andere sehr alt.
„Kanzleramt und Reichstag", erklärte Michel und beantwortete lässig Moses' unausgesprochene Frage mit einem Wort: „Wikipedia."
„Ob die Kanzlerin sich mal sehen lässt?", versuchte Moses ebenso cool zu sein.
„Kannst ja mal klingeln, vielleicht ist sie zu Hause!"
Die Jungs sahen sich um. Schließlich blieben ihre Augen am fast

dunklen Himmel hängen.

„Scheiß Zeit, um in Berlin anzukommen", brachte Michel die Sorge zum Ausdruck, die sie in diesem Moment beide umtrieb. „Aber es hilft ja alles nichts!"

„Wir wollten es schließlich so haben", stimmt Moses dem Freund zu.

Einige Meter vor ihnen entdeckte er merkwürdige Gefährte. Als er sie Michel zeigte, wusste der gleich Bescheid.

„Das sind Fahrradrikschas. Vorne strampelt sich einer ab, und du sitzt hinten und lässt dich chauffieren. Hab ich im Internet gesehen. Die machen hier den Taxis Konkurrenz."

„Ob wir uns damit fahren lassen sollen?"

„Nein, da stand auch, was die Dinger kosten. Wenn wir uns das leisten, können wir gleich Konkurs anmelden."

Moses nahm an, dass Michel richtig gelesen hatte, und ging gleich über zu einer billigeren Alternative.

„Dann nehmen wir eben den Bus."

„Nehmen wir eben den Bus", stimmte Michel ihm jetzt sofort zu. Er war froh, dass Michel nicht die U-Bahn genannt hatte. Die war ihm nicht so recht geheuer. Busse fuhren hier wirklich genug herum, Bushaltestellen gab es auch wie Sand am Meer, nur gerade dies war das Problem! Moses kratzte sich verlegen am Hinterkopf: „Hast du einen Plan?"

„Nöö, aber wir können ja fragen!"

Gleich setzte Michel seine Worte in die Tat um und ging auf den Fahrer einer Fahrradriksha zu, der gelangweilt dastand und eine Zigarette rauchte.

Moses hörte nicht, was er sagte, doch als Michel zurückkam,

machte er ein zufriedenes Gesicht: „Ich weiß jetzt Bescheid, komm mit!"

„Zum Brandenburger Tor?"

„Zum Brandenburger Tor! Ist überhaupt nicht weit."

„Aber du weißt schon, dass da heute noch nichts passiert?!"

„Das weiß ich schon. Ich dachte nur, wir könnten schon mal gucken!"

„Aber es ist fast dunkel!"

„Gebe ja zu, dass der Zeitpunkt ein bisschen ungünstig ist. Hast du denn eine andere Idee?"

Moses musste nicht lange nachdenken: „Ich finde, wir sollten uns was zu mampfen kaufen und uns dann einen Platz zum Schlafen suchen."

Michel war einverstanden.

„Da hinten gibt es eine Dönerbude. Die hat mich eben schon so angelächelt!"

„Dann nix wie hin!"

Fünf Minuten später saßen sie an einem Biertisch und verschlangen ihre Döner. Jeder hatte eine Dose Cola vor sich.

Moses sah sich um: „Ist schon geil, dieses Berlin, was?!"

„Absolut geil", gab Michel mit vollem Mund zurück. Und wirklich – man konnte sich nicht sattsehen an den vielen Menschen, den riesigen Gebäuden und der Leuchtreklame, die von allen Seiten auf sie einströmte. Ein wenig fühlten sie sich wie erschlagen von dem Betrieb, der hier überall herrschte – vom Lärm gar nicht zu reden.

Dann stellte Michel eine Frage, bei der Moses fast der Bissen im Hals stecken blieb.

„Hast du dir eigentlich schon Gedanken gemacht, wo wir heute Nacht schlafen?"
„Nö, du?"
„Vielleicht auf einer Parkbank?"
„Und werden dann von irgendeinem Pädophilen umgebracht?"
„Naja, so schwächlich sind wir ja nicht. Zumindest du nicht."
Michel schien aber selbst nicht ganz wohl bei dem Gedanken zu sein, die Nacht möglicherweise auf einer einsamen Bank verbringen zu müssen.
„Vielleicht gibt es ja eine bessere Möglichkeit", beeilte er sich deshalb hinzuzufügen.
„Du hast doch nach Zeltplätzen gesucht ..."
„Schon richtig, nur wenn wir da jetzt in der Dunkelheit auftauchen – sie müssen doch denken, dass etwas nicht stimmt. Und am Ende schicken sie uns noch die Polizei auf den Hals."
„Also können wir uns auch keine Jugendherberge suchen oder so etwas?"
„Ich fürchte nicht."
Als sie fertig gegessen hatten, beschlossen sie, mit dem Bus Richtung Brandenburger Tor zu fahren. Sie waren dann wenigstens schon einmal dort und konnten vor Ort die Lage begutachten. Um das Ticket machten sie sich keine Sorgen, sie waren seit Hannover geübte Schwarzfahrer.
Die Fahrt mit dem Bus dauerte nicht lange, unterwegs drückten sie sich die Nasen an den Scheiben platt und bewunderten die Stadt.
So etwas hatten sie noch nicht gesehen: Es schien, als würde sich ein historisches Gebäude an das andere reihen, in der Ferne über-

traf eine riesige Säule alles.

„Hast du so ein Ding schon mal gesehen?", fragte Moses.

„Im Internet", kam die Antwort von Michel. „Das ist die Siegessäule."

„Gehen wir da morgen mal rauf?"

„Klaro, wenn's nicht so viel kostet."

Dann sahen sie auch bereits das Brandenburger Tor. Es war noch viel größer, als sie es sich vorgestellt hatten. Die Jungen kamen aus dem Staunen nicht mehr heraus.

„Ach du Scheiße!", sagte Michel nur, und immer wieder: „Ach du Scheiße!"

Als sie ausstiegen, glaubten sie, es wären nur wenige Meter bis zum Tor. Allerdings täuschten sie sich, der Weg zog sich doch in die Länge. Vielleicht waren sie auch falsch ausgestiegen, dachte Moses bei sich.

Als sie nach einigen Minuten dann aber schließlich unter dem Brandenburger Tor standen, stießen sie sich fast gleichzeitig an.

„Scheiße, wenn das unsere Mütter wüssten!", rief Moses begeistert aus. „Wir hier unter dem Brandenburger Tor!"

Michel sagte gar nichts, ihm stand einfach nur der Mund offen.

Um das Tor herrschte ein Leben wie auf dem Jahrmarkt. An mehreren Ecken spielten Musiker: Einer alleine, eine südamerikanische Gruppe spielte Indiomusik und dann waren da noch zwei Leute mit Schifferklavieren.

Ein älterer Junge lief auf Sprungfedern umher.

Moses und Michel sahen ihm lange und offenbar so aufmerksam zu, dass er das bemerkte und zu ihnen kam.

„Ihr seid wohl nicht von hier?", fragte der Junge.

„Nein, sieht man uns das an?", fragte Michel zurück.

„Das nicht, aber die meisten Leute, die hier sind, kommen von auswärts. Wollen alle mal das berühmte Tor sehen."

„Das geht uns genauso."

Da der fremde Junge noch keine Anstalten machte zu gehen, fasste sich Michel ein Herz und fiel mit der Tür ins Haus: „Sag mal, weißt du, wo man hier pennen kann?"

Der Junge zog die Augenbrauen hoch: „Ach, so welche seid ihr! Ausgerissen von zu Hause! Wenn das mal die Bullen wüssten!"

Es war das Wort „Bullen", das Moses hoffen ließ, der Junge würde sie nicht gleich verraten.

Michel reagierte auch prompt und trat die Flucht nach vorne an: „Aber du verpfeifst uns doch nicht?"

„Quatsch", sagte der Fremde. „Bin doch selbst auf Trebe!"

Moses sah ihn fragend an, denn das Wort hatte er noch nicht gehört.

Michel war wieder etwas forscher und fragte gleich nach.

Lachend erklärte ihnen der fremde Junge die Bedeutung von ‚auf Trebe sein': „Das sind solche wie ihr und ich, solche, die kein Zuhause haben und sich ohne ihre Alten durchs Leben schlagen."

Michel ließ es dabei bewenden, was Moses auch völlig in Ordnung fand. Was sollten sie dem Jungen jetzt schon einen ganzen Roman erzählen? Wenn er dachte, dass sie ebenso wie er auf Trebe waren, hielt er sie wahrscheinlich für cooler, als wenn sie erzählen würden, dass sie einfach nur für ein paar Tage ausgebüxt waren.

„Aber noch mal zu eurem Problem: Klar kann ich euch helfen. Hab ein feines Plätzchen nur ein paar Straßen weiter. Wenn wir uns um elf Uhr hier treffen, zeige ich euch das. Aber jetzt muss ich noch ein bisschen Geld verdienen!"

Der fremde Junge sprang weg und mischte sich unter die Leute. Ab und zu federte sein Kopf heraus, dann wieder sahen die beiden aufmerksamen Beobachter, wie er den Menschen ein Körbchen entgegenhielt.

„Was es nicht alles gibt!", wunderte sich Moses.

„Auch eine Art, sein Geld zu verdienen", ergänzte Michel.

Moses war froh, dass sich ihr Übernachtungsproblem so rasch gelöst hatte. Nun konnte er relativ beruhigt das Geschehen um sie herum beobachten.

Plötzlich stieß Michel ihn an: „Wir wissen nicht mal, wie unser neuer Kumpel heißt!"

Moses erschrak, denn sie hatten tatsächlich vergessen, danach zu fragen.

Wie auf ein Signal hin zogen sie beide los in Richtung der Menschenansammlung, in der der Junge auf und ab sprang.

Als er sie kommen sah, hüpfte er heran:

„Gibt's noch was?"

„Wir wissen nicht mal, wie du heißt!"

„Für euch Peter, von mir aus auch Steve. Ja, sagen wir Steve", kam die verblüffende Antwort.

Michel und Moses zogen sich verwundert zurück. Was man in diesem Berlin für verrückte Sachen erlebte!

Weil es nicht etwa so aussehen sollte, als würden sie von jetzt an nur an Steves Rockzipfel hängen, gingen sie ein wenig vom Brandenburger Tor weg und vertrödelten sich. Nicht weit entfernt stand der große Fernsehturm. Sie setzten sich auf eine Bank. Moses merkte jetzt, wie müde er war. Fast wäre er im Sitzen eingeschlafen. Michel ging es offenbar nicht besser. Beide waren sie deshalb heilfroh, als die verabredete Zeit endlich gekommen war.

Steve hielt sein Versprechen und wartete mitten unter dem Tor auf sie.

„War ein guter Abend", sagte er gut gelaunt. „Davon kann ich mich ein paar Tage über Wasser halten!"

Er wühlte in seinem Korb und machte wirklich einen sehr zufriedenen Eindruck.

Dann erst wandte er sich den beiden Jungs zu: „Ihr wollt sicher jetzt sehen, wo es hingeht!" Er gab ihnen einen Wink, dass sie ihm folgen sollten.

„Ist es weit?", wollte Michel wissen. Der Kleine machte einen sehr erschöpften Eindruck.

„Nicht besonders, ein paar hundert Meter."

Sie folgten dem fremden Jungen durch die fremde Stadt. Ein wenig unheimlich war es Moses schon zumute. Was wäre, wenn das alles nur eine Falle war? Man hörte ab und zu von Jugendbanden, die ihre ganz speziellen Tricks hatten, um andere auszurauben.

Moses wurde es immer mulmiger zumute. Allerdings wusste er beim besten Willen nicht, wie er aus dieser Misere herauskommen sollte. Es gab nicht einmal die Möglichkeit, Michel unter vier Augen zu sprechen, denn Steve war viel zu nahe bei ihnen.

Meter für Meter folgte er darum dem eigenartigen Jungen, nahm sich aber vor, auf alles gefasst zu sein. Wenn sie sich nicht überraschen ließen, könnten sie vielleicht entkommen!

Steve bog jetzt zwischen zwei alten Häusern ein. Es ging über einige Hinterhöfe; an einem uralten Gebäude schob er ein paar Bretter zur Seite. Dann holte er eine Stirnlampe aus der Hosentasche und setzte sie auf.

„Mir nach", sagte er, „wir sind jetzt in unserem Hotel."

Moses bekam es richtig mit der Angst zu tun.

„Ich weiß nicht, ob ich hier hinein will", sagte er dann auch. Da Michel ihm nicht widersprach, ging er davon aus, dass sie mit ihren Gedanken so weit nicht voneinander waren.

„Seht es euch nur mal an, drinnen ist es bei weitem nicht so gruselig, wie man das von hier draußen meint!"

Da Steves Stimme total freundlich klang, wischte Moses seine Bedenken zur Seite. Ein Mann musste auch mal ein Risiko eingehen, wiederholte er bei sich einen Satz, den er irgendwo einmal gehört hatte, vermutlich im Fernsehen.

Moses tat den ersten Schritt durch das Loch, auf dessen anderer Seite Steve schon auf sie wartete. Dann folgte auch Michel.

Im Schein von Steves Kopflampe sahen sie, dass es durch einen kleinen Flur ging, der voller Kisten stand. Am Ende des Ganges bog Steve links ab und öffnete auf der rechten Seite eine Türe: „Voilà, hier sind wir!"

Wenn sie erschlagen werden sollten, dann musste es jetzt passieren! Da aber nichts dergleichen geschah, trat Moses mutig ein. Im schwankenden Lichtschein sah er, dass sie in einem kleinen Raum waren, in dem einige Holzkisten und ein paar alte Möbel standen. Auf dem Boden lagen mehrere Isomatten.

Steve ging in eine Ecke und bückte sich. Als sein Feuerzeug aufflackerte, sahen die Jungs, was er tat: Er zündete etliche Kerzen an und griff sich zur Erklärung an die Stirn: „Meine Batterien halten schließlich nicht ewig."

Allmählich wurde der Raum richtig hell, und Moses verabschiedete sich langsam von dem Gedanken, dass sie hier ermordet werden sollten. Als Steve fertig war, bot er ihnen einen Platz auf den Kisten an.

„Pflanzt euch, hier ist für heute eure Pension! Seht ja richtig begeistert aus!"

„Eigentlich sind wir das auch", gab Moses zur Antwort und hoffte, dass der Junge nicht den tieferen Sinn seiner Worte erriet.

Auch Michel schien jetzt aus seiner Schockstarre zu erwachen: „Ist doch ganz nett hier", brachte er aber vorerst nur heraus.

„Kann sein, dass nachher noch ein oder zwei Jungs kommen, das hier ist ein begehrter Schlafplatz."

Michel und Moses blieb nichts anderes übrig, als diese Ankündigung einfach nur hinzunehmen. Wieder stiegen in Moses leise Zweifel auf, doch musste er es nun wohl darauf ankommen lassen.

„Ist ein Abrisshaus", erklärte Steve jetzt. „Irgendwann wird es plattgemacht, aber bis dahin haben wir hier noch ein wunderbares Zuhause!"

Moses fand, dass es eigentlich ganz gemütlich hier war. Zuerst aber einmal war er hundemüde: Er packte seinen Schlafsack aus und rollte ihn auf einer der Isomatten aus: „Darf ich das?"

„Ich gehe mal davon aus, dass die anderen heute nicht kommen", meinte Steve nur. Dann zündete er sich eine Zigarette an.

Moses störte der Geruch nicht, obwohl er ihn sonst gar nicht mochte. Er wollte nur noch schlafen. Auch Michel packte jetzt seinen Schlafsack aus.

Steve schüttelte den Kopf: „Da habe ich mir aber zwei müde Brüder ins Haus geholt!"

„Bitte sei nicht sauer, aber wir haben einen harten Tag hinter uns."

„Ist schon okay", antwortete der fremde Junge. „Wenn's euch nicht stört, dass ich hier noch ein bisschen sitze ..."
Moses vermochte nur noch leicht mit der Hand abzuwinken. Im selben Moment war er auch schon eingeschlafen.
Sein Traum führte ihn in ein wildes Abenteuer: Er war in einer Höhle, in die plötzlich mehrere Fremde eindrangen. Dann riss der Film auch schon wieder ab.
Als er am nächsten Morgen wach wurde, drang durch einen Spalt schwaches Licht ein. Moses sah sich um: Im Raum lagen nicht mehr nur Steve und Michel, sondern noch zwei weitere Jungs, die vielleicht sogar noch etwas jünger waren als er selbst. Ihm ging ein Licht auf: die Eindringlinge aus seinem Traum.
Moses betrachtete die fremden Jungen: Eigentlich sahen sie ganz harmlos aus. Der eine lag auf dem Rücken und hatte ein Gesicht wie ein Baby, alles war rund darin, sogar die Stupsnase fehlte nicht. Der andere dagegen sah irgendwie südländisch aus. Er hatte schon mehrere Pickel um die Nase und schien auch der Ältere zu sein. Was mochte die Jungs hierhergeführt haben?
Für ihn selbst war das heute eine Ausnahme, aber diese Jungen schienen immer so zu leben. Obwohl Moses die beiden noch nie gesehen hatte, taten sie ihm auf einmal total leid.
Es dauerte nicht lange und der mit dem Babygesicht wachte auf.
Verschlafen drehte er sich zu Moses um: „Hi", sagte er nur.
„Hi", gab Moses zurück und nannte seinen Namen.
„Ich bin der Andi", stellte sich der andere vor und kratzte sich dabei am Hals.
Wenn Moses jetzt erwartet hätte, dass der Junge wissen wollte, was ihn hierhertrieb, so hatte er sich getäuscht. Es war für ihn of-

fenbar völlig normal, dass Jugendliche, die eigentlich noch Kinder waren, in einem leerstehenden Abrisshaus übernachteten.
Der Junge wälzte sich aus seinem Schlafsack und weckte seinen Freund.
Im Gegensatz zu ihm selbst war der gleich hellwach und warf nur ein einsilbiges „Hi" zu Moses hinüber. Offenbar hatte er keine Lust, sich zu unterhalten.
Moses war froh, dass Michel ebenfalls jetzt aufwachte. Auch er betrachtete verwundert die beiden fremden Jungen, verbiss sich aber einen Kommentar.
„Das sind Andi und Fazil, die Jungs, von denen ich euch erzählt habe", sagte eine Stimme in der hintersten Ecke des Raumes. Steve war aufgewacht.
Zu Fazil gewandt meinte er: „Hab gar nicht damit gerechnet, dass ihr heute kommt. Wart die letzten Tage wie vom Erdboden verschluckt." Eine Antwort blieb aus, und offenbar erwartete Steve auch gar keine, denn er zündete sich in Ruhe bereits eine Zigarette an.
„Was habt ihr heute vor?", fragte er in Richtung von Moses.
„Keine Ahnung", stotterte der verlegen, „dies und das."
„Geht mich auch nichts an", meinte Steve nur und zog genüsslich an seiner Zigarette. „Wenn ihr wollt, könnt ihr heute Abend wieder hier pennen."
Die Jungs bedankten sich und waren dann aber ziemlich froh, dass sie ihre Sachen zusammenpacken und gehen konnten. So richtig gemütlich war es in diesem Kellerraum nämlich nicht. Außerdem hatten sie Hunger. Sie verabschiedeten sich von Fazil und Andi und ließen sich von Steve rasch nach draußen bringen.

Zwei Minuten später standen sie im Freien.

„Hoffentlich findet ihr das hier wieder!", meinte Steve.

„Denke schon", antwortete Michel, „ich gehe aber besser auf Nummer Sicher!" Er zog sein Fotohandy und machte vom Hauseingang und der Straße Bilder. Auch die Anschrift merkten sie sich genau.

„Wenn wir uns nicht mehr sehen – lasst euch nicht unterkriegen, und viel Glück bei eurer geheimen Mission!"

Steve streckte zu seinen Worten den Daumen in die Höhe. Jetzt übernahm Moses die Antwort: „Tut mir wirklich leid, dass ich mich so blöde verhalten habe. Wenn wir heute Abend viel Zeit haben, erzähle ich dir alles."

Steve sagte, dass er wieder unter dem Brandenburger Tor sei. Dann fiel ihm etwas ein: „Ich hoffe jedenfalls, dass ich dort bin. Die Tage kommt so ein Typ aus Amerika, und es kann sein, dass die dann alles dort absperren."

Moses hielt die Luft an – es lag ihm auf der Zunge, alles zu erzählen.

Michel war schneller: „Genau um den geht es uns ja. Den wollen wir treffen!"

Steve schaute sie sehr verwundert an.

Nun blieb Moses nichts anderes übrig, als Steve zumindest die Kurzversion seiner Geschichte zu erzählen.

Als er geendet hatte, machte der fremde Junge ein nachdenkliches Gesicht: „Will euch ja keine Angst machen, aber wenn ihr da mal nicht umsonst gekommen seid! Solche Typen werden abgeschirmt wie die Sau, und selbst wenn du an ihn kommst, weißt du immer noch nicht, ob er dir hilft!"

„Aber versuchen muss ich's!"

„Hast Recht, versuchen musst du's!" Steve hielt ihnen beide Hände hin und die Jungs schlugen ein. Dann drehte er sich um und verschwand in dem verwilderten Garten, durch den er sie herausgebracht hatte.

„Warum hast du das gesagt?", stieß Moses den Kumpel an.

„Weil's gerade so gepasst hat. Außerdem haben wir doch nichts zu verlieren – und es hätte ja auch sein können, dass die drei uns ihre Hilfe angeboten hätten."

Angesichts so vieler Argumente gab sich Moses geschlagen.

Sie gingen ein paar Schritte, als Michel auf die Uhr sah: „Es ist nicht mal acht!"

„Zum Glück ist es so früh, ich muss gleich zu Hause anrufen", sagte Moses. „Das hast du mir ja schließlich freundlicherweise eingebrockt!"

„Anders hättest du vielleicht gar nicht gedurft!"

„Ist schon okay."

Nach weiteren hundert Metern stießen sie auf eine Bäckerei, die bereits geöffnet hatte. Die Jungen kauften sich jeder zwei Brötchen und eine Flasche Kakao. Während sie im Gehen frühstückten, kam Moses eine naheliegende Frage in den Sinn: „Weißt du überhaupt, wohin wir hier laufen?"

„Keine Ahnung, ich dachte, du wüsstest es."

Die beiden mussten lachen.

„Kein Problem, wird schon hier in der Nähe eine Bushaltestelle geben, von der aus wir dann wegkommen."

„Erst aber muss ich meine Mum anrufen, es ist hier gerade noch so schön ruhig."

Moses stellte sich an die nächste Hauswand, die über und über mit Graffiti besprüht war, und zog sein Handy. Michel hielt sich in einigem Abstand, es sollte wohl nicht so aussehen, als wollte er das Gespräch mithören.

Wieder war schon nach zweimaligem Piepton seine Mum dran.

„Alles in Ordnung bei euch? Ich bin heute Nacht fast gestorben vor Angst!"

„Es ist alles in Ordnung, und das Zelt steht noch!"

„Und das Gewitter, habt ihr davon viel mitbekommen?"

Moses schluckte, hatte sich aber schnell gefasst: „Hier waren nur ein paar Regentropfen. Die Hauptsache müsst ihr abbekommen haben."

„Na Gott sei Dank!", kam es erleichtert aus dem Hörer.

Zum Glück schien Mama nicht viel Zeit zu haben, so dass das Gespräch nach wenigen Sätzen auch schon zu Ende war. Mum hatte offenbar nur beruhigt werden wollen.

„Das war eng", sagte Moses zu Michel, der herangekommen war. Er erzählte ihm von dem Gewitter.

„Oh Scheiße, aber wir können nicht noch den Wetterbericht bei uns zu Hause im Kopf haben!" Trotzdem grinste Michel wieder frech, und das erleichterte Moses ein wenig.

Er hatte nämlich schon ein mieses Gefühl seiner Mutter gegenüber. Doch gab er sich einen inneren Ruck und beschloss, solche Anwandlungen auf später zu verschieben. Heute ging es um einen Auftrag, den sie zu erfüllen hatten. Man durfte sich da von nichts ablenken lassen.

In einer der nächsten Straßen entdeckte Michel eine Bushaltestelle. Die Linie führte zwar nicht geradewegs zum Brandenburger Tor, aber irgendwie würden sie schon dorthinkommen. Als ein Bus anhielt, stiegen sie einfach hinten ein. Über eine Fahrkarte sprachen sie nicht einmal mehr. An einem größeren Busbahnhof sprangen sie ins Freie. Nachdem sie die ausgehängten Fahrpläne sorgfältig studiert hatten, glaubten sie schließlich zu wissen, welcher Bus sie zum Ziel brachte. Die Jungs hatten sich nicht geirrt, denn schon wenige Minuten später stiegen sie in der Nähe des Brandenburger Tores aus.

Hier schlug sich Michel allerdings an den Kopf: „Siehst du das?! Ach du Scheiße!" Sein Lieblingswort passte einfach in jeder Situation.

Moses war ebenso erstaunt: Hier sah nichts mehr so aus wie gestern Abend: Überall waren Polizisten zu sehen, die das Brandenburger Tor mit großen Metallgittern absperrten. Die Leute wurden per Lautsprecher gebeten, den Platz zu verlassen, und die Erklärung lieferte man auch gleich mit: Sie sollten Verständnis haben für diese Maßnahme, denn für den nächsten Tag werde der amerikanische Präsident hier erwartet. Moses schluckte: „Auweia, und wir beide mittendrin!"

„Wir wollten's ja so haben", sagte Michel nur und zuckte möglichst gleichgültig mit den Schultern.

„Wenn die heute schon so einen Aufstand machen, ob wir da morgen überhaupt eine Chance haben?" Moses war ziemlich verunsichert.

„Jetzt sind wir hier, und jetzt wird es auch versucht!", antwortete Michel nur wild entschlossen.

Vorsichtig näherten sich die Jungen den Polizisten. Doch als sie bis auf wenige Meter heran waren, rief einer bereits: „Hier gibt es nichts zu sehen, schleicht euch!"

Michel zog Moses am Arm: „Komm, wir verdünnisieren uns besser, sonst nehmen sie uns noch mit zur Wache!"

Michel hatte Recht. Moses hatte offenbar für einen Augenblick vergessen, dass sie gerade eigentlich mehrere hundert Kilometer entfernt beim Zelten waren.

Sie beschlossen, die Lage aus sicherer Entfernung zu inspizieren. Michel zeigte auf die Säule mit dem goldenen Engel: „Du wolltest gestern schon da rauf!"

„Hattest schon schlechtere Ideen", antwortete Moses nur und setzte sich auch bereits in Bewegung.

Sie mussten zuerst eine riesige Straße überqueren. Sie war ewig lang und für beide Fahrtrichtungen mindestens dreispurig. Dazu kamen ein Mittel- und ein Seitenstreifen, auf denen Autos parkten. Auf Schildern stand, dass dies die Straße des 17. Juni war. Hatten die Jungs eben noch geglaubt, dass es bis zur Säule nur ein Katzensprung war, so mussten sie rasch einsehen, dass sie sich getäuscht hatten. Der Weg an der Straße entlang zog sich hin wie Kaugummi. Nach einem Marsch, der sich, wie Moses schätzte, über fast zwei Kilometer hinzog, hatten sie endlich das Ziel vor sich.

„Scheiße, ist das hoch", staunte Michel.

Moses ließ seinen Blick ebenfalls an dem runden Monument nach oben schweifen. Fast konnte man schon den Engel auf der Spitze nicht mehr sehen.

Als sie den Preis für den Eintritt sahen, waren sie angenehm überrascht: Sie hatten mit viel mehr gerechnet.

Moses zückte sein Portemonnaie.

„Ich geb das aus", meinte er gönnerhaft und zahlte, ohne eine Antwort abzuwarten. Danach ging es zu einer Wendeltreppe, die sich schier endlos in die Höhe zog.

„Ein Aufzug wäre nicht schlecht!" Michel schnaufte schon nach wenigen Stufen. Moses gab keine Antwort. Er zählte dafür nur laut. Der Freund verstand und störte ihn nicht mehr.

Je weiter sie nach oben kamen, umso schmaler wurde die Treppe. Wenn ihnen Besucher von oben entgegenkamen, wurde es richtig eng. Immer wieder mussten die Jungs anhalten und verschnaufen. Dann endlich war es geschafft!

„285", keuchte Moses.

„Ich dachte, es wären zehntausend Stufen", antwortete Michel ebenfalls völlig atemlos.

Sie traten ins Freie, wo ein frischer Wind sie empfing. Sogleich sahen sie, dass der Aufstieg sich gelohnt hatte. Sie standen auf einer achteckigen Aussichtsplattform, die rundum vergittert war. Als sie ans Geländer traten, sahen sie unten die riesigen Straßen, die sternförmig auf die Säule zuliefen – doch von der Größe war nicht mehr viel übrig, handelte es sich doch nur noch um breite Striche, auf denen sich lautlos Spielzeugautos in jede Richtung bewegten.

„Mensch, was für eine Aussicht!", rief Michel. „Man kann über die ganze Stadt sehen!"

„Nicht ganz", belehrte ihn ein Mann, der neben ihm stand. „Aber dafür auf den ganzen Tiergarten! So heißt der Stadtteil hier und auch der große Park da unten."

Die Jungs gingen rund um die Säule und sahen dabei das Brandenburger Tor, das Reichstagsgebäude und den großen Fernsehturm.

„Wo ist eigentlich der Engel!?", fragte Moses.
„Die Goldelse?"
„Keine Ahnung, dass das Ding so heißt."
„Doch, stand im Internet", gab Michel zur Antwort. „Aber wo sie abgeblieben ist, weiß ich auch nicht."
Einer plötzlichen Eingebung folgend, drehte er den Kopf nach oben.
„Da, siehst du auch, was ich sehe?" Er stotterte ein wenig.
Moses sah es: Der Engel war gleich über ihnen. Er war riesig. Fast hätte einem schwindelig werden können.
„Wenn der uns mal nicht auf die Nase fällt!"
Michels Besorgtheit klang echt, doch Moses konnte ihn beruhigen: „Der steht schon ein paar Jahre da, dann wird er nicht gerade heute runterfallen!"
Michel gab sich mit dieser Antwort zwar zufrieden, drängte aber doch, den Aufenthalt auf der Siegessäule nicht unnötig in die Länge zu ziehen.
„Aber wir müssen unbedingt noch checken, wo der Präsident morgen fährt", warf Moses ein. „Du weißt, dass wir uns deshalb hier raufgequält haben."
Er trat erneut ans Geländer, während Michel ihm widerwillig folgte. Er schien etwas Höhenangst zu haben. Sie spähten nach allen Seiten. Moses zeigte auf die Straße, die zum Brandenburger Tor führte. „Dort ist unsere Straße! Ich nehme an, dass da auch morgen das meiste los ist. Da stehen nämlich die ganzen Polizeiwagen!" Er führte Michel auf die andere Seite. „Von dort wird der Präsident kommen, da geht die Straße weiter."
Michel nickte nur. Moses ging noch einmal herum und wunderte

sich, dass der Freund die ganze Zeit wie angewurzelt stehen blieb. Dort unten würde morgen die Limousine des Präsidenten entlangfahren, und er würde zusehen, dass er ihn dort erwischte, wo er den Leuten am nächsten kam.

Sehr wahrscheinlich war dies beim Brandenburger Tor.

Moses ging zurück zu Michel, der immer noch wie festgewachsen dastand: „Was ist los, Alter?"

„Ich glaube, ich muss kotzen", kam es schwach zurück.

Moses hielt mit einer Erklärung für Michels Übelkeit nicht mehr hinterm Berg: „Du hast Höhenangst, was?"

„Hab ich nicht, es ist was anderes. Vielleicht war das Brötchen schlecht."

„Dass ich nicht lache", erwiderte Moses nur, beschloss aber, nichts mehr von der Höhenangst zu sagen. Es war schon klar, dass Michel dies nicht zugeben wollte.

Moses nahm den Freund behutsam am Arm und führte ihn zur Treppe. Als sie im Inneren waren, schien es ihm schon besser zu gehen, und mit jeder Stufe wurde Michel munterer.

Irgendwann begann er sogar zu laufen und Moses musste sich anstrengen, um ihn nicht aus den Augen zu verlieren.

Dann waren sie auch schon unten.

„Das ging aber jetzt rasch", wunderte sich Moses.

„Runter geht es immer schneller als hoch", wurde er dafür von Michel belehrt.

Sie verließen das Gebäude und Moses erkundigte sich, ob mit Michel jetzt wieder alles in Ordnung sei.

„Alles okay", gab dieser cool zur Antwort. „Als ob nie was gewesen wäre."

„Das Brötchen ist wahrscheinlich jetzt verdaut", half Moses dem Freund, damit sein Lügengebäude nicht zusammenbrach.
„Ja, es wird sich verflüchtigt haben", murmelte Michel nur und lenkte rasch ab: „Was tun wir nun noch mit dem Rest des Tages?"
„Schlage vor, dass wir einen Stadtbummel machen."
„Wenn wir nicht so viel laufen müssen!"
Michel hasste Spaziergänge noch mehr als er selbst. Deshalb nahm er jetzt sogar eine Fahrt mit der U-Bahn in Kauf. Er zeigte auf ein Schild in ihrer unmittelbaren Nähe, das auf eine Station hinwies.
„Wollen wir?"
„Kein Problem!", antwortete Moses.

Sie suchten sich einen Zug, der am Kurfürstendamm hielt. Hier musste das Zentrum der Stadt sein, denn dies hatten sie noch von ihren Nachforschungen am Computer im Kopf.
„Die Bahn ist aber ziemlich abgefuckt", meinte Michel, als sie nebeneinander auf einer Bank saßen.
Moses hatte ebenfalls die kaputten Sitze und die bekritzelten Lehnen bemerkt. Zeit zu einer Antwort blieb ihm aber nicht, denn ein Musiker kam durch die Reihen und spielte englische Lieder.
„Sollen wir ihm was geben?", raunte Moses dem Freund zu.
„Aber nur 10 Cent, wir müssen sparen!"
Moses griff in die Hosentasche, suchte aus der Handvoll Münzen das entsprechende Stück heraus und warf es in den Hut, den der Musiker auf einen Sitz in ihrer Nähe gestellt hatte.
Überschwänglich bedankte sich der Mann und ging weiter.
„Das könnten wir auch machen, wenn wir kein Geld mehr haben", schlug Moses vor.

„Kannst du ein Instrument? Hast du eines dabei?!" Michel schien nicht viel von der Idee zu halten.
„Aber wir könnten singen ..."
„Theo, spann den Wagen an", trällerte Michel grimmig.
„Verarschen kann ich mich selber!" Moses' Verärgerung war größtenteils nur gespielt.
„Wir sehen mal, wie wir mit der Kohle hinkommen. Wenn's am Ende denn nicht reicht, stelle ich mich auch mit dir hin und singe was."
Moses beschloss, die Sache damit auf sich beruhen zu lassen. Außerdem war der nächste Bahnhof schon das Ziel und sie mussten sehen, dass sie rechtzeitig ausstiegen.

Zwei Minuten später befanden sich die Jungs mitten im Menschengewühl. Wieder hielten sie sich an den Händen fest, denn das Gedränge war ihnen schon ein wenig unheimlich. Mit großen Augen bewunderten sie das bunte Treiben auf der Straße. Menschen aller Hautfarben und jeden Alters liefen auf und ab, manchmal blieben sie stehen, um Straßenmusikern zuzusehen oder Akrobaten, die ihre Künste vorführten.
„Warum ist Steve eigentlich nicht hier, sondern am Brandenburger Tor?", fragte Moses.
Michel zuckte mit den Schultern: „Keine Ahnung! Er wird schon wissen, was er macht. Du kannst ihn ja heute Abend fragen."
Moses blieb stehen und hielt Michel ebenfalls fest: „Darüber wollte ich mit dir reden."
„Worüber?"
„Über heute Abend, genauer gesagt, wo wir schlafen sollen."

Michel sah ihn verwundert an: „Na, ich denke doch bei Steve!"
„Das ist es ja, ich glaube nicht, dass wir das tun sollten."
Moses zog den Freund zu einer Bank. Als sie saßen, erklärte er ihm, was er meinte: „Wenn der Präsident morgen schon ziemlich früh kommt, dann könnten wir ihn am Ende noch verpassen. Du weißt nicht, wie und was die Polizei noch alles absperrt. Am Ende kommen wir dann gar nicht mehr richtig an ihn ran!"
Michel kratzte sich nachdenklich an der Nase: „Scheiße, da hast du gar nicht mal so Unrecht. Ist doch ein ganzes Stück von Steves Haus bis zum Brandenburger Tor, und dann kommen wir am Ende vielleicht noch aus der falschen Richtung!"
Moses war froh, dass der Freund so schnell verstanden hatte.
„Aber wo pennen wir dann?"
Moses hatte schon eine Idee: „Zwischen Siegessäule und Brandenburger Tor ist doch dieser große Wald, dieser Tiergarten, wie der Typ da oben auf der Säule gesagt hat. Wenn wir uns da einfach auf eine Bank hauen ...?"
„Kein schlechter Gedanke", stimmte Michel ihm zu. „Obwohl du das gestern noch nicht wolltest!"
„Gestern ist gestern", sagte Moses. „Also, machen wir es so? Dann schlag ein!"
Ohne zu zögern schlug Michel in die angebotene Hand ein. Ihm hatte der Gedanke vermutlich gleich gefallen, denn bei Abenteuern ließ er sich nicht zweimal bitten.
Nach ein paar Minuten standen die Jungs auf und sahen sich weiter die Schaufenster an. Irgendwann kamen sie an ein großes Geschäft, das Unmengen von Elektronikartikeln verkaufte.
„Das ist geil!", stieß Michel den Freund an. „Wenn wir schon mal

hier sind, müssen wir da unbedingt rein."
Moses folgte widerspruchslos dem Freund, der seine Antwort gar nicht abgewartet hatte und vorging.
Das Geschäft war tatsächlich riesig. Mit der Rolltreppe fuhren die Jungs in das zweite Geschoss, in dem überall Fernseher eingeschaltet waren.
Moses zog den Freund zu einem der Geräte hin.
„Was hast du?"
„In zwei Minuten kommen Nachrichten. Da sagen sie vielleicht, wann der Präsident morgen kommt."
Gemeinsam harrten sie vor dem Fernseher aus, bis die Nachrichten begannen. Am Anfang erzählte die junge Frau auf dem Bildschirm nur Dinge, die sie nicht interessierten, doch dann kam tatsächlich das, worauf Moses gewartet hatte. Wie gebannt hingen die beiden jetzt an den Lippen der Nachrichtensprecherin.
Schließlich hatten sie die Information, die sie sich erhofft hatten:
„Gegen zehn Uhr wird der amerikanische Präsident mit seinem Konvoi vor dem Brandenburger Tor erwartet, hast du's gehört?"
Aufgeregt zog Moses den Freund am Ärmel.
„Klar hab ich das gehört, du musst mir deshalb aber nicht das T-Shirt zerreißen!"
„Dann weißt du, was zu tun ist?"
„Es bleibt bei Plan A", gab Michel entschlossen zurück.
„Es bleibt bei Plan A", wiederholte Moses.
Sie hielten sich lange auf in dem Geschäft, denn es interessierte sie, was es hier zu kaufen gab: die neuesten Computerspiele, Flachbildfernseher vom Feinsten in rauen Mengen und iPhones, die alles in den Schatten stellten, was sie bisher gesehen hatten.

Als die Jungs nach fast zwei Stunden wieder draußen waren, blendete sie das Sonnenlicht. Moses rieb sich die Augen: „Fast hätte ich vergessen, wo wir sind."

Michel nickte, denn ihm ging es genauso.

Ein Blick auf die Uhr sagte ihnen, dass es zwar noch früh war, doch hatte Moses aus seinem Fehler gelernt: „Ich rufe meine Mum schon gegen fünf Uhr an, sonst kriegt sie wieder einen Herzkoller."

„Ja, dann bist du mit ihr fertig und wir können uns in Ruhe ein Schlafplätzchen suchen."

Die Jungs schlenderten weiter durch die vollen Straßen, bis sie schließlich in einem Fastfoodrestaurant einkehrten. Beide hatten mächtigen Hunger, und so verzehrten sie ihre Hamburger mit großem Appetit.

„Hier kannst du anrufen, ist nicht so laut wie draußen."

Moses stimmte dem Freund zu. Er zeigte auf die andere Seite, wo sich ein kleiner Flur auftat: „Da hinten hört mich von den Leuten hier drin niemand. Wäre doch peinlich, wenn sie mitbekämen, dass ich was von einem Zelt und einer grünen Wiese erzähle."

Michel grinste: „Du denkst aber auch an alles!"

Während er sitzen blieb, ging Moses zu der Nische, in der zum Glück niemand war. Moses wählte Mamas Nummer: Wieder war sie sofort dran, noch schneller als gestern. Er hatte das Gefühl, dass es fast gar nicht geklingelt hatte.

„Moses, wo bist du?"

Mama ließ ihn nicht zu Wort kommen. Ihre Stimme überschlug sich fast. Er war völlig überfahren. Was sollte das?

„Sag mir bitte, wo du bist!", kam es erneut völlig aufgelöst aus dem Hörer.

Moses konnte mit ihrer Frage nichts anfangen und es blieb ihm nur, auf Risiko zu gehen: „Ich bin bei unserem Zeltplatz – wie gestern!"

„Du bist nicht auf dem Zeltplatz!", schrie Mama jetzt plötzlich hysterisch.

„Natürlich bin ich hier, wo sollte ich sonst sein?"

„Das sollst du mir ja sagen!"

Moses überlegte für den Bruchteil einer Sekunde. Irgendetwas musste geschehen sein.

Die Erklärung folgte augenblicklich: „Wir waren bei euch. Nur ihr seid nicht da! Dort zeltet niemand!"

Moses war es, als träfe ihn der Schlag.

„Du spionierst mir hinterher", konnte er nur herausbringen.

„Du bist mein Sohn!", schrie Mama wütend. „Und jetzt sagst du mir, wo du bist!"

Moses wusste nicht, was er tun sollte! Tausend Gedanken schossen ihm durch den Kopf. Er versuchte sich zu sammeln, was aber nur teilweise gelang. Immerhin erfasste er den Ernst der Situation: Es kam jetzt darauf an, dass er genau das Richtige tat, sonst war alles verloren!

Dann kam ihm ein Einfall, den er im Augenblick für den einzigen hielt, der ihm aus der Misere heraushelfen konnte.

„Mama, meine Verbindung ist ganz schlecht ... ich versteh gar nicht, was los ist!" Er hielt das Handy etwas weiter weg und bemühte sich, abgehackt zu sprechen.

„Du bleibst am Telefon, sonst ist was los!"

Mama schien am anderen Ende fast zu platzen vor Aufregung.

„Ich höre dich nur noch ganz schlecht", stammelte Moses ins Handy und achtete nicht mehr darauf, was seine Mum sagte. „Ich werde dich noch mal anrufen, vielleicht geht es dann besser!" Mit dem Mut der Verzweiflung drückte Moses die Beenden-Taste.
Er atmete tief durch und merkte, dass er nass geschwitzt war. Für einen Augenblick schien er die Orientierung verloren zu haben, denn er wusste nicht, wo Michel war. Dann sah er ihn winken und ging zu ihm.
„Was ist denn mit dir los?", empfing ihn Michel. „Du bist ja weiß wie eine Wand!"
„Scheiße", sagte Moses nur und ließ sich schwer auf seinen Stuhl fallen. „Sie haben uns voll erwischt!"
Michel verstand nicht gleich. Da erklärte er es ihm.
„Ach du Scheiße!" Mehr sagte Michel nicht. Dafür raufte er sich unentwegt die Haare.
„Du weißt, was das bedeutet?!" Moses sah ihn forschend an.
„Klar weiß ich das", antwortete Michel schlecht gelaunt, doch riss er sich schnell zusammen und sah ihn mit durchdringendem Blick an: „Nein, weiß ich nicht. Ich will's auch gar nicht wissen!"
„Dann sag ich's dir: Wir müssen so schnell wie möglich nach Hause!"
„Aber morgen kommt der Obama! Den warten wir doch noch ab!"
Moses überlegte.
„Keine Ahnung", sagte er nur.
„Wir können doch woandershin gefahren sein, weil uns der Bauer weggejagt hat!"
Der Freund sah ihn erwartungsvoll an, um herauszufinden, was

Moses von seiner Idee hielt.

Nachdenklich fuhr sich der übers Gesicht: „So schlecht hört sich das nicht an, das stimmt!"

„Na siehst du! Und wenn wir denen das verkauft haben, können wir in Ruhe hier in Berlin bleiben und mit dem Präsidenten quatschen!"

„Aber wo sollen wir denn sein? Ich muss doch was sagen!"

Michel hatte schon wieder eine Antwort parat: „An einem geheimen Ort. Kleine Jungs, die wollen Abenteuer und verraten nicht, wo sie sich versteckt haben!"

Moses überlegte und musste ehrlich zugeben: Was Michel da sagte, hörte sich gar nicht so übel an.

Der Kleine merkte, dass er so gut wie überzeugt war, und setzte nach: „Du solltest jetzt gleich anrufen, da kannst du die Sache rasch noch umbiegen. Bevor deine Mutter die Polizei holt oder sonst was!"

Moses fand, dass Michel wieder einmal Recht hatte. Er holte mehrmals tief Luft und eilte dann mit großen Schritten auf den kleinen Flur zu.

Diesmal schlug sein Herz bis zum Hals, als er Mamas Nummer wählte. Es klingelte zweimal, dreimal, fünfmal ... niemand hob ab. Dann kam eine Stimme: Der gewünschte Gesprächsteilnehmer war zurzeit nicht erreichbar. Aufgewühlt ging Moses zu Michel zurück: „Sie ist nicht da oder besser gesagt: Sie hebt nicht ab!"

„Siehst du, dann war's gar nicht so schlimm. Wahrscheinlich hat sie keine Lust zu telefonieren und geht jetzt lieber mit ihrem hübschen Peter was essen."

Moses glaubte zwar nicht, dass Michels Vermutung richtig war, doch sagte er auch nichts dagegen. Er hatte im Moment einfach keine Power, über so etwas zu diskutieren.

Nach einer Weile verließen sie das Restaurant und gingen zur nächsten U-Bahn-Station. Allmählich hatten sie den Eindruck, als würden sie sich schon ein wenig auskennen in Berlin. Alles klappte wieder reibungslos, und so dauerte es nicht lange, bis sie wieder bei der Siegessäule waren.

Beim Aussteigen sahen sie, dass die Polizei mit ihrer Arbeit vom Vormittag fertig war: Die ganze Straße entlang zogen sich nun die Absperrungen. Es wimmelte von Ordnungskräften. Männer und Frauen in Uniformen gaben sich mit ihren Funkgeräten Anweisungen weiter. Sogar mit Hunden suchten Polizisten die Gegend ab.

„Die suchen nach Bomben", glaubte Michel zu wissen. „Lass uns lieber von hier verschwinden!"

Moses hatte etwas anderes im Kopf: „Nur gut, dass wir nicht zu Steve gegangen sind. Von da aus kämen wir morgen früh nie zum Brandenburger Tor."

„Wird schon jetzt schwer genug", meinte Michel und er hatte wohl Recht damit. Die Jungs beschlossen, einfach quer durch den riesigen Park zu gehen, der an die Siegessäule grenzte. Irgendwo würden sie schon einen Schlafplatz finden. Als sie so weit von der Straße entfernt waren, dass man die Autos nicht mehr hören konnte, zog Moses sein Handy. Er musste nun unbedingt Mama anrufen – nicht dass sie noch auf irgendwelche dummen Ideen kam.

In diesem Fall war sie wieder gleich dran: „Hallo Mama, ich hab's eben schon versucht!"

„Ich denke, der Empfang ist so schlecht?"
„Ist er ja auch. Aber dann, als ich es versucht habe, warst du nicht da ..."
„Keine Ahnung, hier hat nichts geklingelt. Aber nun mal ganz rasch: Wo bist du?"
Moses holte kurz Luft, dann legte er los: „Ach, Mama, da bei diesem Bauern, das war doch zu langweilig. Außerdem hat der über alles gemeckert. Immer wieder kam er vorbei. Und dann haben Michel und ich eben gedacht, dass wir ein paar Kilometer weiter zelten. Du weißt doch: Jungen wollen immer was erleben, das sagst du doch selbst so oft, und da haben wir uns eben hier ein schönes Plätzchen gesucht. Ist auch gar nicht gefährlich."
„Dann sag mir doch mal, wo das Plätzchen ist?!" Mamas Stimme klang ziemlich herausfordernd.
Moses war auf diese Situation vorbereitet: „Selbst wenn ich's wollte, ich könnte es dir nicht sagen! Ich weiß nicht mehr, wie wir vom Dorf hierhergekommen sind!"
„Aber zurück findet ihr schon?" Mamas Stimme hatte jetzt etwas Lauerndes.
„Kein Problem, wir haben schließlich Ritze in die Bäume geschnitten."
„Nein, was seid ihr für Abenteurer!", wunderte sich Mama künstlich.
Moses war irritiert. „Ja, nicht wahr, das siehst du jetzt auch so ...", brachte er nur hervor.
„Und wenn ich jetzt aber trotzdem zu euch kommen will?" Moses ahnte, dass Mama noch etwas in der Reserve hatte, so gefährlich wie sie klang.

„Ach bitte, lass uns doch unseren Spaß. Es ist so schön hier, und wenn dann welche aus der Zivilisation hier bei uns eindringen, ist alles kaputt!" Moses fand es eigentlich recht klug, was er da gesagt hatte. Umso heftiger traf ihn dann das Donnerwetter, das jetzt über ihn hereinbrach.

„Wenn dann welche aus der Zivilisation hier eindringen'", äffte Mama ihn nach. „Du mieser Lügner, du verlogenes Stück!", kam es jetzt mit Überlautstärke durch den Hörer. „Was glaubst du, für wie dumm du uns halten kannst?!"

Moses war platt, er konnte im Augenblick überhaupt nichts sagen.

„Glaubst du, wir hätten es bei unserem letzten Telefonat bewenden lassen?" Moses stellte sich auf Schlimmes ein, und es kam noch dicker, als er das befürchtet hatte.

„Gerade als wir bei eurem Zeltplatz waren, kam der Bauer vorbei. Er sagte, wir könnten uns das Zelt bei ihm abholen! Verstehst du! Da war kein Zelt mehr! Er hatte es abgebaut. Wir haben alles abgesucht, bis Peter schließlich auf die Idee kam, zum Bahnhof zu fahren. Und gerade da stehen wir jetzt. Vor den Fahrrädern unserer Abenteurer!"

Für einen Moment war es still, doch reichte der nicht aus, damit Moses sich sammeln konnte.

„Und wenn du mir nicht gleich sagst, wo ihr hingefahren seid, dann ist hier die Hölle los! Michels Mutter rufe ich auch noch an!"

„Es ist nichts los", stammelte Moses nur. „Nichts worüber du dir Sorgen machen müsstest!"

„Ich will wissen, wo ihr seid!", schrie Mama durch den Hörer.

Trotz der für ihn so furchtbaren Situation stellte Moses sich vor, wie am Bahnhof plötzlich alle Leute stehen blieben und sich um

Mama scharten. Er musste der Sache unbedingt ein Ende machen: „Ich rufe dich später an und erkläre dir alles ...", sagte er nur so ruhig wie möglich.

„Wenn du jetzt auflegst, schicke ich dir die Polizei auf den Hals. Die orten dein Handy und dann ..." Moses konnte die sich überschlagende Stimme seiner Mum nicht länger ertragen. Per Knopfdruck beendete er das Gespräch.

Michel machte ein betretenes Gesicht. „Dann sind wir wohl am Arsch?"

„Hast du alles mitgekriegt?", fragte Moses schwach.

„Nicht alles, aber das, was ich mitbekommen habe, hat mir gereicht!"

„Peter, dieser Arsch, ist mit ihr zum Bahnhof gefahren. Da haben sie unsere Fahrräder gefunden."

„Oh Scheiße", sagte Michel nur. „Hättest du sie bloß eben allein erwischt! Dann hätte sie vielleicht nicht dieses Theater gemacht!"

„Was weiß ich? Jetzt kann ich nichts mehr dran ändern!" Moses war plötzlich der Coolere von beiden.

„Und nun? Was machen wir jetzt?" Michels Frage klang mehr als hilflos.

„Wir ziehen das durch", antwortete Moses mit wilder Entschlossenheit.

„Wenn du das sagst ...", kam die zaghafte Antwort seines Freundes.

„Was bleibt uns anderes? Wollen wir jetzt, wo wir fast am Ziel sind, den Schwanz einziehen?"

„Und wenn sie uns wirklich die Polizei auf den Hals schicken?"

„Das müssen wir riskieren. Ich werde jetzt ganz bestimmt nicht

mehr aufgeben. Der Ärger ist so und so schon da!"
Michel nickte zustimmend. Es schien, als sei die Sache damit beschlossen für sie. Obwohl beide Jungen natürlich ein sehr flaues Gefühl im Magen hatten – die Polizisten an der Siegessäule sahen sie plötzlich mit ganz anderen Augen –, gingen sie weiter in den Park hinein. Ab und zu stießen sie auf Gruppen von Jugendlichen, denen sie lieber aus dem Weg gingen.
„Man weiß nie, wie die drauf sind", warnte Michel und zog Moses jedes Mal am Ärmel mit sich fort.
Auf einer der nächsten Bänke lag ein Obdachloser und schnarchte. Er erinnerte sie an Heiko, der einige hundert Kilometer entfernt jetzt vielleicht ebenso vor sich hin schnarchte.
„Das ist es immer noch nicht, wir müssen weiter hinein", sagte Moses und ging mit großen Schritten voran. Schließlich kamen sie an einer Sitzgruppe an, die ihnen geeignet schien zum Übernachten. Sie stand etwas abseits vom Weg und war bis auf einen schmalen Eingang von Büschen umsäumt.
Nur noch aus der Ferne hörten sie ab und zu das Grölen der Jugendlichen, die Straßengeräusche waren dagegen verschwunden. Hin und wieder sahen sie hinter Bäumen, die so weit weg waren, dass sie für sie die Größe von Streichhölzern hatten, einen Jogger entlangtraben.
Michel blickte zum Himmel: „Lange dauert es nicht mehr, bis es dunkel wird."
„Hast du Schiss in der Hose?"
„Nöö, aber schon wieder Hunger im Bauch!"
„Ich könnte auch was verdrücken", sagte Moses und ärgerte sich, dass sie in der Stadt nicht daran gedacht hatten, etwas zu kaufen.

„Ob wir noch mal zurück sollen?", fragte er deshalb, erhielt aber von Michel eine Absage: „Nur über meine Leiche, ich bin viel zu kaputt."
„Dann machen wir's uns eben hier gemütlich."
Als sie so beisammen auf der Bank saßen, kamen sie unwillkürlich doch wieder auf das leidvolle Thema, das sie nach einer stillschweigenden Vereinbarung eigentlich aussparen wollten – ihre Mütter.
„Ich glaube, es geht, dass man ein Handy orten kann", meinte Michel aus heiterem Himmel.
„Wir sollten die Geräte besser ausschalten."
Moses' Vorschlag wurde sofort umgesetzt.
„Was meinst du, was sie mit uns machen, wenn wir nach Hause kommen? Meiner Mutter kann schon mal die Hand ausrutschen."
Moses konnte Michels Sorge verstehen und der Freund tat ihm sehr leid. In was er ihn da nur hineingezogen hatte!
„Du sagst einfach, dass ich dich überredet hätte", schlug er deshalb vor. „Und irgendwie ist es ja auch so. Wir sind schließlich wegen meinem Vater hier!"
„Witzbold, wegen meinem geht ja nicht – den kennt, glaube ich, nicht mal meine Mutter."
Erst jetzt fiel Moses ein, dass sie immer nur von seinem Papa gesprochen hatten. Wie es bei Michel aussah, danach hatte er nie gefragt. Wie dem auch sei – jetzt war gewiss die falsche Stunde, um das Versäumte nachzuholen. Es hätte außerdem so ausgesehen, als würde er nur wegen Michels Bemerkung nachhaken.
Sie saßen deshalb wieder schweigend nebeneinander, bis die Sonne unterging und die Dunkelheit langsam anbrach.

„Ob man hier wirklich so gut pennen kann?" Moses hätte die Frage seines Freundes in diesem Augenblick mit allem anderen als mit „Ja" beantworten können. Er hielt deshalb lieber den Mund.
„Bei Steve hätten wir jetzt wenigstens den muffigen Keller."
„Aber keinen Obama morgen früh. Denk doch mal, es sind nur noch wenige Stunden!"
Tatsächlich fühlte sich Moses durch die Aussicht, den Präsidenten zu treffen, mit schier grenzenloser Energie aufgeladen. Von Angst war bei ihm keine Spur, die Nacht sollte nur irgendwie und so schnell wie möglich vergehen.
Leider tat sie das aber nicht. Es wurde immer dunkler und die Geräusche in der Ferne wurden leiser. Michel und Moses kauerten auf ihrer Bank und gestanden sich ihre Angst nicht ein. Sie wagten es nicht einmal, sich in die Schlafsäcke einzuwickeln.
Moses sah überall Schatten. Schließlich wurde es ziemlich kühl und er legte sich den offenen Schlafsack wie eine Decke um die Schultern. Michel fasste sich ein Herz und breitete seinen auf einer Bank aus.
„Nutzt ja alles nichts, wir müssen versuchen, etwas zu pennen."
Moses wollte nicht den Eindruck erwecken, als fürchte er sich, und wickelte sich schließlich ebenfalls in seinen Schlafsack ein.
„Jetzt sind wir zwei richtige Penner", meinte er zu Michel und verfiel dabei unwillkürlich in einen Flüsterton.
„So geht es Heiko immer", antwortete Michel ebenso leise.
Moses hatte sich das Liegen auf der Bank unbequemer vorgestellt. Zwar tat ihm der Rücken etwas weh, aber das war auszuhalten.
Sie unterhielten sich noch ein wenig, erzählten sich Witze und achteten darauf, dass das Thema nicht auf zu Hause kam. Dann merk-

te Moses, dass ihm die Augen zufallen wollten.

Er konnte nicht lange geschlafen haben, als er durch ein Geräusch geweckt wurde. Das Herz blieb ihm fast stehen, denn es waren leise Schritte zu hören. Moses wusste nicht, was er tun sollte. Michel konnte er nicht mit dem Fuß erreichen, um ihn zu wecken, und wenn er aufstand, würde das die Aufmerksamkeit des Fremden erst recht auf sich ziehen.

Wie angewurzelt lag er da, als er plötzlich von der anderen Bank ganz leise seinen Namen hörte: Ein Glück – Michel war wach!

„Hörst du das auch?", fragte Moses.

„Klar höre ich das. Scheiße, was machen wir?"

„Liegen bleiben und nicht rühren. Vielleicht geht er weiter!"

Moses glaubte zwar selbst nicht an diese Möglichkeit, doch fiel ihm auch nichts Besseres ein.

Wenn das nun ein Mörder war, der da auf sie zukam? Er sollte nur schnell machen, Moses wollte nicht noch lange leiden!

Unwillkürlich legte er die Hand auf seine Kehle. „Bitte nicht durchschneiden!", dachte er nur. „Erschieß mich, aber nicht den Hals durchschneiden!"

Die Schritte wurden lauter, dann hielt der Fremde inne. Im schwachen Mondlicht konnten sie plötzlich seine Umrisse erkennen: Es war kein großer Mann, der da seitlich am Eingang zu ihrer Sitzgruppe stand. Auf dem Kopf trug er einen großen Hut. Er mochte vielleicht drei Meter entfernt sein. Moses wagte nicht mehr zu atmen! Er hoffte nur, dass auch Michel jetzt kein Geräusch von sich gab. Wenn der Mann da vorne jetzt den Kopf nur ein ganz klein wenig drehte, würde er sie entdecken. Aber noch sah er nur auf den Busch vor sich. Dann nestelte er an seiner Hose herum, woraufhin es ein plätscherndes Geräusch gab.

„Der pinkelt!", schoss es Moses durch den Kopf. Und der Mann pinkelte lange. Moses konnte kaum mehr die Luft anhalten, er hoffte inständig, dass der nächtliche Besucher sein Geschäft bald erledigt hatte. Endlich war es so weit. Er packte ein und zog den Reißverschluss hoch. Dann ging er weiter, ohne auch nur einen einzigen Blick in ihre Richtung geworfen zu haben. Als die Schritte leiser wurden, meldete sich Michel von der Nachbarbank zu Wort: „Hat der gepisst! So hab ich ja noch keinen pissen gesehen! Das müssen mindestens fünf Liter gewesen sein!"

„Jetzt kannst du wieder auf cool machen", dachte Moses, doch war natürlich auch er erleichtert, dass der Spuk vorüber war.

„Wenn er sich umgedreht hätte, wären wir am Arsch gewesen!"

„Weißt du nicht. Muss ja nicht unbedingt ein Kindermörder gewesen sein."

„Da kannst du auch wieder Recht haben", sagte Moses und drehte sich auf die Seite. Erneut unterhielten sie sich eine Weile, dann schliefen sie wieder ein. Es war, als hätte der Besucher die ganze Anspannung des Abends von ihnen genommen, denn Moses wurde erst wieder wach, als der Tag schon graute. Nie hätte er gedacht, dass er auf dieser harten Bank so gut schlafen würde.

Er sah hinüber zu Michel, der noch selig schlummerte. Schon waren die Bäume zu erkennen, die am Ende ihres Blickfeldes standen.

Moses sah auf sein Handy: Es war fast fünf. Er rollte sich aus dem Schlafsack und stand auf. Als er auf den angrenzenden Weg trat, sah er sich um: Weit und breit kein Mensch. Er betrachtete den Himmel: Regen würde es keinen geben. Das war er also, der große

Tag, an dem er den amerikanischen Präsidenten traf!

Als er zurück zur Sitzgruppe kam, war Michel ebenfalls aufgewacht.

„Mann, das kannst du doch nicht machen!", schimpfte der. „Gehst einfach weg. Ich habe schon gedacht, dich hätte einer geklaut!"

Die Angst war Michel noch deutlich anzumerken, aber Moses verbiss sich einen Kommentar.

„Ich darf mir doch mal die Beine vertreten", sagte er nur.

Jetzt stand auch Michel auf und wickelte seinen Schlafsack zusammen.

„Noch ein paar Stunden, und du triffst den Obama", meinte er dann möglichst lässig. „Weißt du eigentlich, was du ihm sagen willst?"

„Das schon, aber sag mal: Der Typ spricht doch sicher nur Englisch?!" Urplötzlich war da diese ganz neue Sorge in Moses' Kopf!

„Scheiße, daran haben wir nicht gedacht!" Michel raufte sich die Haare. „Da fahren wir nach Berlin, lassen uns auf einer einsamen Parkbank fast umbringen, und dann fällt uns ein, dass der amerikanische Präsident nur Englisch spricht!"

„Wir konnten schlecht damit rechnen, dass er uns auf Bairisch empfängt!" Moses sagte dies so trocken, dass Michel lachen musste.

Eine Sekunde später hatte der Freund aber schon die Lösung: „Jetzt mal ganz cool, Alter! Logisch spricht der Typ nur Englisch, aber so ein paar Brocken, die kriegen wir schon noch hin. Und die Briefe von deinem Vater und Josef Blumberg, die können ihm seine Leute doch übersetzen. Da ist bestimmt einer drunter, der

Deutsch kann!"

Moses fand nach kurzer Überlegung, dass Michel richtiglag. Es musste einfach so sein, eine andere Hoffnung blieb ihnen nicht.

„Ganz genau", sagte er deshalb. „Außerdem ist es ja noch etwas hin, bis der Obama kommt. Wir legen uns einfach jetzt zurecht, was ich ihm sage, dann vergeht die Zeit auch schneller!"

Michel war Feuer und Flamme.

Die nächste Stunde waren sie damit beschäftigt, an den Sätzen zu basteln, mit denen sich Moses an den Präsidenten wenden sollte. Das Ergebnis, so fanden sie, war gar nicht mal so übel:

Hello Mr Obama,
my father is in prison, but he has not done something. He is not a terrorist, but he sits in Guantanamo. Here I have a letter, and in that stands, that he hasn't done a crime. Please help him!

Moses lernte den Text auswendig. Gewiss – besser wäre es gewesen, wenn ihm eingefallen wäre, was „er ist unschuldig" hieß, aber so war es auch in Ordnung.

Inzwischen waren die ersten Jogger zu sehen. Der Tag kam in Bewegung. Gegen sieben Uhr packten die Jungs ihre Sachen zusammen und gingen los in Richtung Siegessäule. Unterwegs putzten sie sich an einem Brunnen mit den Fingern sogar die Zähne und wuschen sich.

„Man will ja nicht müffeln, wenn man einmal im Leben diesem Menschen begegnet", erklärte Moses, und Michel strich ihm daraufhin mit der Hand sogar einen Scheitel zurecht. „So, jetzt bist du schick."

Nach einigen Minuten standen sie am Fuß der Siegessäule. Zu ihrem Erstaunen waren sie aber längst nicht die Einzigen hier: Etliche Leute hatten sich schon an den Absperrungen eingefunden, und die Menschen strömten weiter aus allen Richtungen in Scharen herbei.

„Wir müssen uns durchkämpfen bis zum Brandenburger Tor. Da soll er die Rede halten." Michel nahm Moses an die Hand und zerrte ihn mit sich. Der Weg zog sich wieder unendlich lange hin. Die Menschentrauben wurden immer dichter.

Wenn sie Polizei sahen, hielten sie inne.

Moses schoss immer wieder der Begriff durch den Kopf, mit dem Mama ihm gedroht hatte: Handyortung.

Jeder Polizist, der zufällig in seine Richtung sah, machte ihm Angst: Suchten die vielleicht zwei 12- und 13-jährige Jungen, die von zu Hause ausgerückt waren?

Michel schien seine Sorge zu teilen: Er machte jedes Mal einen großen Bogen, wenn Polizeibeamte an der Absperrung standen.

Es dauerte eine kleine Ewigkeit, bis sie endlich das Brandenburger Tor erreicht hatten.

Die Jungs machten große Augen: Tausende von Menschen waren hier bereits versammelt! Moses sah die große Bühne, die sie für den Präsidenten aufgebaut hatten. Sie schoben sich durch die Menge immer weiter nach vorn.

„Entschuldigung, wir haben unsere Eltern verloren", rief Michel dreist, und die meisten Leute wichen zur Seite.

Dann hatten sie es fast geschafft. Das Rednerpult stand fast in Reichweite – und doch war es unerreichbar weit weg: Die Barrieren waren hier verdoppelt und verdreifacht worden und dahinter hatten sich reihenweise Polizisten postiert.

„Mir ist schleierhaft, wie wir zu Obama kommen sollen", schrie Moses dem Freund zu, der ihn sonst nicht verstanden hätte.

„Es wird sich schon was ergeben", brüllte Michel zuversichtlich zurück.

Moses sah auf die Uhr: Es dauerte immer noch gut neunzig Minuten, bis der Präsident hier war. Bis dann würde sich der Platz noch mehr gefüllt haben.

Doch blieb ihm nichts anderes, als auf sein Glück zu vertrauen. Tatsächlich kamen immer mehr Menschen zusammen. Michel und Moses hielten sich unentwegt an den Händen, um nicht auseinandergerissen zu werden. „Wenn wir uns jetzt verlieren, ist alles verloren!", schoss es Moses durch den Kopf.

Immer wieder sah er auf die Uhr: Jetzt war es noch eine Stunde, dann noch eine halbe.

„Ich muss dringend pinkeln", raunte Michel ihm irgendwann ins Ohr.

„Das geht hier aber nicht!"

„Ich muss aber!"

Moses fürchtete schon, dass Michel sich in die Büsche schlagen müsste, um sein Geschäft zu machen. Er könnte ihn dann unmöglich alleine gehen lassen, und dann war es mit dem guten Platz vorbei.

Nach ein paar Minuten rief ihm der Freund aber erleichtert ins Ohr: „Alles okay. Es ist erledigt."

„Du hast doch nicht ...?!"

„Was sollte ich denn machen?!" Michel grinste frech. „Irgendeiner ist jetzt hintenherum ein bisschen nass, aber das merkt der bei dem Gedränge nicht mal."

Moses musste lachen: Was war sein Freund für ein verrückter Bursche!

Es waren nun nur noch wenige Minuten, bis der Präsident kommen sollte. Noch sah man nichts, doch Moses hoffte, dass es bald so weit war: Die Menschen standen so dicht, dass man wie in einer riesigen Welle mit der Menge hin und her wogte. Manchmal hatte er Angst, dass ihm die Luft wegblieb. Bei Michel war es bestimmt noch schlimmer, denn der war fast einen Kopf kleiner und Moses sah, wie er manchmal nach Luft schnappte.

„Geht's noch?", rief er ihm deshalb zu.

„Gestern ging's noch", kam es mit trotzigem Grinsen zurück. Michel hatte auch in dieser Situation seine Coolheit nicht verloren.

Moses beneidete die Fernsehtypen, die er überall sah: Sie hatten einen Logenplatz, führten wichtige Interviews mit irgendwelchen Leuten, die er nicht kannte, oder sprachen ihre Kommentare ins Mikrofon.

Dann brandete plötzlich Jubel auf.

„Sie kommen!", rief ein Mann, und andere wiederholten: „Sie kommen!"

Moses reckte den Kopf, doch er konnte nichts sehen. Die vielen Menschen versperrten ihm einfach die Sicht.

Michel machte es besser als er: Er stützte sich kurzerhand auf seine Vordermänner auf und sprang hoch.

„Da ist er, Moses!", hörte er ihn wie aus weiter Entfernung rufen, obwohl er doch nur zwei Schritte neben ihm stand.

Jetzt war der Moment gekommen, in dem Moses auf den Präsidenten zustürzen musste, in dem er ihm kühn den Brief übergeben musste, doch nichts ging: Moses hing im Getümmel fest. Er schaffte es nicht, sich auch nur einen Schritt zu bewegen. Den berühmten Mann hatte er bisher nicht einmal gesehen.

„Moses, jetzt!", rief Michel. Dann war es auch schon zu spät: Moses sah den Präsidenten: Er musste seine Limousine irgendwo verlassen haben und eilte jetzt in der Mitte vieler feingekleideter Menschen die Empore zur Bühne hinauf.

Der Jubel ließ ihnen jetzt fast das Trommelfell platzen.

Es dauerte einen Augenblick, schließlich kehrte durch eine Handbewegung einer Frau Ruhe ein. Moses glaubte in ihr die Bundeskanzlerin zu erkennen. Die Frau sprach ein paar Minuten lang, begrüßte den amerikanischen Präsidenten freundlich, mehr konnte Moses nicht verstehen, denn schon wieder begannen die Leute um ihn herum zu jubeln.

Als sie fertig waren, eilte Präsident Obama zum Mikrofon. Moses wunderte sich, wie schnell er unterwegs war, fast lief der Mann. Dann setzte er zu einer Rede an, wurde aber von den jubelnden Menschen gleich wieder unterbrochen. Lächelnd wartete der hohe Besuch ab, bis es ruhiger wurde, und hielt dann eine Ansprache in Englisch, wobei irgendwo jemand stehen musste, der das Gesagte für die Leute übersetzte. Man hörte eine deutsche Stimme immer etwas zeitversetzt nach dem Präsidenten sprechen.

Der Präsident sagte nicht viel, es ging um Freiheit und Menschenrechte, so viel konnte Moses verstehen, auch, dass die Leute hier in Berlin etwas Tolles hinbekommen hatten, woraufhin sie wieder jubelten. Dann war die Rede auch schon zu Ende. Herr Obama trat etwas vom Rednerpult zurück, reckte die Arme in die Höhe und ließ sich ein paar Augenblicke lang feiern. Dann eilte er inmit-

ten seines Trosses wieder von der Bühne. Wohin er verschwand, konnte Moses schon wieder nicht mehr sehen. Die Menschen jubelten wieder, schließlich merkte Moses, dass der Druck der Masse etwas nachließ.
„Jetzt!", brüllte Michel. „Jetzt!"
Wieder hüpfte er – gestützt auf seinen Vordermann – auf und ab.
„Noch geht es!", schrie er wieder. „Renn' einfach zu ihm hin!"
Doch Moses wusste, dass es nicht möglich war. Die vielen Menschen und die Absperrungen ließen ihm keine Chance! Bis er sich hier befreit hatte, war der Konvoi des Präsidenten längst verschwunden.
Allmählich erhielt er seine Bewegungsfreiheit zurück, doch was nutzte dies noch? Der Präsident war längst über alle Berge! Moses merkte, wie sich die Menschenmenge langsam auflöste. Schließlich war Michel ganz dicht bei ihm.
„Warum bist du nicht zu ihm?!"
„Es ging nicht. Ich war eingequetscht!
„Wir haben's versemmelt", sagte Michel traurig und Moses antwortete nur: „Ich hab's versemmelt!"
„Nein, wenn schon, dann wir zusammen. Hast ja Recht: Da ging gar nix!"
„Ich habe nicht gedacht, dass das alles so schnell geht. Der Typ kam angehetzt, quasselte und dann war er schon wieder weg!" Moses war noch wie gelähmt vor Verwunderung.
„Hatte mir das auch anders vorgestellt." Michel ließ enttäuscht den Kopf hängen.
Moses wollte nicht, dass sein Freund traurig war, und nahm ihn in den Arm. Michel begann im gleichen Augenblick zu weinen.

„Bitte nicht", sagte Moses nur leise und strich seinem treuen Begleiter über den Kopf.
Die eigene Verzweiflung war ihm im Augenblick nicht so wichtig.
„Weißt du was? Jetzt genießen wir erst noch ein paar Stunden in Berlin und dann fahren wir nach Hause."
„Was gibt's hier schon zu genießen?!" Michel gab sich keine Mühe, die Tränen zurückzuhalten. „Die Sache ist gelaufen!"
„Und wenn schon", meinte Moses, „jetzt gehen wir erst mal zu McDoof und hauen uns den Bauch voll. Ich lade dich ein!"
Moses tat der Freund so unendlich leid. Wie sehr hatte sich der für ihn ins Zeug gelegt, die ganzen Strapazen hatte er auf sich genommen, war nach Berlin gefahren, hatte auf einer Parkbank übernachtet und musste jetzt noch irgendwie sehen, dass er zu Hause mit dem ganzen Ärger klarkam! Und wofür? Für nichts und wieder nichts! Ihre große Chance – wenn er ehrlich war, musste er zugeben, dass sie nie eine gewesen war!
Aber das spielte jetzt keine Rolle: Moses wollte nur, dass der Freund nicht mehr so traurig war.
Inzwischen hatten sich die vielen Menschen ziemlich verlaufen. Ein älterer Mann stand plötzlich hinter ihnen: „Da kann man schon mal gerührt sein, wenn man diesen Präsidenten sieht, was?!" Dann war er auch schon wieder weiter.
„Wir machen uns jetzt auf die Socken", sagte Moses und zog Michel mit sich. Er hatte immer noch das Wort Handyortung im Kopf und sah den vielen Polizisten misstrauisch entgegen.
Michel fuhr sich mit dem Arm übers Gesicht und kam mit. Sie legten den Weg zurück, den sie ein paar Mal gelaufen waren in den letzten Tagen, und erreichten schließlich eine Bushaltestelle.

Die Menschen drängten sich auch hier, und Moses machte sich schon Sorgen, dass sie nicht mehr in den nächsten Bus passten. Sie hatten aber Glück. Zwar ergatterten sie keinen Sitzplatz, aber das machte ihnen nichts aus. Moses wollte nur weg von diesem Ort hier, weg von all den Leuten in Uniform.
Eine halbe Stunde später waren sie wieder auf dem Kurfürstendamm.
Auch hier gingen ab und zu Polizisten Patrouille, und Moses bildete sich ein, dass sie nicht nur wegen des Besuchs des amerikanischen Präsidenten hier waren.
Spontan griff er zum Handy und beantwortete Michels fragenden Blick: „Ich rufe jetzt zu Hause an. Unsere Mütter sollen sich beruhigen, sonst schicken sie uns noch die Polizei auf den Hals."
Michel zog die Nase hoch und nickte.

Als Moses die Nummer eingegeben hatte, hob seine Mutter wieder gleich ab.
„Hi Mum, mach dir keine Sorgen", begann er sofort.
„Ich mir keine Sorgen machen?! Was bildest du dir eigentlich ein?!" Schon wieder hatte ihre Stimme diesen hysterischen Ton.
„Jedenfalls sind wir morgen früh wieder zu Hause. Du kannst also ganz cool bleiben!"
„Ganz cool bleiben? Wenn das die Polizei mal auch so sieht!"
„Polizei?" Jetzt war Moses kurz davor, die Fassung zu verlieren.
„Na klar, was hätte ich denn machen sollen?"
Moses wollte nichts mehr hören, ihm wurde das einfach zu viel und er beendete das Gespräch. Sein Handy schaltete er sofort danach aus.

Michel erzählte er natürlich, was seine Mutter gesagt hatte.
„Wird schon nichts passieren, wir müssen nur ganz cool bleiben."
Der Freund war schon fast wieder ganz der Alte.
Eine Weile schlenderten sie möglichst unbeschwert durch die Stadt, sahen wieder den Straßenmusikern und den Pflastermalern zu. Wenn sie einen Polizisten sahen, gingen sie einen anderen Weg. Moses ertappte sich manchmal dabei, dass er nach Steckbriefen Ausschau hielt, auf denen Michel und er abgebildet waren. Aber noch schien alles ruhig.
Inzwischen war es zwölf Uhr, und für Moses stand fest, dass sie bald nach Hause fahren mussten. Die Sache mit dem Präsidenten verdrängte er, darüber konnte er sich später noch Gedanken machen. Jetzt mussten sie erst einmal gut zurückkommen. Angesichts des weinenden Michel war ihm plötzlich klargeworden, dass er als der Ältere verantwortlich für den Freund war.
Seine Aufgabe schien plötzlich in nichts anderem zu bestehen, als seinen Kumpel, der so treu an seiner Seite gewesen war, gesund nach Hause zu bringen! Bevor sie zurückfuhren, wollte er aber erst noch sein Versprechen einlösen.
Er deutete auf ein Fastfoodrestaurant, das ihnen im nächsten Straßenzug sein Reklameschild zeigte.
„Jetzt schlagen wir uns so richtig den Bauch voll, und dann geht's ab zum Bahnhof!"
Michel konnte bei diesem Vorschlag wieder richtig lachen.
Moses nahm ihn an der Hand und zog ihn zum Restaurant. Es war ziemlich groß, viel größer als die gleichnamigen Verwandten, die sie von zu Hause kannten, größer auch als das, in dem sie gestern gewesen waren, so dass es vielleicht aus diesem Grund schon

so aussah, als wären kaum Leute darin.
Moses zog Michel zu einem Platz am Fenster. Sie legten die Taschen mit ihren Schlafsäcken ab und gingen bestellen.

Moses geizte wirklich nicht und spornte Michel regelrecht an, sich immer noch mehr zu bestellen. Mit einem übervollen Tablett kamen die Jungs schließlich zurück zu ihrem Platz.
„Schlag zu, Kumpel", meinte Moses gönnerhaft, und Michel ließ sich das nicht zweimal sagen. Er selbst hatte ebenfalls einen gewaltigen Hunger, und so schrumpfte der riesige Haufen auf ihrem Tablett rasch zusammen.
Während sie noch aßen, entstand urplötzlich eine große Unruhe am Eingang des Restaurants. Durch die Fensterscheibe sah Moses mehrere uniformierte Männer.
„Jetzt sind wir reif", dachte er sich. „Sie haben tatsächlich mein Handy geortet!" Dann öffnete sich schlagartig die Tür: Große Männer in Anzügen betraten mit großen Schritten das Restaurant, gingen schnell die Räume ab und positionierten sich dann jeder an einer offenbar vorgegebenen Stelle.
„Was wird das?", raunte Michel dem Freund zu.
Moses war nicht in der Lage, eine Antwort zu geben, denn durch die Tür, die einer der Kleiderschränke offenhielt, trat jetzt ein Mann, den sie vor gar nicht langer Zeit erst gesehen hatten ...
„K-k-k-önntest du mich mal kneifen!", stammelte Michel.
„K-k-k-keine Chance", stotterte Moses zurück.
Der Besucher war – die Jungs trauten ihren Augen nicht, denn das war doch einfach nicht möglich! – und doch, er war es wirklich: Der Mann, der da soeben hereinkam, war Barack Obama!

Der amerikanische Präsident grinste, winkte freundlich mit der Hand, denn auch alle anderen Leute sahen sich verwundert nach ihm um, dann ging er in die Richtung der beiden Jungs und setzte sich zwei Tische vor ihnen ans Fenster. Die Bodyguards postierten sich mit etwas Abstand um ihn herum, drei von ihnen nahmen am Tisch gleich neben den Jungs Platz.

„Du siehst schon auch, was ich sehe?", fragte Michel mit großen Augen, wobei er wie ein Bauchredner sprach.

„Wenn du mir jetzt sagen würdest, dass ich Halluzinationen habe, könnte ich das gut verstehen", murmelte Moses ebenfalls so unauffällig wie möglich.

„Tu so, als wäre nichts", beschwor Michel den Freund. Er hatte sich offenbar wieder etwas gefasst.

„Nicht immer hingucken!"

Das fiel Moses äußerst schwer, doch er gab sich Mühe, nur Michel anzusehen, der vielsagend die Augen rollte.

Der Präsident ging jetzt mit ein paar Begleitern zur Theke, um zu bestellen.

Das nutzte Michel, um Moses etwas deutlicher zuzuraunen: „Du weißt schon, dass das unsere Chance ist?! Hast du den Brief noch?"

Mit zitternden Händen fasste Moses in die Hosentasche. Er rechnete fest damit, dass ihn gleich einer der Kleiderschränke zu Boden werfen würde, weil er glaubte, er zöge eine Waffe.

Moses fühlte das Papier und nickte beruhigt.

„Kannst du auch den Text noch?", kam es wieder leise über den Tisch.

„Ich denke schon", nickte Moses.

„Soll ich ihn dir lieber noch mal vorsagen?", zischte Michel ihm zu.

„Nur nicht. Die können doch alle Englisch", erwiderte Moses und gab sich dabei weiter die größte Mühe, die Lippen nicht zu bewegen.

Nach zwei Minuten kam der Präsident mit seinen Leuten zurück und setzte sich wieder an den Tisch. Angeregt unterhielt er sich mit den Männern, während er sein Essen auspackte.

„Ich habe mal gelesen, dass er gerne in Fastfoodrestaurants isst – immer scharf", raunte Michel ihm zu.

Auch wenn sie ihm bekannt vorkam – Moses hatte für diese Info jetzt keinen Sinn. Er sah nur die Chance und wusste, dass er sie nutzen musste.

„Nicht so ungeduldig", flüsterte Michel wie ein Bauchredner. Niemand sollte jetzt noch sehen, dass sich seine Lippen bewegten. „Er muss erst fertig gegessen haben, sonst wird er vielleicht grantig!"

Moses war das egal: Wenn der Präsident danach sofort aufstand und wegging?

Wie von unsichtbarer Hand geführt, stand er deshalb auf, während Michel ihn mit großen Augen anstarrte. An den Nebentischen regte sich noch nichts. Dann ging Moses mehrere Schritte auf den Präsidenten zu. Ein Bodyguard erhob sich jetzt und stellte sich ihm in den Weg, als er noch zwei Meter von Obama entfernt sein mochte. Moses war das gleichgültig. Er duckte sich an dem Riesen vorbei und sagte sogar noch mehr als seinen Spruch in die Richtung, in der der Präsident saß:

"Hello Mr Obama,
I'm here in Berlin to meet you. My father is in prison, but he has not done something. He is not a terrorist, but he sits in Guantanamo. Here I have a letter, and in that stands, that he hasn't done a crime. Please help him! I will always thank you for that!"

Der Kleiderschrank wollte Moses wegschieben, doch Obama gab ihm einen Wink. Jetzt war der Weg frei: Moses trat auf den Präsidenten zu und wiederholte seinen Spruch. Der Präsident sah ihn aufmerksam an. Dann fischte Moses den zerknüllten Brief aus der Hosentasche und gab ihn dem Mann. Aus den Augenwinkeln sah er, wie zwei der Begleiter zu lachen begannen.
Der Präsident nahm das Schreiben und sagte lächelnd nur das eine Wort: „Okay."
Moses brachte noch ein „Thank you" hervor, dann ging er zu seinem Platz zurück.

Michel saß da mit offenem Mund: „D-du, b-bist verrückt", stotterte er.
Moses nahm seinen Hamburger, den er eben liegen gelassen hatte, und biss hinein. Er tat das völlig automatisch, es war so, als würde ein anderer ihm die Hand führen. Vielleicht wollte er so Fragen abwehren, denn eine Antwort geben konnte er im Augenblick nicht.
Schweigend saßen die Jungs ein paar Minuten da. Verstohlen sahen sie hin und wieder zum Präsidenten hinüber, der sich angeregt mit seinen Mitarbeitern unterhielt.
„Du erzählst mir das gleich alles?", stammelte Michel immer noch

und Moses nickte nur.

Aus den Augenwinkeln sah er jetzt, dass der Präsident aufstand. Unwillkürlich sah Moses in seine Richtung, und tatsächlich: Ihre Blicke trafen sich – der Präsident hob seinen Brief in die Höhe und zwinkerte ihm zu. Dann erhoben sich auch seine Bodyguards und Obama war hinter all den Kleiderschränken nicht mehr zu sehen. Wie nach einem sorgfältig vorbereiteten Plan verließen die Männer in einer bestimmten Reihenfolge das Restaurant wieder. Ab und zu sah Moses noch den Kopf des Präsidenten, dann waren sie alle durch die Tür verschwunden.

„Das ist ja der absolute Hammer!", klopfte sich Michel jetzt auf den Oberschenkel. „Sitzen wir hier bei McDoof, der Präsident kommt rein – und du quatschst ihn an!"

„Sollte ich das denn nicht?", grinste Moses.

„Du bist die coolste Sau, die ich kenne!" Michels Stimme überschlug sich fast.

Plötzlich kam eine junge Frau an ihren Tisch.

„Entschuldigung, du hast eben mit dem Präsidenten gesprochen. Darf ich fragen, was du von ihm wolltest?"

„Es ging nur um ein Autogramm", schaltete sich Michel ein.

„Und ... wie ist er so?", wollte die Frau noch wissen.

„Supernett", gab Moses nur zur Antwort.

Dann ging die Frau zurück an ihren Tisch und die Jungs hörten, wie sie ihrem Begleiter erzählte, der Präsident sei supernett.

„War richtig, dass du dazwischengegangen bist", sagte Moses.

„Man darf fremden Leuten nicht auf die Nase binden, was wir hier wollen. Wer weiß, wenn Herr Obama davon erfährt, wie das dann bei ihm ankäme!"

Michel nickte nur. Er brauchte frische Luft. Deshalb schlug er vor, dass sie das Restaurant nun verließen. „Sonst kommen noch mehr Neugierige", meinte er.

Moses nahm den letzten Hamburger in die Hand und ging mit Michel nach draußen. Dort war alles, als sei nichts geschehen. Niemand schien verwundert, dass eben der amerikanische Präsident hier gewesen war. Oder hatten sie ihn vielleicht gar nicht erkannt? Moses war sich da nicht so sicher.

Im Gehen wurde er von Michel angestoßen. „So, und jetzt erzähl!"

„Was soll ich erzählen?" Moses zuckte nur mit den Schultern. „Ich bin hin, hab den Spruch aufgesagt und ihm den Brief gegeben."

„‚Bin hin, hab den Spruch aufgesagt und ihm den Brief gegeben'", äffte Michel ihn nach. „Du weißt schon, bei wem du da eben warst?!"

„Bei Herrn Barack Obama!"

„Und da fällt dir nicht mehr ein? Wie war der? Was meinst du, tut der was für uns?" Michel bombardierte ihn förmlich mit seinen Fragen.

Moses war immer noch wie benommen. Was sein Freund für Coolheit hielt, war einfach nur ein Gefühl, das sich nicht beschreiben ließ: Er konnte es nicht wahrhaben, was da eben geschehen war, wahrscheinlich hatte er nur geträumt! Alles war total unwirklich; der Moses, der eben zum Präsidenten gegangen war, war eine andere Person!

„Ich weiß das alles nicht", sagte Moses nur und Michel verstand plötzlich: „Bist selbst total durcheinander, was? Na, wenn's dem Obama nach der Begegnung mit dir genauso ginge, dann wäre ja

alles in Ordnung!"
Der einfühlsame Michel behielt seine Fragen jetzt für sich und blieb nur auf einmal stehen.
„Bevor wir hier ziellos durch die Gegend laufen und nur durcheinander sind, lass uns sehen, dass wir zum Bahnhof kommen!"
Moses stimmte ihm zu, doch musste Michel die Führung übernehmen. Er selbst war dazu nicht in der Lage.
Wie ein willenloser Gegenstand ließ Moses sich von Michel durch das Menschengewirr schieben, hinab über eine Rolltreppe, bis er sich schließlich in einer S-Bahn wiederfand.
Im Sitzen rieb er sich die Augen.
„Keine Sorge, Kumpel, du hast das nicht geträumt", sagte Michel.
„Auch wenn's dir keiner glaubt!"
„Wir dürfen's ja eh niemandem erzählen."
Moses war ziemlich einsilbig während der Fahrt, und dies änderte sich auch auf dem Hauptbahnhof nicht. Er überließ es Michel, eine Verbindung zu suchen und sich um die Fahrkarten zu kümmern. Moses hing dabei nur kraftlos in seinem Schlepptau.
Nachdem sie zwei Stunden auf dem Bahnhof herumgeirrt waren und eine viel zu teure Brezel gegessen hatten, saßen sie endlich in einem Zug, der sie in Richtung Heimat bringen würde.
Sie blickten aus dem Fenster, und während die Stadt immer schneller an ihnen vorbeizog, hatte Moses das Gefühl, dass er allmählich aus seiner Benommenheit erwachte.
Michel spürte genau, was mit ihm los war.
„Du bist geschafft, was?"
„Kannst du sagen!"
„Aber du warst echt voll cool. Gehst du einfach zum Präsidenten

hin, quatschst ihn an und gibst ihm den Brief!"
Moses sah das anders. Je mehr Zeit verging, umso mehr begannen die Bedenken in ihm hochzusteigen.
„Hoffentlich habe ich keinen Mist erzählt!"
„Hast du nicht", beruhigte ihn Michel. „Da war gar keine Zeit dazu!"
Moses rekonstruierte immer wieder das Gespräch, ließ immer wieder die Begegnung mit Barack Obama vor seinem inneren Auge ablaufen. Er fand tatsächlich nur wenig Grund, kritisch mit sich zu sein.
„Mein Englisch ist eben beschissen", stieß er dann doch noch auf etwas.
„Dafür haben wir geübt. Er wird dich schon verstanden haben. Und außerdem hat er dir zum Schluss doch mit dem Brief zugewinkt!"
Das reichte, um Moses vorläufig zu beruhigen. Dann fielen ihm die Augen zu. Er erwachte, als er von Michel geweckt wurde.
„Umsteigen!", rief sein Freund. „Jetzt und dann noch einmal, und das war's dann schon. Die Verbindung ist besser als die, die wir bei der Hinfahrt hatten."
Moses war dem Freund unendlich dankbar. Ohne ihn wäre er nie nach Hause gekommen. Dabei musste Michel doch selbst hundemüde sein.

In dieser Nacht wuchs der Kleine über sich hinaus. Er ließ Moses die meiste Zeit schlafen, weckte ihn nur, wenn der Schaffner kam und als sie zum letzten Mal umsteigen mussten. Moses tauchte danach jedes Mal sofort wieder ab.

Als Moses schließlich zum ersten Mal von selbst aufwachte, graute der Tag.
„Na, Schlafmütze!", grinste Michel ihn an. „Ausgepennt?"
„Oh Scheiße!" Moses rieb sich die Augen. „Wo sind wir?"
„In 45 Minuten sind wir da. Dann rasch auf die Fahrräder und ab zum Zeltplatz! Wir waren doch nur ein paar Kilometer weiter in einer Scheune, nicht wahr?" Michel zwinkerte Moses zu, und dies erinnerte ihn daran, wie der amerikanische Präsident ihm vor einer Ewigkeit zugezwinkert hatte.
Nach und nach kam ihnen die Gegend, durch die sie fuhren, bekannt vor, dann wussten sie die vorbeifliegenden Häuser schon Ortschaften zuzuordnen, und schließlich war es an der Zeit, das Gepäck aus der Ablage zu holen und sich zum Aussteigen zu rüsten.
Als der Zug langsamer fuhr, stellte sich Moses vor den Freund und blickte ihm tief in die Augen: „Michel, ich möchte dir noch sagen ... danke ... für alles!"
„Ist doch kein Problem", sagte dieser und hielt ihm die Hand hin zum Einschlagen, was Moses auch so fest wie nur möglich tat.

Er hätte den Freund am liebsten nie mehr losgelassen!
Der Zug stand und sie stiegen aus. Kaum hatten ihre Füße jedoch den Bahnsteig berührt, wurden die beiden Jungs auch schon an den Armen gepackt.
„So, der Urlaub ist vorbei!" Moses registrierte eine bekannte Stimme, bevor er noch die dazugehörige Gestalt wahrnahm. Es war Mum! Sie zerrte ihn mit sich, und wenn er sich sträubte, half Peter von hinten nach. Michel, der ebenfalls von seiner Mutter in Emp-

fang genommen worden war, verlor er gleich aus den Augen.
„Was soll das? Ihr behandelt mich wie einen Schwerverbrecher!"
„Wer abhaut, hat nichts anderes verdient!", meinte Peter von hinten streng.
„Aber wir wollen doch zelten!"
„Das schmink dir mal schön ab!"
Moses wurde durch den Bahnhof zum Parkplatz geschoben und schließlich mehr oder weniger unsanft auf die Rückbank ihres Autos gestoßen.
„Was sollte das?! Fahren die Burschen nach Berlin und jagen uns einen riesigen Schrecken ein?!"
Mama war außer sich vor Wut.
Moses setzte alles auf eine Karte: „Woher willst du wissen, dass wir in Berlin waren? Du spinnst ja!"
„Ich weiß alles", sagte Mama nur und Moses wurde angst und bange.
Wie war sie ihm nur auf die Schliche gekommen? Hatte sie tatsächlich sein Handy orten lassen? Er zermarterte sich das Hirn, fand aber keine Antwort. Dann kam die Frage, die ihm eine gewisse Erleichterung verschaffte:
„Was habt ihr nur dort gewollt? Was um Himmels willen wolltet ihr beiden Burschen in Berlin?"
Sie wusste also nichts von der Suche nach seinem Vater. Es war wohl auch kein Foto in der Zeitung erschienen, das ihn mit Barack Obama zeigte.
„Du sagst mir ja auch nicht, woher ihr wisst, dass wir in Berlin waren", meinte Moses trotzig.
„Jetzt wissen wir es dafür! Ihr wart also tatsächlich dort!"

Moses hätte in den Boden versinken können vor Wut: Er war auf Mamas billige Finte hereingefallen. Sie hatte nicht gewusst, wo er gewesen war. Wahrscheinlich hatten sie nur alle einfahrenden Züge kontrolliert, und dieser war nun zufällig aus der Richtung Berlin gekommen.
Mama drehte sich zu ihm um und sah ihn eindringlich an: „Sag bloß, ihr wart wirklich da!"
Moses gab keine Antwort.
„Du hast es doch gehört", kommentierte Peter spitz.
„Das glaub ich nicht. Ich kann das einfach nicht glauben!" Mama kamen fast die Tränen.
Als sie zu Hause waren, sperrten sie ihn sofort in sein Zimmer.
„Du weißt ja, was dich die nächsten fünf Wochen erwartet!", rief Mum durch die geschlossene Tür.
„Stubenarrest", bemühte sich Peter rasch hinzuzufügen.
Moses war das in dem Moment gleichgültig. Er war nur froh, dass sie nicht herausbekommen hatten, warum er in Berlin gewesen war. Trotzdem hätte er sich in den Hintern beißen können, dass er in die billige Falle getappt war. Hoffentlich hatte er Michel dadurch nicht noch mehr Ärger gemacht.

Moses schlief bis zum Mittag. Als er aufgestanden war, merkte er, dass seine Zimmertür nicht mehr verschlossen war. Er ging in die Küche, in der Mama gerade dabei war, das Mittagessen zu machen.
Als sie ihn sah, kam sie auf ihn zu und wollte ihn umarmen. Trotz seiner raschen Abwehr gelang ihr dies sogar halbwegs.
„Warum hast du uns das angetan? Von zu Hause weglaufen, das

ist das Schlimmste, was man Eltern antun kann!"
„Peter ist nicht mein Elter", sagte Moses nur trotzig.
„Ich weiß schon, dass du ihn nicht magst, aber er hat sich wirklich Sorgen um dich gemacht."
„Er soll sich ein eigenes Kind anschaffen", gab Moses wieder nur böse zur Antwort.
Mama ging nicht darauf ein, sondern löcherte ihn nur wieder mit Fragen: „Wart ihr wirklich in Berlin? Seid ihr ganz alleine dorthingefahren? Ihr hattet doch gar kein Geld? Ich habe Michels Mutter angerufen. Die sagt, dass ihr Sohn nichts davon wissen will!"
„Na also, was glaubst du mir denn, wenn ich so einen Unsinn rede?" Moses sah plötzlich Licht am Horizont.
„Hast du dir allen Ernstes vorgestellt, wir würden es bis nach Berlin geschafft haben? Wovon denn? Womit denn?" In Mama schienen tatsächlich Zweifel aufzusteigen.
„Aber du hast doch gesagt ..."
„Ich habe im Zug gepennt und vielleicht von Berlin geträumt. Und wenn ihr mich dann so grob weckt ... Ja, wir wollten vielleicht mal nach Berlin", versuchte Moses die Kurve zu bekommen. „Aber weit sind wir nicht gekommen. Außerdem wären wir sowieso wieder zurückgekommen!"
„Wärt ihr das wirklich?" Mama standen schon wieder die Tränen in den Augen.
„Natürlich wären wir das", beruhigte Moses sie.
Dann setzte er noch eins drauf: „Da will unsereins einmal ein Abenteuer erleben, und dann macht ihr ein solches Theater!"
Mama nahm ihn in den Arm, und er hielt es für strategisch klug, sich das jetzt gefallen zu lassen. Nun wäre vermutlich sogar der

Augenblick da gewesen, sie zu fragen, ob sie wirklich die Polizei eingeschaltet hatten, aber Moses wollte das lieber gar nicht wissen. Falls er nichts Gegenteiliges hörte, ging er davon aus, dass sie vielleicht nur geblufft hatte.
Mama schien für sich den gleichen Weg eingeschlagen zu haben.
„Dann will ich gar nicht wissen, wo ihr wart!", sagte sie.
Endlich ließ sie ihn wieder los, so dass Moses erst einmal zu Mittag aß. Mum meinte, sie müsse jetzt in die Stadt.
„Dass du Hausarrest hast, das ist dir schon klar?"
„Logo, Strafe muss sein." Moses war froh, so einfach davongekommen zu sein.
Die Angelegenheit war damit zu Hause erledigt. Außer Peter sprach niemand mehr davon, und auch der machte nur ab und zu ein paar spitze Bemerkungen, mit denen er aber selbst bei Mama keinen Erfolg hatte.
Gewiss hatte Moses in den nächsten Tagen Hausarrest, aber er hatte ohnehin keine Lust, nach draußen zu gehen. Viel lieber tauschte er Mails aus mit Michel oder chattete mit ihm.
Der Freund musste ebenfalls in der Wohnung bleiben – vermutlich hatten sich die Mütter abgesprochen, ansonsten war auch bei ihm das Thema ausgestanden. Moses war froh, dass Michel nicht allzu viel Ärger bekommen hatte.
„Solange meine Mutter nichts von mir hört, ist sie doch happy", schrieb Michel einmal, und für Moses hörte sich das ziemlich traurig an.
Er versuchte erst gar nicht ihn zu trösten, weil er nicht genau wusste, wie der Satz gemeint war. Wie er Michel kannte, wollte der sowieso nicht weiter darüber reden.

Viel mehr interessierte den Kumpel, ob Obama sich gemeldet hatte. Jeden Tag fragte er danach, und Moses musste immer wieder schreiben, dass er noch nichts gehört hatte.

Manchmal dachte er schon, dass alles im Sande verlief, aber Michel tröstete ihn jedes Mal und baute ihn auf, so gut er konnte.

„So was braucht Zeit! Der Präsident hat auch noch andere Sachen zu tun!"

Für Moses war die Zeit zwischen den Nachrichten von Michel öde und langweilig. Mama glaubte offenbar, dass er wegen des Hausarrests traurig war, und versprach, dass sie diesen lockern werde, wenn er nur verspreche, nicht wieder Dummheiten zu machen. Mehr sagte sie nicht. ‚Dummheiten' war das einzige Wort, mit dem sie auf seinen Ausflug nach Berlin anspielte.

„Ich kann das gerne versprechen", sagte Moses, „aber du kannst mir auch ruhig noch mehr Hausarrest aufbrummen, ich will eh nicht raus."

„Da siehst du mal, was du für einen komischen Bengel hast", mischte sich Peter ein, doch wurde er von Mama dafür mit einem energischen „Lass ihn!" in die Schranken gewiesen.

Die Tage verstrichen, und es wurden Wochen daraus. Nichts geschah. Der amerikanische Präsident meldete sich nicht.

Gegen Ende der Ferien hatte Mama dann eine Idee: Sie überraschte Moses eines Morgens damit, dass sie heute einen Ausflug unternehmen würden. Moses nickte nur müde, richtig freuen konnte er sich nicht. Das Schönste war noch, dass Peter nicht dabei war.

Als er im Auto merkte, wohin die Reise ging, sah er seine schlimmsten Befürchtungen bestätigt.

Tatsächlich konnte Mama kurz vor dem Ziel nicht mehr an sich halten: „Wir fahren in den Tierpark. Da, wo du früher immer so gerne hingegangen bist! Freust du dich?"
„Toll", entgegnete Moses nur wenig begeistert.
Mama tat, als hätte sie den Unterton nicht gehört, und fuhr vergnügt singend weiter.
Auf dem Parkplatz wartete sie dann mit einer echten Überraschung auf.
„Ich kann mir denken, dass ich dich mit dem Park nicht mehr hinter dem Ofen hervorlocke, aber da ist jemand, über den du dich bestimmt freust!"
Sie wies auf den Eingang und Moses sah eine Gestalt. Sofort flog er darauf zu: Es war Michel!
Sie fielen sich um den Hals und wollten sich gar nicht mehr loslassen. Es war das erste Mal, dass sie sich sahen seit ihrem abrupten Abschied am Bahnhof.
„Alles klar, Kumpel?", fragte Michel.
„Alles klar", antwortete Moses nur. Erst dann gab er Michels Mutter, die hinter einem Baum gestanden hatte, die Hand.
Es wurde ein wunderschöner Tag. Gemeinsam machten Moses und Michel sich über die „Wahnsinnsattraktionen" im Tierpark lustig, lachten nur darüber, wenn ihre Mütter sie zum Bestaunen der kleinen Wildschweine animieren wollten und selbst so taten, als hätten sie so etwas noch nie gesehen.
Wenn sie unter sich waren, erzählten die beiden nur von Berlin und von Präsident Obama.
„Jetzt muss sich doch langsam was tun!", sagte Michel ungeduldig.
„Sehe ich auch so. Und wenn nicht?"

„Es tut sich was, da bin ich ganz sicher", meinte der Freund, doch richtig überzeugt klang es nicht.

Moses entgegnete lieber nichts, denn er wollte nicht den schönen Tag verderben. Allerdings hatte er selbst wahrscheinlich sehr viel mehr Zweifel, dass wirklich noch etwas geschah.

Sie blieben fast den halben Tag im Tierpark, dann drückte Michels Mutter aufs Tempo, denn sie musste noch arbeiten gehen.

„Sie räumt jetzt in einem Geschäft Regale ein", wurde Moses von Michel aufgeklärt. „Da habe ich sie wenigstens aus den Füßen!"

Die Jungs verabschiedeten sich und machten heimlich aus, wie gewohnt per E-Mail oder Chat in Kontakt zu bleiben.

Im Auto merkte Moses, dass Mama gelobt werden wollte für ihre Idee.

„Nun, bist du denn jetzt mal mit mir zufrieden?!"

„Sehr zufrieden", sagte er, und das entsprach in diesem Fall sogar der Wahrheit.

Wieder vergingen Tage, in denen nichts geschah. Dann kam der erste Schultag. Moses war nicht sehr gespannt. Was sollte sich schon groß ändern? Und tatsächlich blieb das meiste so, wie es war, außer dass er einen neuen Lehrer in Englisch bekam, aber das war nicht weiter tragisch. Der alte hatte bei ihm nicht viel zustande gebracht, das hatte Moses in den letzten Ferien gemerkt. Er stimmte zu, als Kevin sich wieder neben ihn setzen wollte. Der Junge war immer noch besser als mancher andere. Moses war im Grunde nur gespannt, ob ihn jemand auf seinen Ausflug nach Berlin ansprechen würde. Aber nicht einmal das war der Fall.

Mama hatte also wirklich nur dick aufgetragen: Von Polizei war

keine Spur gewesen, und sie hatte wohl nicht einmal seine Klassenkameraden abgeklappert.
Moses war dies recht. Er hätte ohnehin nicht mit seinem Abenteuer angegeben, und das Wichtigste hätte er sowieso nicht erzählen können.
Für ihn waren auch jetzt noch der Mailwechsel und die gelegentlichen Telefongespräche mit Michel die Höhepunkte in der Woche.
Leider nur hatten sich die Jungen nicht viel Neues zu berichten. Nach der Schule durfte man Michel schon gar nicht erst fragen. Der Freund wollte von diesem Thema nichts wissen, so dass sie sich stets relativ rasch ausgetauscht hatten.
Moses' Vater kam in ihren Gesprächen manchmal gar nicht mehr vor, denn sie hätten doch wieder nur die alten Dinge erzählen können. Und sie wollten nicht sein wie alte Leute, die nur von ihren Heldentaten in der Vergangenheit berichteten.
Moses schaute oft fern in diesen Tagen. Immer wieder war der amerikanische Präsident zu sehen, der in irgendwelchen fremden Ländern herumreiste. Worum es ging, verstand Moses meistens nicht. Vielleicht hätte er es verstanden, wenn er sich dafür interessiert hätte.
Einmal sah er in den Nachrichten etwas, was ihn zumindest halbwegs packte: Das Bundesland, in dem er lebte, würde zwei Flüchtlinge aufnehmen, die aus Guantanamo entlassen worden waren. Andere Länder hatten sich geweigert, denn sie wollten keine Terroristen ins Land holen. Der Kommentator versicherte aber, dass von diesen beiden Ex-Gefangenen keine Gefahr ausging. Sie hätten nichts getan und seien mehr oder weniger versehentlich nach Guantanamo gelangt.

Bilder der beiden Männer zeigten sie nicht. Moses war sich sicher, dass sein Vater keiner der beiden war. Wie auch? Sie hatten ihn längst vergessen – genauso wie der amerikanische Präsident Moses und seinen Brief vergessen hatte.

Die Schule lief schleppend an. Moses langweilte sich an jedem Morgen zu Tode. Die Vormittage zogen sich wieder wie Kaugummi hin. Er war einfach zu müde, hatte es noch nicht geschafft, vom Ferienrhythmus umzuschalten. Da war er meistens nicht vor Mitternacht ins Bett gegangen, und jetzt sollte er schon um neun Uhr schlafen gehen.
Meistens – vorausgesetzt Mama und Peter waren nicht da – hing er doch wieder bis zwölf Uhr vor dem Bildschirm und chattete mit Michel. Häufig ging es um Belanglosigkeiten.
„Machstn gerade?"
„Chille vorm Computer. Un du?"
„Ich auch."
Manchmal überlegten sie, wie sie sich doch einmal treffen könnten, aber sie hatten beide den Eindruck, dass ihre Mütter in der letzten Zeit aufpassten wie die Luchse.
Außerdem war ein Treffen auch nicht so dringend – alles, was sie sich erzählen wollten, konnten sie per Internet austauschen, und ein großes Projekt stand nicht an.
Moses war oft niedergeschlagen – die Sache stand nicht gut, und ihm wurde mit jedem Tag klarer, dass sie nun einen Plan B gebraucht hätten. Leider hatten sie es vor der Berlinaktion versäumt, sich den zu überlegen – und jetzt wollte ihnen einfach nichts mehr einfallen.

Inzwischen war schon seit vier Wochen wieder Schule, als Moses eines Tages den Eindruck hatte, dass irgendetwas mit Mama war.
Als er nach der sechsten Stunde nach Hause kam, glaubte er sogar, dass sie geweint hatte. Gleich dachte er an Peter. Vielleicht wollten sie sich trennen. Nun, Moses fand, dass es Schlimmeres gab.
Zunächst fragte er sie noch, was denn los sei, doch als er nur ein wenig überzeugendes „Nichts!" zur Antwort erhielt, beschloss er, den Mund zu halten. Am Ende wollte Mama noch überredet werden, die Beziehung mit Peter fortzusetzen! Das konnte sie von ihm nun wirklich nicht erwarten!
Ihre merkwürdige Stimmung hielt auch in den nächsten Tagen an. Merkwürdig deshalb, weil Mama nicht nur traurig, sondern total lieb war – jedenfalls zu Moses!
Oft streichelte sie ihm mit der Hand über den Kopf, sagte „Schatz" zu ihm und brachte ihm vom Einkaufen Süßigkeiten mit. Wenn Peter, der in den letzten Tagen nur noch selten da war, einen seiner ironischen Witze machte, fuhr sie ihn sofort an und sagte, dass er den Mund halten sollte.
„Du bist hier nur Gast", wies sie ihn einmal in seine Schranken. „In erster Linie ist das hier das Zuhause von meinem Moses und mir!" Als Peter etwas entgegnen wollte, schnitt sie ihm das Wort ab: „Wenn du gehen willst, kannst du gehen, jederzeit!"
Peter ging, aber vermutlich nur in die Kneipe, um sich zu betrinken.
„Stress?", fragte Moses.
„Nicht der Rede wert", gab Mama zur Antwort und drückte ihn kurz an sich. Danach verließ sie den Raum. Er wusste, dass sie jetzt weinte.

An diesem Abend hätte er gerne mit Michel gechattet, aber der Freund war nicht on. Moses versuchte ihn anzurufen, aber auch da erreichte er niemanden. Lange würde er diese Stimmung hier zu Hause nicht mehr aushalten. Irgendetwas musste geschehen!

Am nächsten Morgen, einem Freitag, kam er in die Küche und traf auf eine gutgelaunte Mum.
„Irgendwie verstehe ich dich nicht", fasste Moses sich ein Herz. „Seit drei Tagen bist du so komisch – und jetzt machst du einen auf Stimmungskanone!"
Mama ging überhaupt nicht auf ihn ein, sondern schmierte nur ein Brot nach dem anderen.
„Wo ist Peter?", fragte Moses mehr aus Verlegenheit.
„Weg", sagte Mama leichthin. „Ich weiß auch nicht, ob er wiederkommt!"
Moses verstand gar nichts mehr. Als er das auch sagte, tat Mama wieder einmal so, als hätte sie nichts gehört.
„Zieh bitte nicht deine älteste Hose an", bat sie nur. „Du hast doch diese schöne neue?"
„Warum das denn? Ich ziehe doch seit Tagen diese eine Hose an", wunderte sich Moses.
„Aber heute bitte nicht, bitte!" Mama sah ihn so lieb an, dass er nicht Nein sagen konnte.
„Okay, ich ziehe die gute Hose an."
„Und putz dir ordentlich die Zähne", ermahnte sie ihn weiter, „und wasch dich richtig. Nicht dass du müffelst."
„Das ist dir doch sonst auch egal!"
„Aber heute nicht", antwortete Mama wieder in dieser leicht ober-

flächlichen Art, die er sonst nur an ihr kannte, wenn sie total gehetzt war. Heute aber schien sie alle Zeit der Welt zu haben.
Als er aus dem Bad kam, hielt Mum ihm einen gepackten Rucksack hin.
Zu seinem Erstaunen war es allerdings nicht sein Schulrucksack, sondern der, den sie immer mit zu Ausflügen nahmen.
Moses verzog fragend das Gesicht: „Was wird das? Ich muss in die Schule!"
Mum kam auf ihn zu und legte ihm die Arme um den Hals: „Heute nicht, mein Junge, heute machst du einen Ausflug!"
„Aber ...???" Moses stand der Mund auf vor Staunen. Mama legte ihren Zeigefinger auf seine Lippen.
„Nicht ‚aber'", sagte sie. „Wenn Barack Obama ruft, dann hat mein Moses schulfrei!"
Moses blieb fast das Herz stehen, als er diesen Namen hörte.
„Wer ...?", fragte er nur.
„Tu nicht so dumm, und jetzt ab nach unten." Sie schob ihn durch die Türe und die Treppe hinunter.
Moses ließ alles mit sich geschehen. Träumte er? War er in einer anderen Welt erwacht?
Mama sagte hinter ihm gar nichts und schob ihn nur weiter die Treppe hinunter. Schließlich griff sie um ihn herum und öffnete die Haustür.
„Bitte sehr, der Herr, Ihr Wagen!"
Vor der Tür stand ein fremdes Auto. Darin saßen zwei Männer. Auf der Rückbank winkte ihm ein Junge zu: Es war Michel!
Moses drehte sich zu Mama um. Plötzlich umarmte sie ihn.
„Ich habe so viel falsch gemacht, mein Junge!" Mum weinte jetzt

und drückte ihn ganz fest an sich.

Er konnte noch immer nichts sagen.

Dann stieg ein Mann aus dem Wagen, der Moses irgendwie bekannt vorkam.

Nur wollten die feinen Klamotten nicht so recht zu ihm passen.

Er ging auf Mama zu und gab ihr die Hand.

„Hallo, Regina!"

Als Moses die Stimme hörte, wusste er, wer es war: Heiko! Rasiert und mit geschnittenen Haaren hatte er ihn nicht erkannt.

Mama nahm die Hand nicht an, sondern fiel ihm um den Hals. Die beiden standen sicher eine Minute so da, dann machte Heiko sich behutsam los und reichte Moses die Hand.

„Komm", sagte er nur zu ihm, und zu Regina gewandt meinte er: „Ich bringe dir deinen Moses heil zurück."

„Das weiß ich." Dann fügte sie fast flüsternd hinzu: „Du bist ja sein Pate."

Moses verstand noch immer nichts. Willenlos ließ er sich ins Auto schieben und nahm neben Michel Platz.

„Hi, was sagst du nun, Alter?" Der Freund grinste über beide Backen.

Auch der Fahrer drehte sich zu ihm um.

„Hi, kennst du mich noch?"

„Wolfgang!", stieß Moses hervor. Ihn erkannte er gleich. Das war aber auch alles: Sagen konnte er noch immer nichts. Durch das Fenster sah er, wie Heiko noch ein paar Worte mit seiner Mutter wechselte, dann stieg auch er ein. Der Wagen setzte sich in Bewegung, und alle winkten wie verrückt seiner Mama zu, die mit einem Papiertaschentuch in der Luft wedelte. Instinktiv winkte auch

Moses.

Dann war sie nicht mehr zu sehen und er frage fassungslos:

„Was wird das? Ich verstehe nicht!"

„Sag du's ihm", meinte Heiko zu Michel gewandt.

„Wir bringen dich zu deinem Vater, Moses", erklärte Michel feierlich. „In zwei Stunden wirst du deinen Papa sehen!"

Moses machte große Augen und brachte kein Wort heraus.

„Ja, glotz nicht so, wir sind wirklich auf dem Weg zu deinem Vater!"

Moses konnte immer noch nicht glauben, was Michel da sagte! Sein Vater? Der war doch in diesem Gefangenenlager! War etwa doch alles ganz anders gewesen?

„Keine Sorge, du bist nicht verrückt und Michel redet auch kein Blech", schaltete sich Wolfgang jetzt ein. „Es ist wahr, wir sind auf dem Weg zu Marik!"

„Aber ...", Moses konnte nur stottern. „Aber sitzt er denn nicht in diesem Guantanamo?"

„Er sitzt nicht, er saß!", antwortete Wolfgang. „Und dass er dort nicht mehr ist, das geht auf die Kappe von zwei Jungs, die wir gerade hier durch die Gegend chauffieren."

Michel warf sich stolz in die Brust: „Du weißt natürlich, von wem er redet!"

„Aber ... wie ist das alles gekommen?" Moses verstand noch immer nicht.

„Nun, was ihr getan habt, das hat Michel mir erzählt", begann Wolfgang ihn jetzt aufzuklären. „Ich kann dir nur sagen, was ich weiß: Letzte Woche gab mir unsere alte Brotspinne ein Schreiben der amerikanischen Botschaft. Es war eigentlich an Heiko gerich-

tet, aber der war ja nun nicht da. Also machte ich mich auf die Suche nach ihm und hatte schließlich auch Erfolg." Jetzt übernahm Heiko das Wort: „In dem Brief stand, dass sie sich im Auftrag eines gewissen Marik an mich wenden sollten. Der würde nämlich in wenigen Tagen nach Deutschland kommen und brauche hier eine Unterkunft. Ob ich bereit wäre, ihn bei mir aufzunehmen. Und dann stand da noch: Ich solle bitte einen gewissen Jungen namens Moses informieren. Der amerikanische Präsident persönlich wünsche das. Dieser Moses würde doch sicherlich gerne seinen Vater begrüßen. Natürlich habe ich geantwortet, dass das mit der Unterbringung kein Problem ist, obwohl ich mich ja erst mal selbst irgendwo unterbringen musste. Aber mein Freund Wolfgang hat gleich zugesagt, dass ich bei ihm wohnen kann."
Allmählich begriff Moses: Das alles war tatsächlich kein Traum, sein Vater würde tatsächlich kommen, und sein Gespräch mit Barack Obama hatte wirklich gefruchtet!
Wolfgang erzählte weiter: „Nun ja, dann hab ich mich erst mal ein wenig frisch gemacht und eine Typveränderung vorgenommen, wie du siehst! Dann bin ich bei meinem Freund hier untergekrochen."
„Ich kapier das alles nicht ...", Moses fasste sich an den Kopf. „Und wenn mein Papa jetzt kommt, kommt er dann direkt von diesem Lager? Ich meine so mit langem Bart und Riesenmähne?" Moses hatte einmal einen Ex-Gefangenen in den Nachrichten gesehen, der so zurückgekehrt war.
„Nein, das glaube ich ganz sicher nicht", sagte Wolfgang. „So wie Murat Kurnaz wird er nicht aussehen. Wie ich das verstanden habe, ist dein Papa schon ein paar Tage im Land, wo genau, das

weiß ich nicht. Er ist einer der beiden Häftlinge, von denen vor ein paar Tagen in den Nachrichten die Rede war, vielleicht hast du's mitbekommen."
Moses nickte heftig. Also doch!
„Damit es keinen Wirbel gibt, kamen die beiden an einem unbekannten Ort an. Dort wurden sie erst einmal in das neue Land eingeführt, mit Papieren ausgestattet und was alles dazugehört. Dann war es für deinen Vater von Vorteil, dass er eine Kontaktadresse nennen konnte."
Heiko wurde von Wolfgang unterbrochen. „Und zufällig wird in unserem Haus demnächst eine große Wohnung frei, die sich hervorragend für eine Männer-WG eignet."
„Du siehst, wir haben alles vorbereitet", übernahm Heiko wieder das Wort.
„Und um auf deine Frage von eben zurückzukommen: Ich nehme schon an, dass sich dein Papa für dich ordentlich in Schale geworfen hat. Er weiß schließlich, was er seinem Sohn schuldig ist, und er freut sich riesig auf dich!"
„Hast du mit ihm gesprochen?!"
Heiko nickte. „Er durfte nur nicht sagen, wo er war. Das Gespräch war auch ziemlich kurz, aber du kannst davon ausgehen, dass dein Papa es nicht erwarten kann, seinen tollen Burschen endlich in die Arme zu nehmen!"
Moses wollten schon die Tränen kommen, doch gab es da noch etwas, das seine Freude trübte.
„Was ist mit Mama? Wie sie sich verhält, kapiere ich überhaupt gar nicht! Lässt mich einfach mit euch mitfahren! Ich habe doch den Brief von dir gelesen, in dem du schreibst, dass sie sauer ist auf

dich!"

„Das ist viele Jahre her", antwortete Heiko. „Vielleicht habe ich damals auch nicht alles richtig gemacht. Ich habe jedenfalls zwei lange Telefonate mit deiner Mutter geführt. Ich habe ihr alles erzählt, was ich wusste. Sie hat vieles eingesehen, und vor allem verstanden, dass man einen Vater nicht einfach totschweigen darf. Sie gab mir auch die Nummer von deinem Freund hier. Der würde mir bestimmt mehr erzählen können als sie. Dich wollte ich mir bis zum Schluss aufheben. Ja, und dann hab ich mit Michel geredet. Er hat mir dann von eurem Trip nach Berlin berichtet, und da war mir alles klar. Auch darüber habe ich später mit deiner Mum gesprochen. Sie fiel zwar aus allen Wolken, war aber auch mächtig stolz. Du siehst, es gibt nichts, was sie nicht weiß!"

„Aber warum hast du nicht mit mir gesprochen? Warum habt ihr alle nicht mit mir gesprochen?" Moses sah bei dieser Frage Michel vorwurfsvoll an.

„Kannst du dir das nicht denken?!" Michel nahm seine rechte Hand. „Wir wollten dich überraschen. Ich persönlich habe Heiko, Wolfgang und deine Mum darum gebeten, die höchste Geheimhaltungsstufe einzuschalten." Stolz schlug sich der Freund an die Brust. „Und wie du mitbekommen hast" – er schnippte mit den Fingern – „es hat ja auch geklappt."

„Ihr seid doch alle verrückt!", sagte Moses nur, und wieder: „Ihr seid ja alle verrückt!"

Sie waren inzwischen schon ein ganzes Stück gefahren. Heiko hielt es allmählich offenbar für notwendig, den Jungs Instruktionen zu geben für die Begegnung mit Moses' Vater.

„Eines müsst ihr wissen: Marik kann etwas merkwürdig sein. Immerhin hat er viele Jahre unter den schlimmsten Bedingungen gelebt. Er ist wie ein Tier gehalten worden. Man hat ihm den Schlaf geraubt, ihn mit Elektroschocks gefoltert oder auch ohne Grund an den Händen aufgehängt. Vermutlich sollte dein Vater zugeben, dass er die Attentäter vom 11. September gekannt hat und am besten noch Osama bin Laden persönlich begegnet ist. Sicher, dein Papa machte am Telefon einen ziemlich normalen Eindruck, aber er ist doch ein ziemlich gebrochener Mann, davon bin ich überzeugt, und es wird lange dauern, bis er das Trauma überwunden hat. Vielleicht kämpft er sogar sein ganzes Leben damit. Deshalb: Stelle dich darauf ein, dass der Umgang mit ihm nicht leicht wird."

„Wir werden ihn schon wieder aufpäppeln, nicht wahr?!" Michel klang wieder absolut zuversichtlich, und auch Moses wollte sich im Moment keine Gedanken über eventuelle Probleme machen. Er hatte von den Haftbedingungen schon im Internet gelesen.

„Wir kriegen das schon hin", antwortete er deshalb und schlug in die ausgestreckte Hand des Freundes ein.

Aufgeregt unterhielten sich die Jungs über das, was sie in Hannover erwartete. Moses erfuhr, dass sie die Nacht bei Wolfgang verbringen und am nächsten Tag zurückfahren würden.

„Was dann kommt, müsst ihr selbst sehen", sagte Wolfgang, und Moses wusste, was er meinte. Ihm war schon klar, dass Papa nicht gleich wieder bei ihnen einziehen würde und sie sich erst einmal nur an den Wochenenden sehen könnten. Aber wie viel besser war das als gar nicht?! Und dass Peter weg war, hielt er schon einmal für ein hervorragendes Zeichen!

Die Fahrt verging so rasch, dass Moses völlig überrascht war, als

sie schon den Ortseingang von Hannover passierten. Sicher steuerte Wolfgang den Wagen durch die Stadt und fand am Bahnhof, der den Jungen noch bekannt vorkam, gleich einen Parkplatz.
Er sah auf seine Armbanduhr: „Noch knapp zwanzig Minuten, dann muss der Zug da sein."
„Weißt du, wohin wir müssen?", wollte Wolfgang wissen.
„Marik hat mir nur das Gleis genannt, er durfte wohl noch nicht einmal sagen, aus welcher Richtung der Zug kommt."
„Ach ja, der Bahnhof ...", meinte Heiko plötzlich nachdenklich.
„Wie lange habe ich mich hier herumgetrieben. Alles verlorene Zeit ..."
„Nichts ist verloren im Leben", erwiderte Wolfgang. „Alles ist für was gut."
Er hielt Heiko die Hand hin, als ob er dies bei den zwei Jungs abgeschaut hätte, und Heiko klatschte, ohne zu zögern, ein.
Michel stieß seinen Freund an, und Moses grinste zurück.
Dann drängten die Jungen in das Bahnhofsgebäude.
„Ganz cool bleiben", meinte Wolfgang. „Wir schaffen das schon!"
„Meinst du denn, dass du deinen Vater überhaupt erkennst?" Es war Heiko, der diese Frage stellte.
Moses überlegte nicht lange, er erinnerte sich an das Karnevalsbild.
„Ich erkenne ihn schon!"
„Aber er ist nicht mehr jung."
„Aber immer noch mein Vater!" Moses hatte beim besten Willen keine Lust mehr auf irgendwelche Bedenken. Er würde seinen Vater erkennen, da war er ganz sicher.
Ohne darüber nachzudenken, ob dies vielleicht unhöflich war,

drehte er sich um und rannte vor, so dass den anderen nichts übrigblieb, als ihm zu folgen.

Zwei Minuten später waren sie auf dem Bahnsteig. Moses trat von einem Fuß auf den anderen. Er konnte es nicht mehr abwarten. Immer wieder sah er zur großen Bahnhofsuhr: noch acht Minuten, noch fünf, noch drei, noch zwei, noch eine ...
Der Zug lief absolut pünktlich ein. Er war unendlich lang. Schon quietschten die Bremsen. Moses hatte das Gefühl, als würde er jeden Moment platzen. Michel und er standen nebeneinander, sie hielten sich fest an den Händen.
Die Türen öffneten sich und die ersten Leute stiegen aus. Niemand war darunter, der Moses' Vater hätte sein können. Langsam füllte sich der Bahnsteig mit Menschen. Moses machte sich allmählich Sorgen, dass sie seinen Vater vielleicht verpassen könnten.
„Wir hätten ein Erkennungszeichen ausmachen sollen", meinte Wolfgang.
„Eine rote Rose im Knopfloch", scherzte Heiko.
Schon sah es so aus, als wären alle Leute ausgestiegen. Noch immer war kein Südländer darunter, der sich in dem Alter befand, in dem Moses' Vater jetzt war.
Moses wurde himmelangst. Hoffentlich war nur nichts dazwischengekommen! Sein Vater musste einfach im Zug gewesen sein! Es durfte nicht sein, dass er nun doch nicht gekommen war! Langsam verlief sich die Menschenmenge und man konnte fast schon wieder am ganzen Zug entlangsehen.
Michel hatte einen Einfall: „Ihr bleibt hier", sagte er zu Wolfgang und Heiko. „Moses und ich werden am Zug entlanglaufen. Irgend-

wo muss sein Papa doch sein."

Der Junge wartete eine Antwort gar nicht erst ab und zog Moses mit sich. Sie liefen los und musterten jeden Menschen ganz genau, der sich hier aufhielt. Der eine war zu jung, der andere nicht südländisch genug, der dritte viel zu dick. Schließlich hatten sie nur noch wenige Waggons vor sich.

„Hier ist kein Mensch mehr", keuchte Michel. „Wir können umkehren."

Moses musste ihm Recht geben. Der Bahnsteig war wie leergefegt. Dann sah er hinter einem Betonpfeiler am letzten Waggon langsam einen Mann hervortreten. Er trat unsicher von einem Bein auf das andere. Er schien unschlüssig, wohin er sich wenden sollte. Sein Gesicht konnte man nur halb erkennen, denn er stand mit der Seite zu ihnen. In der Hand hielt er einen kleinen Koffer.

Moses wusste sofort, wer der Mann war: „Hier ist doch noch jemand!", schrie er so laut, dass der Mann sich umdrehte und ihm das ganze Gesicht zuwandte: „Mein Vater!"

Moses hatte Recht gehabt: Er hätte ihn unter Tausenden erkannt. Es war der Mann auf der Schaukel!

Michel blieb stehen: „Geh du alleine! Es ist dein Vater!"

„Du gehst mit! Du bist immer mitgegangen, und du gehst auch jetzt mit!"

Moses packte Michel fest an der Hand und riss ihn mit.

Gemeinsam flogen sie dem fremden Mann mit dem südländischen Gesicht und den fast weißen Haaren entgegen.

Moses' Vater hatte den Koffer auf den Boden gestellt. Er begann ebenfalls zu laufen.

Sie trafen sich fast genau in der Mitte.